Lebensexperimente des Glaubens
Eine empirische Untersuchung zu Entwicklung
und gegenwärtigem Erleben von Religiosität
Mit einem Vorwort von Walter Neidhart

ERFAHRUNG UND THEOLOGIE

SCHRIFTEN ZUR PRAKTISCHEN THEOLOGIE

Herausgegeben von
Wilhelm Gräb, Norbert Greinacher, Ferdinand Klostermann†,
Norbert Mette, Dietrich Rössler

Bd./Vol. 16

PETER LANG
Frankfurt am Main · Bern · New York · Paris

Jochen Ellerbrock

Lebensexperimente des Glaubens

Eine empirische Untersuchung zu Entwicklung und gegenwärtigem Erleben von Religiosität

Mit einem Vorwort von Walter Neidhart

PETER LANG
Frankfurt am Main · Bern · New York · Paris

CIP-Titelaufnahme der Deutschen Bibliothek

Ellerbrock, Jochen:

Lebensexperimente des Glaubens : eine empirische Untersuchung zu Entwicklung und gegenwärtigem Erleben von Religiosität / Jochen Ellerbrock. Mit e. Vorw. von Walter Neidhart. - Frankfurt am Main ; Bern ; New York ; Paris : Lang, 1990

(Erfahrung und Theologie ; Bd. 16)

ISBN 3-631-42798-0

NE: GT

ISSN 0172-1135

ISBN 3-631-42798-0

Satz: Unitext GmbH, Frankfurt a. Main

Printed in Germany 1 2 3 5 6 7

Mir haben sich die Geheimnisse des Glaubens zu einer erhabenen Allegorie verdichtet, die über den Feldern meines Lebens steht wie ein leuchtender Regenbogen, in einer stetigen Ferne, immer bereit, zurückzuweichen, wenn ich mir einfallen ließe hinzueilen und mich in den Saum seines Mantels hüllen zu wollen.

Hugo v. Hofmannsthal

Auch Pilgern schwitzen die Füße.

Stanislaw J. Lec

Vorwort

Wie viele Prozente einer Bevölkerungsgruppe sich selbst als Atheisten bezeichnen, wie viele von ihnen dennoch in extremen Situationen beten, wie groß die Zahl derer ist, die an ein Leben im Jenseits glauben, wie alt die regelmäßigen Gottesdienstteilnehmern im Durchschnitt sind, – das alles, und noch viel mehr, wissen wir aus demoskopischen Befragungen ziemlich genau. Aber die Befragungen lehren nicht, warum die einzelnen Befragten gerade diese religiöse Einstellung haben und keine andere, wie und warum sie im Laufe ihres Lebens, vielleicht auf manchen Umwegen, gerade dahin gekommen sind, wo sie jetzt sind. Die Befragungen wissen nichts darüber, wie die religiöse Entwicklung bei Einzelnen in grundlegenden Veränderungen, Zuwendungen und Distanzierungen, verläuft.

Wer darüber etwas lernen will, muß Seelsorger und Religionslehrer fragen. Wenn Seelsorger fähig sind, sich in ihre Partner einzufühlen, wenn sie in Gesprächen mehr hören, als selber reden, wenn Religionslehrer bereit sind, von den Schülern viel über deren bisherige religiöse Entwicklung und Einstellung zu lernen, sammelt sich bei ihnen ein wertvolles Wissen über Hintergründe und Motive von religiösen Überzeugungen heutiger Menschen.

Dieses Wissen von Seelsorgern und Religionslehrern ist freilich der Allgemeinheit kaum zugänglich.

Um zu erkennen, was bei demoskopischen Befragungen verborgen bleibt, benötigen wir eine methodische Erforschung von Tiefenstrukturen der religiösen Entwicklung. Diese geschieht vor allem durch Einzel-Interviews mit einer Gruppe von Zeitgenossen und durch deren vorurteilslose und verständnisvolle Auswertung. Jochen Ellerbrock legt hier die Ergebnisse einer solchen methodisch sorgfältig durchgeführten Untersuchung vor. Er führte mit 19 Menschen, meistens jungen Erwachsenen beiderlei Geschlechts, ein- bis zweistündige Gespräche durch über ihre jetzige religiöse Einstellung, ihre bisherige Glaubensentwicklung seit ihrer Kindheit, über ihr Gottesverständnis, ihre ethischen Auffassungen und ihre religiöse Praxis. Die Befragten bekamen die verdichteten Gesprächsprotokolle vorgelegt und konnten allfällige Mißverständnisse korrigieren. Die verdichteten Protokolle ermöglichen dem Leser des Buchs, die Befragten als Individuen zu erfassen. In der Auswertung interpretiert Ellerbrock dann die gemeinsamen und unterschiedlichen Grundlinien der religiösen Entwicklung der Befragten. Interessant sind Konvergenzen und Differenzen bei Fundamentalfragen des Glaubens und beim Gottesverständnis. Bemerkenswert ist, wie wenig vielen Befragten die Christusbeziehung bedeutet.

Das eindrückliche Gesamtbild, das Ellerbrock auf Grund der Gesprächsprotokolle zeichnet, läßt zwar keine Schlüsse auf die religiösen Einstellungen der Gesamtbevölkerung zu, weil er die zu einem Gespräch mit ihm Bereiten mehrheitlich in seinem Berufsfeld gefunden hat und die Gruppe der Befragten darum in Bezug auf die Gesamtbevölkerung atypisch ist. Unter ihnen fehlen z. B. harte Atheisten und andauernd religiös Indifferente. Aber man gewinnt beim Lesen Verständnis für die vielen biographisch bedingten individuellen Besonderheiten und wird sensibilisiert für die Wandlungsmöglichkeiten der religiösen Einstellungen. Bei keinem jungen Erwachsenen darf angenommen werden, daß seine gegenwärtige religiöse Überzeugung oder religiöse Praxis auch in Zukunft so bleiben müssen, wie sie jetzt sind. Sie sind schon im gegenwärtigen Zeitpunkt das Ergebnis von verschiedenen Wandlungen.

Modernes religiöses Bewußtsein, wie es sich bei der Mehrzahl der Befragten zeigt, unterscheidet sich vom traditionellen Christ-sein und von dem, was die Kirchen in offiziellen Äußerungen von den wahrhaft Gläubigen erwartet. Dieses moderne Bewußtsein geht teilweise zurück auf neuzeitliche Denker, Philosophen, Theologen und Psychologen, deren Ideen und Theorien auch solche beeinflussen, die keine Zeile von ihnen gelesen haben. Um den Zusammenhang zwischen heutigem religiösen Bewußtsein und Denkern der Neuzeit verständlich zu machen, bietet Ellerbrock im ersten Teil seines Buchs Kurz-Biographien und knappe Darstellungen der Hauptgedanken von I. Kant, G. W. F. Hegel, L. A. Feuerbach, S. Kierkegaard, F. D. Schleiermacher, A. v. Harnack, K. Barth, P. Tillich, S. Freud, C. G. Jung, E. H. Erikson, E. Fromm und V. E. Frankl. Auch wenn die Auswahl dieser Vordenker etwas zufällig sein mag, so wird der Leser, dem diese Autoren nicht durch sein Studium vertraut sind, dankbar sein für diese Einführung in die Lehren von Autoren, die gewiß alle für die Gegenwart maßgeblich sind.

Basel, im November 1989 — Walter Neidhart

Inhalt

Vorwort 7

Einführung 17

1 Aus eigener Kraft und Leistung leben – unbewußte Religiosität 17
2 Die religiöse Dimension der Psychologie Adlers 18
3 Forschungsinteresse 20
4 Aufbau der Studie 22

Erster Hauptteil: Religiosität in neuzeitlicher Sicht 25

1 Philosophen 27

1.1 *I. Kant* (1724 - 1804) 27
1.1.1 Die Grenzen der Vernunft 27
1.1.2 Der moralische Gottesbeweis – Kants Zugang zur Religiosität 28

1.2 *G. W. F. Hegel* (1770 - 1831) 29
1.2.1 Dialektik 30
1.2.2 Gott, Welt und Mensch im dialektischen Prozeß – Hegels Zugang zur Religiosität 31
1.2.3 Christliche Religiosität 32

1.3 *L. A. Feuerbach* (1804 - 1872) 33
1.3.1 Anthropologie als das Geheimnis der Theologie – Feuerbachs Absage an Religiosität 34
1.3.2 Gott – ein Produkt menschlicher Sehnsüchte 35
1.3.3 Kritische Würdigung 35

1.4 *S. Kierkegaard* (1813 - 1855) 36
1.4.1 Der unendliche qualitative Unterschied von Gott und Mensch – Kierkegaards Deutung christlicher Religiosität 37
1.4.2 Das Paradox, "daß ein einzelner Mensch Gott ist" 38

2 Theologen 39

2.1 *F. D. Schleiermacher* (1768 - 1834) 39

2.1.1 Das Gefühl schlechthiniger Abhängigkeit – Schleiermachers Zugang zur Religiosität 40
2.1.2 Jesu Gottesbewußtsein und die menschliche Erlösungsbedürftigkeit 41

2.2 *A. v. Harnack* (1851 - 1930) 42
2.2.1 Religiosität und Geschichte 43
2.2.2 Das Wesen des Christentums 43
2.2.3 Kritische Würdigung 45

2.3 *K. Barth* (1886 - 1968) 45
2.3.1 Religion – Angelegenheit des gottlosen Menschen 46
2.3.2 Offenbarung Gottes 46
2.3.3 Glaube und Politik 48

2.4 *P. Tillich* (1886 - 1965) 48
2.4.1 Gott – die Dimension des Unbedingten oder das Sein-Selbst 50
2.4.1.1 Glaube als das Ergriffensein vom Unbedingten 50
2.4.1.2 Das Objekt des Glaubens 51
2.4.1.3 Gott als der Grund des Seins 52
2.4.2 Der Mensch – Wesen und Entfremdung 52
2.4.3 Jesus Christus – Repräsentation des Neuen Seins 54

3 **Psychologen** 57

3.1 *S. Freud* (1856 - 1939) 57
3.1.1 Die kathartische Methode 57
3.1.2 Die Libido-Theorie 58
3.1.3 Es, Ich und Über-Ich 58
3.1.4 Triebschicksal 59
3.1.5 Aggressionstrieb 60
3.1.6 Freuds Deutung der Religiosität 60
3.1.6.1 Religion als universelle Zwangsneurose 60
3.1.6.2 Religion als Resultat eines Vater-Mordes 61
3.1.6.3 Religion als infantile Wunscherfüllung 61
3.1.6.4 Statt Religion: erwachsen werden 62

3.2 *C. G. Jung* (1875 - 1961) 62
3.2.1 Persönliches und kollektives Unbewußtes 63
3.2.2 Archetypen 65
3.2.3 Das Selbst 65

3.2.4 Der Individuationsprozeß — 66
3.2.5 Jungs Auffassung von Religiosität — 68

3.3 *E. H. Erikson* (geb. 1905) — 69
3.3.1 Der Lebenszyklus mit seinen Aufgaben und Krisen — 69
3.3.1.1 Ur-Vertrauen gegen Ur-Mißtrauen — 69
3.3.1.2 Identität gegen Identitätsdiffusion — 70
3.3.1.3 Intimität gegen Isolierung — 71
3.3.1.4 Generativität gegen Stagnation — 71
3.3.1.5 Integrität gegen Verzweiflung — 71
3.3.2 Ur-Vertrauen und Religiosität — 71

3.4 *E. Fromm* (1900 - 1980) — 73
3.4.1 Radikaler Humanismus — 73
3.4.2 Die existentiellen Dichotomien — 74
3.4.3 Die existentiellen Bedürfnisse — 74
3.4.4 Haben oder Sein — 75
3.4.5 Fromms Auffassung von Religiosität — 75
3.4.5.1 Religiosität als Antwort auf existentielle Bedürfnisse — 75
3.4.5.2 Fromms Beurteilungskriterien für Religion — 76

3.5 *V. E. Frankl* (geb. 1905) — 78
3.5.1 Das existentielle Vakuum — 78
3.5.2 Höhenpsychologie — 80
3.5.3 Das Gewissen als Sinn-Organ — 82
3.5.4 Der unbewußte Gott — 83

Zweiter Hauptteil: Empirische Untersuchung — 85

1 Darstellung der Untersuchung — 87

1.1 Forschungsmethode — 87
1.1.1 Hinführung — 87
1.1.1.1 Hermeneutische vs. reduktive Methode? — 87
1.1.1.2 Ortsbestimmung des Gesprächs innerhalb der psychologischen Forschungsmethoden — 88
1.1.2 Mit dem nicht-standardisierten Interview verwandte Gesprächsformen — 90
1.1.2.1 Das klinische Gespräch — 90
1.1.2.2 Klientenzentriert und interaktionsakzentuiert — 91

1.1.3 Das persönliche Gespräch als Weg in der psychologischen Forschung 92

1.2 Durchführung 94
1.2.1 Auswahl der Gesprächspartner 94
1.2.2 Die Interviews 94
1.2.2.1 Vorbereitung 94
1.2.2.2 Verlauf der Gespräche 95
1.2.2.3 Bearbeitung der Interviews 95

2 Verdichtungsprotokolle 97

2.1 Angelika 97
2.2 Bärbel 100
2.3 Carla 102
2.4 Corinna 104
2.5 Elke 106
2.6 Erika 107
2.7 Gerda 109
2.8 Hannes 111
2.9 Helga 114
2.10 Ilka 115
2.11 Jens 117
2.12 Jürgen 119
2.13 Jutta 123
2.14 Knut 125
2.15 Nora 130
2.16 Pierre 132
2.17 Rolf 135
2.18 Stefan 137
2.19 Thorsten 140

Dritter Hauptteil: Auswertung 143

1 Religiöse Entwicklung 145

1.1 Religiöse Sozialisation in der Kindheit 145
1.1.1 Einfluß von Erziehungspersonen 145
1.1.1.1 Familienmitglieder 145
1.1.1.2 Das Gebet 147
1.1.1.3 Religiöse Gespräche 147

1.1.2 Religionsunterricht in der Grundschule 148
1.1.3 Teilnahme an kirchlichen Aktivitäten 149
1.1.4 Die Bibel / Kinderbibel 150
1.1.5 Kindlicher Glaube 150
1.1.5.1 Gottesvorstellungen 150
1.1.5.2 Funktionen des Kinderglaubens 151

1.2 Religiöse Erfahrungen von der Jugend bis zur beginnenden Adoleszenz 152
1.2.1 Jugend im Nationalsozialismus 152
1.2.2 Die Institution Kirche 153
1.2.2.1 Konfirmandenunterricht und Konfirmation 154
1.2.2.2 Teilnahme an kirchlichen Jugendgruppen und deren Folgewirkungen 155
1.2.2.3 Versuche, dem Kontakt mit der Kirche zu entgehen 156
1.2.3 Beginnende Auseinandersetzung mit dem Glauben 157
1.2.3.1 Ablösungsprozesse und Glaubenszweifel 157
1.2.3.2 Glaube als Selbstbehauptung 158
1.2.3.3 Begegnung mit dem Tod 159
1.2.3.4 Der Religionsunterricht in der gymnasialen Oberstufe 160
1.2.4 Glaubensbedingte Berufswahl 161
1.2.4.1 Zivildienst 161
1.2.4.2 Wahl eines Theologiestudiums nach vorangegangener nicht-theologischer Ausbildung 161

1.3 Einzelaspekte religiöser Entwicklung 162
1.3.1 Glaubenskrisen 162
1.3.2 Atheismus und Agnostizismus 164
1.3.3 Erfahrungen mit außerchristlichen Religionen 166
1.3.4 Einflüsse des Theologiestudiums 167

1.4 Rückschau und Ausblick 169

2 Glaube 171

2.1 Allgemeine Glaubensaussagen 171
2.1.1 Intellektuelle Fragen 171
2.1.2 Anthropologische Aussagen und theologische Behauptungen 172

2.2 Existentielle Glaubensaussagen 173
2.2.1 Auf der Suche 173

2.2.2 Glaube und Leben 174
2.2.2.1 Leben im Glauben 175
2.2.2.2 Hilfe durch Lektüre 176
2.2.2.3 Das eigene Leben aus der Perspektive des Glaubens deuten 176
2.2.2.4 Ohne meinen Glauben wäre ich … 179
2.2.3 Funktionen des Glaubens 181
2.2.3.1 Umgehen können mit Schwierigkeiten und Scheitern 181
2.2.3.2 Sich angenommen wissen 182
2.2.3.3 Auf Sinn bezogen sein 182
2.2.3.4 Im Tief nicht allein sein 182
2.2.3.5 Orientierung und Perspektive haben 183
2.2.4 Aspekte des Glaubens 184
2.2.4.1 Gefühl und Verstand 184
2.2.4.2 Vertrauen und Zweifel 185
2.2.4.3 Die Verletzlichkeit des Glaubens 187
2.2.4.4 Autonomie und Heteronomie 188
2.2.4.5 Sünde und Gnade 189

2.3 Glaube in Begegnung 190
2.3.1 Begegnungen mit Christen 190
2.3.1.1 Glaubwürdige und weniger Glaubwürdige 191
2.3.1.2 Sich mit anderen bezüglich des Glaubens vergleichen 192
2.3.2 Begegnungen mit Menschen, die auf Distanz gegangen sind 193
2.3.3 Auseinandersetzung mit Fremdreligionen 194

3 Gott 197

3.1 Gottesvorstellungen 197
3.1.1 Kein Bildnis machen 197
3.1.2 Gott ist für mich … 198

3.2 Gottes-Erfahrungen 199
3.2.1 Herausragende einmalige Widerfahrnisse 199
3.2.2 Lebenssituationen als Gotteserfahrung begreifen 202

3.3 Nähe Gottes und Ferne 203
3.3.1 Gottes Anwesenheit 203
3.3.2 Die Nähe Gottes aufsuchen 204
3.3.3 Gestörte Verbindung 205

3.4 Christus – Manifestation Gottes? 206

4 **Aspekte gelebter Religiosität** 209

4.1 Gebet 209
4.1.1 Zeit und Form des Gebets 209
4.1.2 Von Schwierigkeiten beim Beten 211
4.1.3 Beten auf eigene Art 211

4.2 Bibel 213
4.2.1 Reaktionen auf die historisch-kritische Analyse 213
4.2.2 Herausforderung durch die Wahrheitsfrage 214

4.3 Erfahrungen mit Kirche 215
4.3.1 Zur Geschichte der Kirche 215
4.3.2 Kirchliche Lehrmeinungen 215
4.3.3 Kirche und Politik 216
4.3.4 Pfarrer 216
4.3.5 Gemeindearbeit 217
4.3.6 Gottesdienst 218
4.3.6.1 Ablehnung 218
4.3.6.2 Teilnahme 218
4.3.6.3 Abendmahl 219
4.3.7 Atmosphärisches 220
4.3.8 Besondere Veranstaltungen 221

4.4 Gewissen 222

4.5 Fragen der Ethik 225
4.5.1 Gottes Wille 225
4.5.2 Ethische Themen 227
4.5.2.1 Gefühl für Gemeinschaft 227
4.5.2.2 Nächstenliebe 227
4.5.2.3 Gesellschaftliches Engagement 228
4.5.2.4 Entfaltung der Persönlichkeit 229
4.5.2.5 Verwirklichung des Reiches Gottes 229
4.5.2.6 Einzelforderungen 230
4.5.3 Leben unter ethischen Ansprüchen 231
4.5.3.1 Mündige Ethik entwickeln 231
4.5.3.2 Mit Anforderungen umgehen 232

4.6 Tod und Ewiges Leben 233
4.6.1 Sich des Todes bewußt sein 234

4.6.2 Endgericht 235
4.6.3 Vorstellungen über ein Weiterleben nach dem Tode 235
4.6.4 Reinkarnation 236
4.6.5 Das Reich Gottes 237

Im Gespräch mit James W. Fowler – Ausblick 239

Literaturverzeichnis 245

Einführung

1 Aus eigener Kraft und Leistung leben – unbewußte Religiosität

Das Thema Religiosität beschäftigt mich, seit mir die Frage nach mir selbst zum Problem geworden ist. In der Pubertät und im Jugendalter verbarg sich das Thema hinter anderen Fragestellungen. "Ich möchte aus eigener Kraft und Leistung leben", so lautete meine Maxime. Daß es sich dabei um ein letztlich religiöses Selbstkonzept handelte, ist mir erst Jahre später bewußt geworden.[1]

Am Ende der Schulzeit und wohl mitbedingt durch die Situation, mich für einen beruflichen Weg entscheiden zu müssen, befiel mich die Angst, ich könnte mein Leben verfehlen, wenn ich die Wahl allein meinen Neigungen folgend – ich wollte damals Arzt werden – treffen würde, ohne ernsthaft nach dem Sinn und Ziel meines Lebens, nach einer übergeordneten Verpflichtung gefragt zu haben. Mir war, als ob die Folie meines Lebens einen Riß bekommen hätte. Fortan würde ich nicht mehr existieren können – so schien mir –, ohne nicht wenigstens ein Mindestmaß an Gewißheit erlangt zu haben, ob mein Dasein und die Wirklichkeit insgesamt in ein Nichts gespannt sind oder Grund und Ziel von einem transzendenten Gegenüber empfangen, vor dem der Mensch sich zu verantworten hat. Das Problem schien mir so unabweisbar, daß ich den Eindruck hatte, nichts anderes beginnen zu können, zu dürfen, bevor ich darauf nicht eine Antwort erhalten hätte. Am Morgen einer mit innerem Ringen durchwachten Nacht stand mein Entschluß fest. Ich wollte mir ein Moratorium gönnen und bei den Theologen nach der Antwort suchen. Entgegen meiner ursprünglichen Absicht bin ich, wenn auch nicht ohne immer wieder von Zweifeln gepackt zu sein, beim Theologiestudium geblieben. Paulus, reformatorische Rechtfertigungslehre und schließlich der theologische Entwurf Paul Tillichs, der mir eine Deutung meines eigenen Weges ermöglichte, waren die prägenden Erfahrungen. Sie haben mir geholfen, die religiöse Dimension meines Suchens verstehen zu lernen.

1 In seinem frühen Roman "Die Schwierigen oder J'adore ce qui me brûle" hat Max Frisch dieses Problem eindrucksvoll behandelt. Etwa zehn Jahre später greift er das Thema im "Stiller" erneut auf, um es in "Homo Faber" zu variieren. – Als ich gegen Ende meines Theologiestudiums auf diese Zusammenhänge stieß, war ich davon dermaßen fasziniert – es war "mein" Thema –, daß ich darüber promovierte. (Vgl. meine Arbeit "Identität und Rechtfertigung".)

2 Die religiöse Dimension der Psychologie Adlers[2]

Meine spätere Ausbildung in Adlerscher Psychologie habe ich als Beschäftigung mit einer Variante uralter Weisheiten empfunden, wie sie in den Schriften des Alten und Neuen Testaments überliefert und in den großen Entwürfen der christlichen Tradition – ich erinnere nur an die Namen Augustin und Luther – weiter bedacht worden sind. Rechenschaft über diese hermeneutische Verknüpfung von Theologie und Psychologie habe ich mir in meiner Habilitationsschrift "Adamskomplex. Adlers Psychologie als Interpretament christlicher Überlieferung" gegeben.

In aller Kürze dazu ein paar Gedanken:

Alfred Adler versteht den Menschen als unteilbare Ganzheit. Es macht sein Wesen aus, daß ihm in seinem Fühlen und Denken, im Wollen und Handeln ein Ziel vorschwebt, von dem er sich die Überwindung seiner Grundangst, seines Lebensschmerzes verspricht. Meist ist sich der Mensch dessen kaum bewußt. Das heißt aber keineswegs, jenes Ziel wäre nicht so wichtig. Eher das Gegenteil ist der Fall. Das ungestillte Verlangen nach etwas, wovon der Mensch kaum präzise zu sagen wüßte, worauf es sich letztlich richtet, nimmt bis zu einem gewissen Grade Konturen an. So ahnt er zumindest: Mein Trachten geht dahin, für mich das Beste herauszuholen. Und zwar ist das ein Wollen von unbedingtem Ernst. Mit äußerster Kraft strebt der Mensch nach etwas, wovon er sich nicht weniger als die Erfüllung seines Lebens verspricht. Das kann das Verlangen nach einer Position der Überlegenheit sein oder der Wunsch nach Anerkennung oder das Bedürfnis, sich abzusichern, so weit es irgend geht, oder auch ein Trachten, solchen Belastungen aus dem Wege zu gehen, die einem die eigene Kleinheit und Nichtigkeit vor Augen führen könnten. Wie auch immer das Streben im einzelnen aussehen mag, im Verlauf des Lebens mag ihm dann und wann ein anderes konkretes Ziel zugeordnet werden. Das geschieht stets von neuem in der trügerischen Erwartung, so des Eigentlichen teilhaftig zu werden. Das bohrende Verlangen wird dadurch nicht wirklich gestillt. Denn in Wahrheit richtet es sich, wie Tillich sagen würde, auf etwas Unbedingtes. Die Pfade und Abwege, die dabei beschritten werden, hat Adler analysiert und aufschlußreiches empirisches Material dargeboten. Es ist in all seiner Vielfalt im Grunde nichts anderes als die Beschreibung verschiedenartiger Weisen, wie Menschen etwas zu ihrem

2 Vgl. Ellerbrock: Zur theologischen Dimension der Individualpsychologie, in: Zeitschr. f. Individualpsychologie 7, 1982, S. 22 - 38.

"Gott" machen, entsprechend Luthers Interpretation des Ersten Gebots: "Woran du dein Herz hängst, das ist in Wahrheit dein Gott."[3]

Über dem bunten Allerlei des Menschlich-Allzumenschlichen könnte leicht die Dimension der Religiosität übersehen werden. Sie ist so alt wie das Bekenntnis zu Jahwe, dem Gott Israels, der darüber wacht, daß sein Volk sich nicht von Götzen gefangen nehmen läßt. Wie auch immer die "Leitlinie" (Adler) eines Menschen verlaufen mag, die Individualpsychologie sucht darin das jeweils vorschwebende Ziel, das dem einzelnen unendlich erstrebenswert scheint und ihn gerade so zum Sklaven seiner selbst macht. Er ist "in sich verkrümmt" (incurvatus in se), meint Luther.[4] Er steht sich selbst im Wege.[5] Adlersche Psychologie möchte solche irrigen Ziele bewußt machen und – wenn irgend möglich – auflösen, sie "umfinalisieren", ihnen eine sinnvolle Richtung geben. Dabei weist Individualpsychologie den, der in sich selbst gefangen ist, an den Mitmenschen. Auf ihn sein Augenmerk richten, heißt für Adler: das Dasein sinnvoll gestalten, ein Leben aus der befreienden Kraft des "Gemeinschaftsgefühls" (Adler) führen. Es bedeutet, gelöst – nämlich von der ängstlichen Besorgnis um sich selbst gelöst – und innerlich frei zu leben.

In der verborgenen "Leitlinie" (Adler) eines Menschen wird im Verlauf der Analyse aufgedeckt, was das Götzenhafte und Zerstörerische in seinem "Lebensplan" bzw. "Lebensstil" (Adler) ausmacht. Sodann gilt es, die Auseinandersetzung mit den ins Bewußtsein gehobenen Götzen in Angriff zu nehmen – ein Ringen, das oft an den Lebensnerv, das "Personzentrum" (Tillich) rührt. Befreiung von den Götzen, die einen Menschen aus den Tiefen des Unbewußten beherrscht haben, und damit aus einem Knechtschaftsverhältnis, das diffuse Ängste erzeugt, ist das eine. Neuschöpfung ist das andere.

Christliche Theologie, die das Angenommensein des Menschen "sola gratia" (allein aus Gnade; vgl. Römer 3,28) immer wieder zu bedenken und auf sich wandelnde psychosoziale Verhältnisse zu beziehen hat, geht davon aus, daß der Mensch hinsichtlich der Neuschöpfung, des Neuwerdens grundsätzlich ein Angewiesener bleibt. Dieses ihr ureigenes Wissen hat sie jeglichen Versuchen der Selbsterlösung entgegenzuhalten. Sie sieht sich dazu im Interesse des Menschen genötigt, der andernfalls in Gefahr geriete, sich zu überfordern – oder ganz einfach die Augen zu verschließen vor der Grenze, an die

3 Luther: Der große Katechismus, in: Die Bekenntnisschriften der evangelisch-lutherischen Kirche, Göttingen 1963, S. 560; freie Wiedergabe. Wie sich aus dem weiteren Text ergibt, spricht Luther imgrunde nicht von Gott, sondern von dem Götzen, von der Vergötzung.

4 Luther: Vorlesung über den Römerbrief 1515/16, München 1965, S. 256.

5 Vgl. Ellerbrock: Sich selbst im Wege. Eine Unterrichts-Einheit über den Sündenfall, individualpsychologisch gedeutet, in: Zeitschrift für Religionspädagogik 1979, S. 22 - 25.

alle eigenmächtigen Versuche der Selbst-Verwirklichung unweigerlich stoßen müssen. – Fragen der Gnadentheologie stehen hier nicht zur Debatte. Der Hinweis darauf ist aber insofern nötig, als er auf den Punkt verweist, wo christliche Religiosität und Adlersche Psychologie divergieren.[6]

3 Forschungsinteresse

Mein eigenes Verständnis von Religiosität, das entscheidend geprägt ist durch Paulus, Luther und durch die Art, wie Paul Tillich[7] die christliche Überlieferung rezipiert und für den Verstehenshorizont des 20. Jahrhunderts neu formuliert hat, erschwerte es mir lange Zeit, anderen Formen von Religiosität gegenüber wirklich offen zu sein. Gespürt habe ich das zum ersten Male, als ich vor ein paar Jahren ein Seminar durchführte, in dem es – unter Einbeziehung von Selbsterfahrung – um Fragen der Religiosität gehen sollte. Einige Semester später gelang eine ähnlich konzipierte Veranstaltung besser. Aus den Fehlern des ersten Versuchs hatte ich gelernt, daß ich, ohne mich durch meine Überzeugungen von Religiosität blockieren zu lassen, den Seminarteilnehmern ermöglichen muß, sich ihrer eigenen religiösen Empfindungen bewußt zu werden. In diesem zweiten Seminar war ich in der Lage, die verschiedenartigen Weisen zu respektieren, wie Religiosität erlebt werden kann. In dem Maße, wie ich meine Abwehrhaltung überwand, wuchs in der Folgezeit mein Interesse an den Glaubenserfahrungen anderer Menschen. War es zunächst eine gewisse Neugier, so habe ich mehr und mehr staunen gelernt angesichts der Fülle lebendigen religiösen Empfindens, von dem ich einen Eindruck gewann.

Jetzt im Rückblick auf die vorliegende Untersuchung muß ich gestehen, wie viel mir bislang verborgen geblieben ist von dem Reichtum heutiger Glaubenserfahrung.

Auf diesem Hintergrund wird mein Forschungsinteresse verständlich. Es geht mir darum, die "Lebensexperimente"[8] anderer hinsichtlich der Frage des Glaubens zu ermitteln. Lernen können von diesen Lebensexperimenten all jene, für die Religiosität ein wichtiges Thema ist.

6 Weil ich mich in dem Buch "Adamskomplex" ausführlich über Adler geäußert habe – über die Beziehungen zwischen dem biblischen Menschenbild und dem der Individualpsychologie, aber auch über die Divergenzen zwischen Adlers Auffassung von Heilung und dem christlichen Verständnis von Heil –, bin ich in dieser Untersuchung nicht näher auf Adler eingegangen.

7 Vgl. das Kapitel über Paul Tillich in dieser Untersuchung.

8 Vgl. Langer: Das persönliche Gespräch als Weg in der psychologischen Forschung, in: Zeitschr. f. Personenzentrierte Psychologie 4, 1985, S. 447 - 457, besonders S. 447 f.

– Das gilt für Theologen. Ihnen können Einblicke, wie die Untersuchung sie bietet, dabei helfen, Aussagen christlicher Überlieferung mit heutigem Erleben in Beziehung zu setzen, so daß beispielsweise die Hörer einer Predigt sich darin wiederfinden und in die Erkenntnis Adams einstimmen: "Das ist doch Bein von meinem Bein und Fleisch von meinem Fleisch." (Genesis 2,23)

– Vor ähnlichen Aufgaben wie Theologen stehen kirchliche Mitarbeiter etwa in der Jugendarbeit oder Religionslehrer. Auch sie müssen Brücken schlagen vom Damals zum Heute.

– Hilfreich kann die Untersuchung auch für Psychologen sein. In therapeutischen Gesprächen werden sie des öfteren mit religiösen Fragen konfrontiert. Tilmann Moser hat seinem ehemaligen Analytiker angelastet, er habe die religiöse Problematik nie ernst genommen.[9] Ob es sich hierbei um eine Ausnahme handelt, vermag ich nicht zu beurteilen. Die starke Resonanz, die das Buch gefunden hat, deutet eher auf das Gegenteil hin. Soviel kann ich jedenfalls aus zahlreichen Gesprächen mit individualpsychologischen Beratern und Psychotherapeuten sagen: Viele von ihnen fühlen sich unsicher, wenn Klienten religiöse Fragen ansprechen.

– Lernen können von den untersuchten Lebensexperimenten all jene, die spüren oder auch nur ahnen, daß Religiosität – in welcher Weise auch immer – in ihrem Leben eine Rolle spielt. Zu sehen, daß sie mit ihrem Suchen nicht allein sind, daß Religiosität sich sehr vielgestaltig äußert, daß die traditionellen Formen religiösen Erlebens nur einen Ausschnitt aus der Fülle der Möglichkeiten darstellen, oder auch die Erkenntnis, daß Religiosität nicht Flucht vor der Wirklichkeit oder billiger Trost sein muß – das alles und noch vieles anderes kann durchaus eine Hilfe sein, das eigene Unterwegssein zu bejahen.

Aus dem bisher Gesagten folgt:

1. Die Untersuchung hat keine Hypothese. Diese würde den Zugang zu dem, was untersucht werden soll – die mit Religiosität gemachten Lebensexperimente – eher verstellen.

2. Formulieren läßt sich das Forschungsinteresse, das die Untersuchung leitet und von dem insbesondere die Wahl der Methode[10] bestimmt ist.

– Wie erleben Menschen ihre Religiosität?

– Wie hat sie sich im Zuge der Lebensgeschichte entwickelt?

– Gibt es auch bei anderen eine Art unbewußte Religiosität, die sich ihres Wesens erst im Laufe der Zeit bewußt wird?

9 Vgl. Moser: Gottesvergiftung, Frankfurt 1977[3]; dazu Ellerbrock: Angst vor Gott, in: Handbuch religiöser Erziehung, Bd. 2, Düsseldorf 1987, S. 579 - 589, besonders S. 579 f.

10 Vgl. das entsprechende Kapitel dieser Arbeit.

– Welche Rolle spielt das Proprium christlichen Glaubens, das Angenommensein durch Gott?

– Welche Funktion(en) hat Religiosität im Lebensentwurf eines Menschen?

– Wird Glaube als etwas für das eigene Leben Zentrales empfunden, oder kommt ihm eher eine periphere Bedeutung zu?

– Gibt es noch heute so etwas wie "Gotteserfahrung", und wie haben die Betroffenen sie erlebt?

– Welche Rolle spielen die familiären Vermittlungsinstanzen (z. B. Eltern), welche die gesellschaftlichen (Schule, Kirche) bei der Entwicklung von Religiosität?

– Welchen Stellenwert nehmen traditionelle religiöse Praktiken (Gebet, Gottesdienst) und kirchliche Lehre im Rahmen persönlicher Frömmigkeit ein?

– Führt Religiosität zu ethischen Konsequenzen?

4 Aufbau der Studie

Die Untersuchung fügt sich aus drei Hauptteilen zusammen. Im ersten Hauptteil geht es um eine theoretische Erfassung von Religiosität. Denkbar wäre ein religionsphänomenologischer Zugang. Die Religionsphänomenologie[11] beschreibt Erscheinungsformen der Religion, sucht gemeinsame Merkmale von Religion zu ermitteln und so deren Wesen auf die Spur zu kommen. Der Vorzug dieser Herangehensweise wird an Rudolf Ottos "Das Heilige" (1. Aufl. 1917; 30. Aufl. 1958) sichtbar, einem klassischen Werk dieser Forschungsrichtung. Es mündet in einer griffigen Aussage über das, was jeglichen Formen von Religiosität gemeinsam ist: das tremendum und fascinosum.[12] Dieser Weg hat den Nachteil, daß die Komplexität des Phänomens,

11 Heintz u. Kaldewey: Religion, konzepte 1, Frankfurt-München 1976, S. 17; vgl. auch Mensching: Die Religion. Erscheinungsformen, Strukturtypen und Lebensgesetze, Stuttgart 1959.

12 "Der qualitative *Gehalt* des Numinosen ... ist einerseits das schon ausgeführte abdrängende Moment des tremendum mit der 'majestas'. Andererseits ist er offenbar zugleich etwas eigentümlich *Anziehendes*, Bestrickendes, *Faszinierendes*, das nun mit dem abdrängenden Moment des tremendum in eine seltsame Kontrast-Harmonie tritt ... Für diese Kontrast-Harmonie zeugt die ganze Religionsgeschichte ... So grauenvoll-furchtbar das Dämonisch-Göttliche dem Gemüte erscheinen kann, so lockend-reizvoll wird es ihm. Und die Kreatur, die vor ihm erzittert in demütigstem Verzagen, hat immer zugleich den Antrieb, sich zu ihm hinzuwenden, ja es sich irgendwie anzueignen." (Otto: Das Heilige, München 1971, S. 42)

um das es hier geht, reduziert wird. Aus diesem Grunde ist eine andere Möglichkeit gewählt worden. Neuzeitliche Theorie-Ansätze zur Frage der Religiosität werden aus den Bereichen Philosophie, Theologie und Psychologie dargestellt. Dabei erhalten solche Vertreter das Wort, deren Denkansätze über den Kreis der jeweiligen Fachwissenschaft hinaus Bedeutung erlangt haben. Neben dem pragmatischen Gesichtspunkt der Eingrenzung spielt der Gedanke mit: Ein hoher Bekanntheitsgrad dürfte u. a. auch ein Zeichen dafür sein, daß ein wesentlicher Gesichtspunkt dessen, was Religiosität ausmacht oder ihre Fraglichkeit bedingt, in der jeweiligen theoretischen Position Ausdruck findet.

Unter den Philosophen wurden Kant, Hegel, Feuerbach und Kierkegaard gewählt, aus der Theologie die Namen Schleiermacher, v. Harnack, Barth und Tillich. Die Psychologie ist vertreten durch Freud, Jung, Erikson, Fromm und Frankl, während Adler nur insoweit im Eingangskapitel Erwähnung findet, als seine Individualpsychologie für meinen eigenen Werdegang von Bedeutung gewesen ist.[13]

Der zweite Hauptteil befaßt sich mit der empirischen Untersuchung. Dabei wird zum einen die Wahl der Forschungsmethode begründet und ihre Durchführung beschrieben. Zum anderen wird das Datenmaterial dargelegt. Es handelt sich um die aus den Gesprächen gewonnenen Verdichtungs-Protokolle von 19 Probanden.

Der dritte Hauptteil ist der Auswertung des Datenmaterials gewidmet. Und zwar erfolgt die Auswertung nach systematischen Gesichtspunkten.

Vier thematische Hauptkategorien haben sich ergeben:

1. Religiöse Entwicklung,
2. Glaube,
3. Gott,
4. Aspekte gelebter Religiosität.

Jeder dieser vier Abschnitte wird in sich systematisch untergliedert. Zu den Einzelheiten sei auf das Inhaltsverzeichnis verwiesen.

Ursprünglich war eine Zusammenfassung der Untersuchungsergebnisse beabsichtigt. Das scheint mir nach Abschluß der Auswertung nur noch wenig sinnvoll.

Einerseits verbietet die Zahl der Befragten, Rückschlüsse auf Tendenzen zu ziehen, die sich verallgemeinern ließen. Allerdings lassen sich Tendenzen, soweit sie erkennbar werden, aus der Untergliederung der Kapitel "Religiöse Entwicklung", "Glaube", "Gott", "Aspekte gelebter Religiosität" ablesen.

13 Daß bei der Auswahl, die allemal notwendig ist, subjektive Entscheidungen getroffen werden, ist unvermeidbar und liegt in der Natur der Sache begründet. So konnten viele bedeutende Persönlichkeiten, von denen der Leser manch einen Namen vermissen wird, nicht berücksichtigt werden.

Denn die Ausdifferenzierung dieser Abschnitte erfolgt in dem Bestreben, das umfangreiche Material systematisch zu ordnen – und das heißt auch: die in ihm verborgenen Tendenzen sichtbar zu machen.

Den Abschluß bildet ein Blick auf neuere religionspsychologische Untersuchungen:

Die von der Psychoanalyse (E. H. Erikson) beeinflußte Forschung von H.-J. Fraas und anderen hat sich dem Zusammenhang von Symbol und lebensgeschichtlicher Erfahrung gewidmet.

Die kognitiv-strukturelle Psychologie (J. Piaget) hat Einsichten in die Entwicklung der Symbolfähigkeit und des Symbolverständnisses gewonnen. Neben den Untersuchungen von Kohlberg zum moralischen Urteil und denen von Oser/Gmünder zum religiösen Urteil sind insbesondere die empirischen Arbeiten von James W. Fowler über die Entwicklung der Glaubensstufen zu nennen. So mündet diese Studie in ein Gespräch mit Fowler.

Erster Hauptteil:
Religiosität in neuzeitlicher Sicht

1 Philosophen

1.1 I. Kant (1724 - 1804)

Der Königsberger Philosoph Immanuel Kant kann für sich beanspruchen, die Möglichkeiten und Grenzen der menschlichen Vernunft in einer bis heute im Grundsätzlichen nicht überholten Weise bestimmt zu haben. Diese Grenzziehung hat unmittelbare Auswirkungen auf das Problem der Erkennbarkeit Gottes. Bis zu Kants erkenntnistheoretischen Reflexionen war man der Auffassung, Gott mit den Mitteln der Vernunft beweisen zu können. Kant hat diese Vorstellung widerlegt.

Leben
Kant stammt aus einer Handwerkerfamilie. Er besucht das pietistische Friedrichsgymnasium in Königsberg. Nach dem Studium der Naturwissenschaften, Mathematik und Philosophie ist er von 1747 bis 1754 als Hauslehrer tätig, habilitiert sich 1755 in Königsberg als Magister der Philosophie. Eine ihm angebotene Professur für Dichtkunst schlägt er aus. Seit 1770 ist er Professor für Logik und Metaphysik in Königsberg, muß seine Lehrtätigkeit aber aus gesundheitlichen Gründen 1796 einstellen. Kant hat Ostpreußen nie, Königsberg kaum verlassen.

Schriften
Kritik der reinen Vernunft, 1781; Prolegomena zu einer jeden künftigen Metaphysik, die als Wissenschaft wird auftreten können, 1783; Kritik der praktischen Vernunft, 1788; Kritik der Urteilskraft, 1790; Die Religion innerhalb der Grenzen der bloßen Vernunft, 1794.

1.1.1 Die Grenzen der Vernunft

Kant hat den drei klassischen Gottesbeweisen – dem kosmologischen, dem teleologischen und dem ontologischen Gottesbeweis – ihre Beweiskraft bestritten. Und zwar durch eine Reflexion auf die Grenzen menschlichen Erkenntnisvermögens. Kants Überlegung läuft auf folgendes hinaus. Die Vernunft des Menschen ist grundsätzlich gebunden an die Kategorien von Raum, Zeit und Kausalität. Diese Kategorien gehören der diesseitigen Wirklichkeit an. Daraus ergibt sich zwingend: Die Vernunft kann auf gar keinen Fall Aussagen treffen, die sich auf eine jenseitige Wirklichkeit beziehen. Das wäre eine Grenzüberschreitung, zu der die Vernunft nicht imstande ist. Der Mensch mag zwar spekulieren über das, was jenseits der Kategorien von Raum, Zeit und Kausalität liegt, soviel er will. Aber schlüssige Beweise über eine jenseitige Wirklichkeit kann er mit seiner an das Diesseits gebundenen Denktätigkeit nicht beibringen.

Seit Kant steht somit fest: Gott läßt sich nicht beweisen. Seit Kant steht allerdings ebenso fest: Eine Widerlegung Gottes ist auch nicht möglich.

1.1.2 Der moralische Gottesbeweis – Kants Zugang zur Religiosität

Kant, persönlich ein frommer Mann, hat sich mit dieser Pattsituation nicht zufriedengegeben. Um sie zu überwinden, macht er einen Unterschied zwischen theoretischer und praktischer Vernunft.

Die theoretische Vernunft hat den Drang, die Erkenntnisse des Verstandes und der Erfahrung zu überschreiten und so zu Grundbegriffen (Ideen) einer ordnenden Einheit vorzudringen. Diesem Grundbedürfnis des Menschen muß Rechnung getragen werden. Ihm verdankt sich alles Philosophieren. Die großen Themen der Philosophie haben sich immer um die ordnenden Leitideen von Seele, Welt, Gott bewegt. Die Leitidee "Gott" ist ein regulatives Prinzip, eine zweckmäßige Annahme, um die inneren und äußeren Vorgänge – also Seele und Welt – in einer übergreifenden Einheit zu ordnen. So sinnvoll und hilfreich es für den ordnenden, systematisierenden Verstand ist, sich Gott als Leitidee zu denken – daraus darf nicht gefolgert werden, daß Gott real existiert.

Nicht die theoretische, allein die praktische Vernunft führt hier weiter. Durch die theoretische Vernunft erkennt man, was *ist*. Durch die praktische Vernunft, was sein *soll*. Nicht durch Erkenntnisvorgänge wird Gott zur Wirklichkeit, sondern im konkreten Handeln des Menschen. Und zwar folgendermaßen:

Die praktische Vernunft orientiert sich an einem allgemeingültigen formalen Grundsatz vernünftigen Handelns. Dieser "kategorische Imperativ" erweist sich aus sich selbst heraus als vernunftgemäß: "Handle so, daß die Maxime deines Willens jederzeit zugleich als Prinzip einer allgemeinen Gesetzgebung gelten könnte."

Damit die Erfüllung des kategorischen Imperativs, eines absoluten Gebotes, für den Menschen sinnvoll ist, sind drei Postulate unumgänglich notwendig.

–*Die menschliche Freiheit*. Sonst könnte man sich nicht entscheiden, das Gebot zu erfüllen.

–*Die Unsterblichkeit der Seele*. Da der Mensch faktisch das Gebot nicht vollkommen erfüllt, es gleichwohl absolute Gültigkeit besitzt, muß er über sein Leben hinaus die Möglichkeit haben, das Gebot zu erfüllen.

– *Die Existenz Gottes*. Der Mensch hat das Bedürfnis, glücklich zu werden. Dies gewährleistet das Gebot gerade nicht. Deshalb muß es eine höchste Instanz geben. Ihre Aufgabe besteht darin, die Erfüllung des Gebotes und das Glück des Menschen miteinander zu verbinden. Den Zustand, in dem beides vereinigt ist, nennt Kant das "höchste Gut" oder das Reich Gottes. Es ist für die sittliche Verwirklichung des Menschen notwendig. Und deshalb ist es glaubhaft und der praktischen Vernunft einsichtig, die Existenz Gottes anzunehmen; das "höchste Gut" kann nur Gott verbürgen.

1.2 G. W. F. Hegel (1770 - 1831)

Im Gegensatz zum Menschen des Mittelalters fällt es dem neuzeitlichen Menschen oft schwer, seine Religiosität zu leben. Häufig sind es intellektuelle Skrupel, die ihn hindern. Hegel, das Erbe der Aufklärung bewahrend, versucht mit den Mitteln der Vernunft, die Barrieren zu überwinden, die sich dem denkenden Gottsucher in den Weg stellen. Hegel will auf folgende Fragen Antwort geben:

– In welchem Verhältnis steht Religiosität zu Gott, auf den sie sich bezieht?

– Wo ist Gott? Jenseits bzw. über der Welt? Oder in der Welt?

– Wie verhält sich Gott (als Geist?) zur Materie, deren Schöpfer er ist?

– Wie kommt es, daß die Bibel einen Gott zeigt, der sich im Laufe der Geschichte gleichsam selbst entwickelt?

– Ist die Vorstellung von der Gottessohnschaft Jesu Christi dem modernen Menschen noch zumutbar?

– Gott und die Religionen – ein Widerspruch in sich selbst?

Leben

Von 1788 bis 1793 studiert Hegel Theologie an dem berühmten Tübinger Stift. Dort ist er mit Hölderlin und Schelling befreundet. Als Hauslehrer verdient Hegel sich in Bern und Frankfurt seinen Lebensunterhalt, bis er sich 1801 in Jena für Philosophie habilitiert mit einer Arbeit über die Planetenbahnen. 1805 wird er Professor in Jena. Ein Jahr später vollendet er sein erstes Hauptwerk "Die Phänomenologie des Geistes", übernimmt 1807 vorübergehend die Leitung der "Bamberger Zeitung" und wirkt seit 1808 als Direktor des Gymnasiums in Nürnberg. Während dieser Zeit verfaßt er eine philosophische Propädeutik für Gymnasiasten: "Wissenschaft der Logik". 1816 wird er Professor in Heidelberg, wo die "Enzyklopädie der philosophischen Wissenschaften im Grundrisse" erscheint. 1818 nimmt Hegel einen Ruf nach Berlin an. Obwohl kein mitreißender Redner, zieht er die Studenten scharenweise an. Sein letztes Werk "Beweise vom Dasein Gottes" bleibt unvollendet.

Schriften
Die Phänomenologie des Geistes, 1807; Wissenschaft der Logik, 1812; Enzyklopädie der philosophischen Wissenschaften im Grundrisse, 1817; Grundlinien der Philosophie des Rechts, 1821; Vorlesungen über die Philosophie der Religion, 1821 ff.

Hintergrund der Philosophie Hegels sind

– die sich rasch entwickelnden Naturwissenschaften: Sie legen die Vorstellung nahe, Gott sei in Anbetracht einer lückenlos funktionierenden Kausalität entbehrlich.

– pantheistische geistige Strömungen: In der Nachfolge Spinozas (1632 - 1677) interessiert man sich in der Goethe-Zeit nicht mehr für den Gott *über* dem Menschen, auch nicht für den Gott *außerhalb* des Menschen, sondern für den Gott *im* Menschen, d. h., Gott in allen Dingen und alle Dinge in Gott.

Beides will Hegel überwinden: die naturwissenschaftliche Infragestellung Gottes ebenso wie die pantheistische Deutung. Der Pantheismus wird nach Hegels Auffassung dem Wesen Gottes insofern nicht gerecht, als er das Unendliche, das Absolute (Gott) auf die Ebene des Endlichen (die vorfindliche Wirklichkeit) zieht. Im Pantheismus wird aus Gott ein "schlechtes Unendliches". Gott ist für Hegel das alles durchdringende Unendliche im Endlichen, die letzte Wirklichkeit in der Welt, im Wesen der Dinge, im Menschen selbst, in der Weltgeschichte.

1.2.1 Dialektik

Hegels Denkmethode ist die Dialektik. Ähnlich wie für Heraklit ("alles ist im Fluß") gilt auch für Hegel: Nicht in einem einzelnen isolierten Moment liegt die Wahrheit, sondern in dem Ganzen eines sich fortschreitend entwikkelnden Prozesses. Das Einzelne ist stets einseitig. Erfassen läßt es sich nur als ein Element des Ganzen. "Das Wahre ist das Ganze. Das Ganze aber ist nur das durch seine Entwicklung sich vollendende Wesen."[1]

Der dialektische Prozeß verläuft in ständigen Gegensätzen. Gegen eine These bildet sich eine Antithese. Der Gegensatz beider ist "aufgehoben" in der Synthese. Die Synthese ihrerseits ist kein Endstadium, sondern wird im weiteren Verlauf des dialektischen Prozesses zu einer neuen These, gegen die sich eine Antithese erhebt, bis eine neue Synthese den Gegensatz aufhebt. Wahrheit entsteht auf diese Weise im Vollzug eines langen Kampfes, und zwar so, daß die einzelnen Phasen des Kampfes mit dazugehören; denn: "Das Wahre ist das Ganze." Anders ausgedrückt: Der dialektische Prozeß führt aus

1 Hegel: Phänomenologie des Geistes, Jubiläumsausgabe, Bd. 2, Stuttgart 1965[4], S. 24

einer gegebenen Position zur Negation bzw. zur "Entfremdung", bis er in der Negation der Negation auf einer höheren Ebene (vorläufig) zur Ruhe kommt. Auf der höheren Ebene findet eine Vereinigung, eine Versöhnung der Gegensätze statt. Auch der gesamte Weltprozeß bewegt sich im Rhythmus von These, Antithese und Synthese.

1.2.2 Gott, Welt und Mensch im dialektischen Prozeß – Hegels Zugang zur Religiosität

Es liegt im Wesen des dialektischen Prozesses begründet, daß These und Antithese nicht schlechthin Gegensätze sind. Sondern: Insofern beide – die These wie die Antithese – bezogen sind auf die Versöhnung in der Synthese, besteht zwischen These und Antithese die "Identität des Identischen mit dem Nichtidentischen". Das hat Konsequenzen für Hegels Vorstellung von Religiosität. So lehnt er die einfache Identität von Gott und Welt ab, wie sie im Pantheismus begegnet. Die Identität des Identischen mit dem Nichtidentischen bedeutet, auf Gott übertragen: Der von Gott entfremdete endliche Geist des Menschen und die Welt als die Entäußerung Gottes erfahren ihre Zusammengehörigkeit mit Gott und sind als die Antithese zu Gott eins mit ihm – und zwar eins mit ihm im Sinne der Dialektik, die das Nichtidentisch-Sein gerade nicht überspielt. Oder bezogen auf das Verhältnis von Materie und Geist: Der dialektischen Betrachtungsweise erschließt sich die Materie als das Andere des Geistes.

Fragt man danach, was im dialektischen Prozeß das Erste war, lautet Hegels Antwort: Der Geist ist vor der Materie, das Absolute vor dem Relativen, Gott vor der Welt und dem Menschen. Religiosität trägt dem dialektischen Verhältnis von Gott und Welt Rechnung; denn in der Religiosität erhebt sich das Endliche zum Unendlichen, insofern der endliche Geist des Menschen in der Religiosität seine Teilhabe am unendlichen Geist Gottes feiert. Dieses Verhältnis wird aber erst in der Religionsphilosophie denkend erfaßt, während es in der Religiosität bloß gelebt wird.

Religiosität bedeutet für Hegel die Erhebung des endlichen Lebens zum unendlichen Leben. Tiere können keine Religiosität haben. Religiosität hat nur der Mensch als Geistträger. Er vollzieht in der Religiosität die Erhebung des endlichen Geistes zum unendlichen Geist. Dies geschieht vor aller Philosophie. Die Philosophie, wie Hegel sie meint, fügt der Religiosität nichts Neues hinzu, sondern führt sie nur zum Begreifen ihrerselbst. Erhebt sich in der Religiosität der endliche Geist des Menschen zum absoluten Geist (Gott), so gilt umgekehrt: Die Religiosität ist das Selbstbewußtsein Gottes. Oder mit Hegels Worten: Religiosität ist "die Idee des Geistes, der sich zu sich selbst verhält, das Selbstbewußtsein des absoluten Geistes"[2], "Wissen des göttlichen Geistes von sich durch Vermittlung des endlichen Geistes"[3].

1.2.3 Christliche Religiosität

Für Hegel stellt die Religionsgeschichte – von einfachen Naturreligionen über die Religionen Chinas, Indiens, Persiens, Ägyptens, Griechenlands und Roms – einen großen Entwicklungszusammenhang dar, in dessen Verlauf der absolute Geist zu immer höheren Stufen des Bewußtseins seinerselbst voranschreitet. Dieser Prozeß erreicht seinen Höhepunkt im Christentum, der wahren Religion bzw. der Religiosität als Wahrheit. In Hegels Sichtweise stellt das Christentum diejenige Religion dar, die seiner philosophischen Betrachtung des Verhältnisses von Gott, Mensch und Welt vollkommen entspricht.

– Hegel erblickt in der Trinität eine dynamische Struktur, die der Dialektik entspricht. Der Vater als das allgemeine Prinzip der Gottheit setzt den Sohn als das Gegenüber aus sich heraus, das ihm wesensgleich ist. Diese Identität des Identischen mit dem Nichtidentischen manifestiert sich im Heiligen Geist.

– Christliche Religiosität bekennt die Versöhnung der gefallenen Welt und des mit Gott entzweiten Menschen. Dieses Bekenntnis der Versöhnung ist gebunden an das Bekenntnis zu Jesus Christus, den Gottmenschen. Versöhnung des Menschen mit Gott hat zur Voraussetzung, daß der Mensch nicht in der "Entfremdung" von Gott verharrt, sondern der Identität von Identischem und Nichtidentischem gewahr wird. In Jesus Christus begegnet dem Menschen das Bildnis solcher Identität; denn den Sohn zeichnet im Verhältnis zum Vater sowohl das Anderssein als auch seine Identität mit ihm aus.

– Hegel unternimmt den Versuch, die Christologie als denknotwendige Konsequenz der Dialektik zu erweisen. Daß die Endlichkeit und Schwäche der menschlichen Natur, also das Anderssein Gottes, sich mit der Göttlichkeit Gottes vertragen soll, erscheint als eine Absurdität. Der Dialektiker aber erkennt in dem Gottmenschen Jesus Christus die Versöhnung der Gegensätze von Endlichem (Mensch, Natur) und Unendlichem (Gott, absoluter Geist) in einer höheren Einheit. So wird der Gottmensch als die Identität des Anderen mit Gott für die dialektische Vernunft zur Denknotwendigkeit.

– Auch Karfreitag und Ostern erscheinen für Hegel denknotwendig. Vordergründig betrachtet, ist der Tod Christi bloß Ausdruck seiner Endlichkeit, die er mit allen Menschen teilt. Wirkliches Verstehen aber muß den "historischen Karfreitag" hinter sich lassen und zum "spekulativen Karfreitag" vordringen. Der Tod Gottes bedeutet, daß Gott das Moment seiner eigenen Negation mit umgreift. Der Tod Gottes ist ein notwendiges Stadium des dialektischen Prozesses, den Gott selber geht. Er bewahrt sich im Durchgang durch die totale Negation seinerselbst. Dem dialektischen Prozeß gemäß folgt auf den spekulativen Karfreitag die Auferstehung als die Negation der Negation.

2 Ders.: Philosophie der Religion I, Jubiläumsausgabe, Bd. 15, Stuttgart 1965[4], S. 216
3 Ebd.

– Für Hegel bewahrheitet sich damit die Heilsbedeutung des Kreuzes. Der spekulative Karfreitag begründet die Gewißheit der Versöhnung. Nicht die Entzweiung, die Negation, das Gegenüber von endlichem Geist und Gott ist das Letzte. Indem Gott sich selbst im Verlauf des dialektischen Prozesses bis in den Tod hinein in die Endlichkeit entäußert, darf sich der Mensch in seiner Endlichkeit – und d. h. in seiner Schuld, seinem Schmerz, seiner Schwäche – mit Gott vereint wissen.

Hegel hat sich als einen Philosophen verstanden, der die Wahrheit christlicher Religiosität mit den Mitteln der Vernunft erhellen wollte. "Der Philosophie ist der Vorwurf gemacht worden, sie stelle sich über die Religion: Dies ist aber schon dem Faktum nach falsch, denn sie hat nur diesen und keinen anderen Inhalt, aber sie gibt ihn in der Form des Denkens; sie stellt sich also nur über die Form des Glaubens, der Inhalt ist derselbe."[4]

1.3 L. A. Feuerbach (1804 - 1872)

Als Hegel auf der Höhe seines Ruhms starb, konnte er nicht ahnen, daß wenige Jahre später sein Versuch, die Denkbarkeit Gottes zu erweisen, einer radikalen Kritik unterzogen werden würde. Feuerbach kehrt Hegels Denkansatz um. Nicht Gott, der absolute Geist, bildet den Ausgangspunkt allen Geschehens, sondern die Materie. Der Mensch, gleichsam Materie in ihrer höchsten Ausprägungsform, setzt Vorstellungen eines höheren jenseitigen Wesens aus sich heraus. Weshalb der Mensch das tut, dafür weiß Feuerbach Gründe zu nennen, die noch heute zum Repertoire atheistischer Kritik am Gottesglauben gehören. Marx hat sich der Feuerbachschen Argumente ebenso bedient wie ein halbes Jahrhundert danach Freud, beide freilich mit gewissen Modifikationen.

Leben
Nach der Gymnasialzeit, in der sein Hauptinteresse religiösen Fragen gilt, studiert Feuerbach 1823 Theologie in Heidelberg, ein Jahr später in Berlin, wo Hegels Philosophie ihn fasziniert. Als er 1826 an die Universität Erlangen wechselt, hat er damit zugleich den Schritt von der Theologie zur Philosophie vollzogen. Seit 1828 ist er Dozent. Mit den 1830 erschienenen "Gedanken über Tod und Unsterblichkeit", die bereits Ansätze zur Religionskritik enthalten, gerät Feuerbach bei seinen Fachkollegen in Mißkredit. Die Hoffnung auf eine Professur muß er begraben. Die Heirat mit einer Fabrikantin ermöglicht es ihm, finanziell unabhängig das Dasein eines Privatgelehrten zu führen. Mit der Schrift "Zur Kritik der Hegelschen Philosophie" (1839) setzt er sich von dem einstmals verehrten Lehrer ab. Zwei Jahre später erscheint sein bekanntestes Werk "Das Wesen des Christentums", das Feuerbach berühmt gemacht hat. Marx und Engels, die in dem Philosophen ei-

4 Hegel: Philosophie der Religion II, Jubiläumsausgabe, Bd. 16, Stuttgart 1965^4, S. 353

nen Gleichgesinnten im Kampf gegen die etablierten Mächte erblickten, suchten vergeblich, ihn auf ihre Seite zu ziehen.

Schriften
Gedanken über Tod und Unsterblichkeit, 1830; Zur Kritik der Hegelschen Philosophie, 1839; Vorläufige Thesen zur Reform der Philosophie, 1831; Das Wesen des Christentums, 1841; Das Wesen der Religion, 1845; Vorlesungen über das Wesen der Religion, 1851.

1.3.1 Anthropologie als das Geheimnis der Theologie – Feuerbachs Absage an Religiosität

Der Mensch – nicht Gott, wie Hegel meint – entäußert sich, indem er alles Gute, Wahre, Schöne aus sich hinausverlagert und es in einem imaginierten Gotteswesen anbetet. Gott ist für Feuerbach nichts weiter als eine Projektion des Menschen. Genauer gesagt: eine Projektion des eigentlichen Wesens des Menschen, der "Gattung". Allerdings ist es eine Eigentümlichkeit der Religiosität, daß der Mensch, der an Gott glaubt, sich des Projektionsvorganges nicht mehr bewußt ist. Feuerbach sieht es daher als seine philosophische Aufgabe an, den Menschen zum wahren Bewußtsein seiner selbst zu führen. Es geht ihm dabei um eine Befreiung des Menschen, der sein eigenes Wesen als etwas von sich Getrenntes auffaßt und aus sich herausstellt. Feuerbach sieht in Gott als Geist die Projektion des menschlichen Verstandes, in Gott als dem vollkommenen Guten die Projektion des menschlichen Willens zum Guten und in der Liebe Gottes die Projektion des menschlichen Herzens. Der religiöse Mensch stattet Gott mit seinem eigenen Inneren aus. Übrig bleibt ein zerrissener, entfremdeter und innerlich völlig verarmter Mensch. Feuerbach fordert dazu auf, die vermeintlich übernatürliche Wesenheit Gottes wieder dahin zurückzunehmen, wo sie ihren rechtmäßigen Platz hat – nämlich in das natürliche Wesen des Menschen. Nach Feuerbachs Überzeugung ist es falsch zu sagen: Gott ist Geist, Gott ist das Gute, Gott ist Liebe. Vielmehr gilt: Geist, Wille zum Guten, Liebe sind göttliche, absolute Kräfte des Menschen. Alle Prädikate, welche die Religiosität Gott zulegt, sind Eigenschaften des Menschen. Wenn es überhaupt einen Sinn hat, von Gott zu reden, dann nur so: Gott ist das Wesen des Menschen. Das religiöse Wissen von Gott hält Feuerbach für das seiner selbst nicht bewußte Wissen des Menschen von sich. "Das Bewußtsein Gottes ist das Selbstbewußtsein des Menschen, die Erkenntnis Gottes die Selbsterkenntnis des Menschen."[5]

5 Feuerbach: Das Wesen des Christentums, Redam Universal-Bibliothek Nr. 4571-77, Stuttgart 1969, S. 53

1.3.2 Gott – ein Produkt menschlicher Sehnsüchte

Feuerbach hat seinen Atheismus psychologisch begründet. Religiosität entwickelt sich aus dem Abhängigkeitsgefühl. Es gründet in der Abhängigkeit des Menschen von der Natur. Vor allem aber beruht es – und deshalb übt Religiosität eine starke Anziehungskraft aus – auf Bedürfnissen und Wünschen, die tief im Menschen verankert sind. Als Quelle dieser Wünsche sieht Feuerbach den Glückseligkeitstrieb an. All seine Sehnsüchte, Wünsche und Hoffnungen verlagert der Mensch in einen Gott hinein, von dem er sich die Erfüllung seiner Träume verspricht. Diesen Gott meint Feuerbach als ein Phantasieprodukt menschlicher Einbildungskraft entlarvt zu haben.

1.3.3 Kritische Würdigung

Feuerbachs Kritik an der Religiosität gründet sich auf zwei Gedanken:

1. Gott ist eine Projektion des Menschen.
2. Diese Projektion rührt aus menschlichen Wunschvorstellungen her.

Theoretisch widerlegen läßt sich Feuerbachs Religionskritik nicht, wohl aber hinterfragen.

ad 1. Zu dem Projektionsvorwurf gibt der Soziologe P. L. Berger[6] zu bedenken: Ob man der Feuerbachschen oder der Hegelschen Sicht folge, hänge davon ab, welche Grundvorstellung von der Wirklichkeit man habe. Was in dem einen Bezugssystem menschliche Projektion ist, erscheine in einem anderen als Reflex göttlicher Wirklichkeit. Die Stimmigkeit der einen Perspektive schließe die der anderen keineswegs aus. Berger verdeutlicht diesen Sachverhalt an einer Analogie aus der Mathematik. Indem ein Mathematiker auf gedanklichem Wege mathematische Universen konstruiert, schafft er Projektionen seines Verstandes. Die moderne Naturwissenschaft bestätigt, daß die Wirklichkeit selber ein Gewebe aus mathematischen Relationen darstellt. Die Mathematik, die der Mensch aus seinem Bewußtsein hinausprojiziert, entspricht der Realität. Diese ist zwar für den Menschen außerhalb seinerselbst. Doch sein Bewußtsein scheint dieses Außen zu reflektieren. Berger erklärt diesen Tatbestand damit, daß zwischen den Strukturen menschlichen Bewußtseins und den Strukturen der Wirklichkeit grundlegende Affinitäten bestehen. Projektion und Reflektion seien Bewegungen, die innerhalb derselben umgreifenden Wirklichkeit vor sich gehen. Dasselbe könne auch für die religiösen Imaginationen des Menschen gelten.

6 Vgl. Berger: Auf den Spuren der Engel. Die moderne Gesellschaft und die Wiederentdeckung der Transzendenz, Frankfurt a. M. 1972 (1970), 2. Aufl., S. 72 f.

ad 2. Daß es möglich ist, Religiosität psychologisch aus menschlichen Wünschen abzuleiten, steht für den katholischen Theologen Küng[7] außer Frage. Doch nimmt er eine andere Beurteilung vor als Feuerbach. Mit der Anerkennung psychologischer Faktoren beim Gottesglauben sei nicht von vornherein ausgeschlossen, daß diese psychologischen Faktoren auf ein reales Objekt, auf eine Wirklichkeit außerhalb des Menschen zielen. An die Adresse Feuerbachs gerichtet, fragt Küng, ob das Abhängigkeitsgefühl und der Selbsterhaltungstrieb nicht einen sehr realen Grund haben könnten, das Glückseligkeitsstreben nicht ein sehr reales Ziel. Im übrigen kann es nach Auffassung von Küng gar nicht anders sein, als daß christliche Religiosität nicht völlig losgelöst ist von menschlichen Sehnsüchten, Wünschen und Hoffnungen. Denn beim Gottesglauben spielt die Frage der Erlösung eine nicht unbedeutende Rolle.

1.4 S. Kierkegaard (1813 - 1855)

Zur selben Zeit wie Feuerbach richtet in Kopenhagen ein einzelner heftige Angriffe gegen Hegel. Anders als Feuerbach fühlt Kierkegaard sich dazu genötigt, weil er bei Hegel das Wesen christlicher Religiosität verfälscht glaubt. Sie hat nach Kierkegaards Auffassung nichts gemein mit der großen Synthese von Gott, Welt und Mensch, die Hegel entwirft. Kierkegaard ist betroffen von dem unendlichen qualitativen Abstand zwischen Gott und Mensch. Dort, wo dieser Abstand von Gott her überbrückt ist – in dem Gottmenschen Jesus Christus –, handelt es sich um das absolute Paradox. Von einer Denknotwendigkeit – so Hegel – kann nach Kierkegaard keine Rede sein. Kierkegaard wertet im Gegenteil Hegels Versuch, die Einheit von Gott und Mensch in Jesus Christus als denknotwendig zu erweisen, als Heidentum, das Gott für den Menschen verfügbar machen will.

Leben

Bei kaum einem Denker ist die eigene Lebensgeschichte derart zum Gegenstand der Reflexion geworden wie bei Kierkegaard. Sein Vater, ein vermögender Kopenhagener Geschäftsmann, hat auf den jungen Sören erheblichen Einfluß ausgeübt. Die düstere Religiosität des Vaters stand ganz im Bann einer vermeintlich schweren persönlichen Schuld. Diese offenbart er dem Sohn in einer Stunde tiefer Verzweiflung. Daraufhin setzt eine Entfremdung zwischen beiden ein. Zwar studiert Kierkegaard dem väterlichen Wunsch entsprechend Theologie. Doch statt in den Hörsälen der Universität trifft man den Sohn auf den Boulevards von Kopenhagen, in Cafés und bei Trinkgelagen. Bei einem Bordell-

7 Vgl. Küng: Existiert Gott? Antwort auf die Gottesfrage der Neuzeit, München – Zürich 1978, S. 242 f.

besuch versucht Kierkegaard gleichsam die Schuld des Vaters nachzuvollziehen. Das Theologiestudium schließt er erst nach dem Tod des Vaters ab (1840). Drei Jahre zuvor hat er die damals fünfzehnjährige Regine Olsen kennengelernt und fühlt sich unwiderstehlich zu ihr hingezogen. Nach dem Examen verlobt er sich mit ihr, bereut diesen Schritt jedoch alsbald. Belastet mit der Schuld des Vaters, glaubt er seinen eigenen moralischen Ansprüchen nicht Genüge leisten zu können. Er löst die Verlobung, ohne die Trennung von Regine verwinden zu können. Auch zur Übernahme eines Pfarramtes sieht er sich aufgrund seiner vermeintlichen Schuld außerstande. Seit 1842 lebt Kierkegaard als freier Schriftsteller.

Schriften
Entweder-Oder, 1843; Furcht und Zittern, 1843; Die Wiederholung, 1843; Philosophische Brocken, 1844; Der Begriff der Angst, 1844; Stadien auf dem Lebensweg, 1845; Abschließende unwissenschaftliche Nachschrift, 1846; Erbauliche Reden in verschiedenem Geist, 1847; Der Gesichtspunkt für meine Wirksamkeit als Schriftsteller, 1848; Christliche Reden, 1848; Die Krankheit zum Tode, 1849; Einübung im Christentum, 1850.

1.4.1 Der unendliche qualitative Unterschied von Gott und Mensch – Kierkegaards Deutung christlicher Religiosität

Kierkegaard will mit seiner Philosophie nicht etwas Neues vortragen, sondern das Wesen christlicher Religiosität zur Geltung bringen. Seine Gedanken formuliert er in Auseinandersetzung mit der Auffassung Hegels: Das letzte Geheimnis alles Wirklichen sei die versöhnende Vermittlung von Gott und Welt, von göttlichem und menschlichem Geist, die Dialektik der "Identität des Identischen mit dem Nichtidentischen". Für Kierkegaard, der zeitlebens an den Widersprüchen seines Daseins zu zerbrechen droht, ist die Identität keine angemessene Kategorie zur Beschreibung des Verhältnisses von Gott und Mensch. Er betont stattdessen den unendlichen qualitativen Unterschied. Zwar spricht auch Kierkegaard von Dialektik. Doch ist sie nicht objektiv-seinsmäßiger Art, so daß mit ihrer Hilfe das große Drama von Gott und Welt, von absolutem Geist und endlichem Menschengeist, von Entfremdung und Versöhnung philosophisch reflektierend nachvollzogen werden könnte. Vielmehr entwickelt Kierkegaard im Prozeß von Erfahrungen, die er selber durchstehen muß, eine Existenzdialektik. Die Gegensätze des Lebens, die ihn zerreißen wollen, treffen sich dialektisch im Paradox. Das Paradox wird bei Kierkegaard zur Kategorie für das Verständnis von Religiosität. Das Paradox ist kein logischer Widerspruch, sondern ein existentieller Gegensatz, der sich mit den Mitteln der Vernunft nicht auflösen läßt. Ein Paradox liegt beispielsweise darin, daß der Mensch als Sünder ganz und gar unter dem richtenden Urteil Gottes steht (ohne im vorhinein auf die Gnade zu hoffen) und – einzig indem er sich wirklich Gottes Urteil stellt und davor erzittert – auch dem gnädigen Gott begegnen kann.

1.4.2 Das Paradox, "daß ein einzelner Mensch Gott ist"

Das soeben bezeichnete Paradox bedeutet in Kierkegaards Sicht die existentielle Wahrheit christlicher Religiosität. Läßt jemand sich auf diese Wahrheit ein, wird er ein "Einzelner", d. h. ein wahrhaft Existierender. Einzelner zu werden vor Gott, ist nach Kierkegaard die Bestimmung des Menschen. Nur so erfährt man sich einen als durch Gottes Urteil Gerichteten, der das unbegreifliche Dennoch der Gnade empfängt, wenn auch mit "Furcht und Zittern". Der Trost der Kirche lautet, daß Christus als wahrer Gott und wahrer Mensch die Sünden vergibt. Indem aus dem Bekenntnis zu Christus eine quasi objektive Wahrheit gemacht wird, verkommt es zu einem dogmatischen Lehrsatz. Nach Kierkegaards Überzeugung stellt die Behauptung, "daß ein einzelner Mensch Gott ist", das absolute Paradox dar, in keiner Weise vernünftig einsehbar. Das Christus-Bekenntnis ist und bleibt unaufhebbares Ärgernis.

Angesichts des absoluten Paradoxes christlicher Religiosität wird klar, daß der unendliche qualitative Abstand zwischen Gott und Mensch nicht mit den Mitteln objektiver Wahrheit, sondern allein in der subjektiven Wahrheit überwunden werden kann. Subjektive, d. h. zugleich existentiell bezwingende Wahrheit ist der Glaube. Er ist nicht ohne Risiko. Es geht dabei um Sein oder Nichtsein. Gerade an dieser "Wegscheide" kontrastiert der objektiven Ungewißheit subjektiv die äußerste Leidenschaft; denn es handelt sich um "die höchste Wahrheit, die es für einen Existierenden gibt."

Kierkegaard hat zu seiner Zeit kaum Gehör gefunden. Erst im 20. Jahrhundert haben seine Gedanken in Existenzphilosophie und Dialektischer Theologie Einfluß ausgeübt.

2 Theologen

2.1 F. D. Schleiermacher (1768 - 1834)

Ähnlich wie sein Universitäts-Kollege Hegel steht Schleiermacher unter dem Eindruck, daß der Gottesglaube seine Plausibilität verloren hat. Schleiermacher setzt ein bei der Analyse menschlicher Grundbefindlichkeit. In ihr spricht sich seiner Meinung nach etwas von dem aus, was Anliegen der Religiosität ist, sich aber in den erstarrten Formeln kirchlicher Dogmatik nicht mehr erkennen läßt. Weder Intellekt (gegen Hegel) noch Moral (gegen Kant) seien der spezifische Bereich der Religiosität. Ein bestimmtes Grundempfinden, das zum Dasein des Menschen unabdingbar gehört – dieses Empfinden kann stärker oder schwächer ausgeprägt sein, aber nicht gänzlich verlöschen –, erklärt Schleiermacher als den geheimen Punkt, auf den alle Religiosität zielt. Damit erschließt er der Gottesverehrung einen erfahrungsbezogenen Ort, der voreiliger Kritik enthoben ist. Schleiermacher begründet die Religiosität also auf unmittelbare Gewißheit, die sich aus menschlicher Erfahrung ableitet. Das bedeutet, daß Theologie die religiöse Erfahrung reflektiert. Gott droht nicht zu einer transzendenten Größe zu werden, die dem konkreten Leben seltsam beziehungslos gegenübersteht. Religiosität begegnet dem Menschen in seinem unmittelbaren Erleben, wo ihm zu Bewußtsein kommt, daß sein Dasein sich nicht in Oberflächlichkeiten erschöpft.

Leben

Friedrich Schleiermacher, Sproß einer preußischen Pastorenfamilie, hat sich als Jugendlicher der Herrnhuter Brüdergemeinde angeschlossen, beeindruckt von der lebendigen Frömmigkeit des Pietismus. Getrieben von Zweifeln, trennt er sich mit 21 Jahren von den Herrnhutern, bleibt sich aber zeitlebens bewußt, was er ihrer gefühlsbetonten Christusfrömmigkeit verdankt. Er studiert Theologie und beschäftigt sich mit der griechischen Philosophie. Nachdem er als Hauslehrer seinen Unterhalt verdient hat, übernimmt er in Berlin eine Pfarrstelle an der Charité. In der Zeit als Krankenhausseelsorger findet er Eingang in die Berliner Salons. Dort begann man gerade den Geist der Romantik zu feiern. Schleiermacher ist in diesen Kreisen zu Hause. An seinem 29. Geburtstag nehmen ihm die Gäste das Versprechen ab, binnen Jahresfrist ein Buch zu schreiben. 1799 erscheint seine berühmteste Schrift "Über die Religion. Reden an die Gebildeten unter ihren Verächtern". 1804 folgt Schleiermacher einem Ruf als Professor und Universitätsprediger nach Halle. Seit 1811 lehrt er als Professor für Theologie und als Kollege von Hegel in der philosophischen Fakultät der neugegründeten Universität Berlin. Zu deren Glanz hat Schleiermacher mit seinen Vorlesungen über Psychologie, Geschichte der Philosophie, Dialektik, philosophische Ethik, Ästhetik, Politik, Pädagogik nicht wenig beigetragen.

Schriften
Über die Religion. Reden an die Gebildeten unter ihren Verächtern, 1799; Monologen, 1800; Kurze Darstellung des theologischen Studiums, 1811; Der christliche Glaube, 2 Bde., 1821/22; Die christliche Sitte, 1843 hrsg. v. J. Jonas.

2.1.1 Das Gefühl schlechthiniger Abhängigkeit – Schleiermachers Zugang zur Religiosität

Der junge Schleiermacher geht in seiner Schrift "Über die Religion" von einem distanzierten Verhältnis zum Glauben der Kirche aus. Er steht unter dem Eindruck der religiösen Krise, da "der Gott und die Unsterblichkeit der kindlichen Zeit dem zweifelnden Auge entschwanden"[8], überwindet jedoch die Negation des Glaubens. Mögen die Vorstellungen über Gott fragwürdig geworden sein und die sittlichen Gebote der Bibel sich als Menschensatzungen begreifen lassen, ein Element bleibt von solcher Kritik unberührt. Das ist die Unmittelbarkeit des religiösen Gefühls, wenn "die ganze Seele aufgelöst ist in ein unmittelbares Gefühl des Unendlichen und Ewigen und ihrer Gemeinschaft mit ihm"[9]. Mag der herkömmliche Glaube für den Gebildeten irrelevant geworden sein, der Ursprung des religiösen Gefühls, nämlich "Sinn und Geschmack fürs Unendliche"[10], "Anschauen des Universums"[11], läßt niemanden los.

"Die gewöhnliche Vorstellung von Gott als einem einzelnen Wesen außer der Welt und hinter der Welt, ist nicht das Eins und alles für die Religion, sondern nur eine selten ganz reine, immer aber unzureichende Art, sie auszusprechen. Wer sich einen solchen Begriff gestaltet, auf eine unreine Weise, weil es nämlich grade ein solches Wesen sein muß, das er soll brauchen können zu Trost und Hilfe, der kann einem solchen Gott glauben, ohne fromm zu sein, wenigstens in meinem Sinne, ich denke aber auch in dem wahren und richtigen ist er es nicht. Wer sich hingegen diesen Begriff gestaltet, nicht willkürlich, sondern irgendwie durch seine Art zu denken genötiget, indem er nur an ihm seine Frömmigkeit festhalten kann, dem werden auch die Unvollkommenheiten, die seinem Begriff immer ankleben bleiben, nicht hinderlich sein noch seine Frömmigkeit verunreinigen. Das wahre Wesen der Religion aber ist weder dieser noch ein anderer Begriff, sondern das unmittelbare Bewußtsein der Gottheit, wie wir sie finden, eben so sehr in uns selbst als in der Welt. Und eben so ist das Ziel und der Charakter eines religiösen Lebens, nicht die Unsterblichkeit, wie viele sie wünschen und an sie glauben oder auch nur zu glauben vorgeben, denn ihr Verlangen, zuviel davon zu wissen, macht sie sehr des letzten verdächtig, nicht jene Unsterblichkeit außer der Zeit und hinter der Zeit oder vielmehr nur nach dieser

8 Schleiermacher: Sämtliche Werke, Berlin 1843, Bd. I/1, S. 152
9 A. a. O., S. 160
10 Schleiermacher: Über die Religion, hrsg. v. Otto, R., 1926[5], S. 34
11 A. a. O., S. 35

Zeit aber doch in der Zeit, sondern die Unsterblichkeit, die wir schon in diesem zeitlichen Leben unmittelbar haben können und die eine Aufgabe ist, in deren Lösung wir immerfort begriffen sind. Mitten in der Endlichkeit eins werden mit dem Unendlichen und ewig sein in jedem Augenblick, das ist die Unsterblichkeit der Religion."[12]

Schleiermachers Ziel ist es, einen Ort im Menschen zu ermitteln, an dem er jenes Moment festmachen kann, das die Wurzel des Gottesglaubens bildet – das religiöse Erleben. Später in seiner Schrift "Der christliche Glaube" bestimmt er diesen Ort als das "Gefühl schlechthiniger Abhängigkeit". Er schreibt: "Wenn aber schlechthinige Abhängigkeit und Beziehung mit Gott in unserem Satz gleichgestellt wird: so ist dies so zu verstehen, daß eben das in diesem Selbstbewußtsein mit gesetzte *Woher* unsers empfänglichen und selbsttätigen Daseins durch den Ausdruck Gott bezeichnet werden soll."[13] Ein Gefühl schlechthiniger Abhängigkeit findet sich, wenn auch unterschiedlich stark ausgeprägt, in jedem Menschen. Es macht das Wesen der Religiosität aus.

Wenn Religionen von Gott sprechen, dann geben sie damit Antwort auf die Frage nach dem letzten Woher des Gefühls der schlechthinigen Abhängigkeit. Darüber hinaus antworten sie auf die Frage nach dem Woher des Daseins überhaupt. Nicht die Gottes*vorstellung* interessiert Schleiermacher in erster Linie, sondern das lebendige, allen Menschen vertraute Gefühl der Religiosität, das zur Bildung einer Gottesvorstellung treibt. Da das Gefühl schlechthiniger Abhängigkeit für Schleiermacher wesenhaft zum Menschen gehört, hält er Gottesbeweise für unnötig. Sie könnten ohnehin nicht weiter führen als zu gewissen Vorstellungen über Gott. Die Unmittelbarkeit des religiösen Erlebens, auf das es hauptsächlich ankommt, berühren sie nicht.

2.1.2 Jesu Gottesbewußtsein und die menschliche Erlösungsbedürftigkeit

So elementar ist das Gefühl schlechthiniger Abhängigkeit für Menschen, daß es nur bei krankhaften Geisteszuständen völlig fehlt. Allerdings kann es unterentwickelt oder verschüttet sein. Darauf beruht das Phänomen der – scheinbaren – Abwesenheit Gottes. Es ist darauf zurückzuführen, daß der Mensch seine Abhängigkeit und Endlichkeit nicht wahrhaben will und sie zu verdrängen sucht. Wohl besteht eine relative Freiheit in Bezug auf die Gegebenheit dieser Welt. Infolgedessen neigt der Mensch dazu, sich ausschließlich an Weltlichem zu orientieren, seinen Lebensinhalt aus irdischen Verhältnissen zu beziehen und sich somit dem Gefühl schlechthiniger Abhängigkeit

12 Schleiermacher: Sämtliche Werke, Berlin 1843, Bd. I/1, S. 264

13 Ders.: Der christliche Glaube, Bd. I, hrsg. v. Redeker, M., Berlin 1960^7, S. 28 f.

zu verschließen. Eine solche Lebenshaltung, in der Schleiermacher das Wesen der Sünde erblickt, wird zur bestimmenden Natur des Menschen. Er kann sich aus eigener Kraft nicht mehr daraus lösen, selbst wenn ihn die Ahnung ergreift, daß er seinem Wesen zuwider handelt.

Diejenige Person, die das Gefühl schlechthiniger Abhängigkeit in reiner Form repräsentiert, ist Jesus von Nazareth. Christlicher Glaube schließt sich an ihn an. Im Blick auf die Gestalt Jesu erkennen Christen ihre Erlösungsbedürftigkeit. Von Jesu Gottesbewußtsein, das in unüberbietbarer Klarheit vom Gefühl schlechthiniger Abhängigkeit geprägt ist, gehen Wirkungen aus. Sie arbeiten dem sündigen Gesamtzusammenhang entgegen – nämlich der Abkehr von dem als Einschränkung empfundenen Gefühl schlechthiniger Abhängigkeit. Diese Wirkungen zeigen sich in der Kirche Jesu Christi. Hier ist Christus lebendig durch den Heiligen Geist, nach Schleiermacher "die Vereinigung des göttlichen Wesens mit der menschlichen Natur in der Form des das Gesamtleben der Gläubigen beseelenden Gesamtgeistes."[14]

2.2 A. v. Harnack (1851 - 1930)

Harnack, Theologe und Historiker, ging es darum, über die historische Erforschung des Christentums hinaus die innere Wahrheit christlichen Glaubens zu erschließen. Religiosität sah er als unmittelbare Beziehung des Menschen zu Gott an; alles andere – Kultus und Lehre der Kirche – muß unter dem Blickwinkel geschichtlichen Wandels betrachtet werden. Harnack war an der Verbindung von Christentum und Kultur gelegen, da es nur eine Welt Gottes gibt, in der das Evangelium vernommen wird. Allerdings wird das nur dem zur Gewißheit, der das Evangelium erfahren hat. Die wissenschaftliche Verantwortung des Historikers bleibt davon unabhängig. Er wird nur um so tiefer berührt als Forscher an alles herantreten, was unter dem Zeichen von Gott, Religiosität und Kirche steht.

Leben

Nach dem Studium in seiner Heimatstadt Dorpat wird Harnack 1874 Privatdozent für Kirchengeschichte in Leipzig und zwei Jahre später Professor. Über Gießen und Marburg kommt er 1888 nach Berlin, wo er bis zur Emeritierung lehrt. 1890 erfolgt die Berufung in die Preußische Akademie der Wissenschaften. Von 1910 an leitet Harnack die auf seinen Vorschlag gegründete Kaiser-Wilhelm-Gesellschaft zur Förderung der Wissenschaften. 1914 wird ihm der erbliche Adelstitel verliehen.

Schriften

Lehrbuch der Dogmengeschichte, 3 Bde., 1886 - 1890; Das Wesen des Christentums, 1900; Marcion, 1921; Reden und Aufsätze, 7 Bde., 1903 - 1930.

14 Ders.: Der christliche Glaube, Bd. II, § 123 Leitsatz

2.2.1 Religiosität und Geschichte

Harnack stellt seiner "Dogmengeschichte" ein Wort Goethes voran: "Die christliche Religion hat nichts mit Philosophie zu tun. Sie ist ein mächtiges Wesen für sich ... über alle Philosophie erhaben und bedarf von ihr keine Stütze." Darum geht es Harnack. Er setzt ein beim biblisch-geschichtlichen Jesus und dessen Begründung einer "universalen Religion". Als Historiker wendet Harnack sich gegen jede "philosophische Verflüchtigung unseres Heilandes". In Jesus sieht er einen Menschen, der die tiefste und schlichteste Ausprägung alles Menschlichen vorgelebt habe. Jesu Botschaft sei nichts anderes als die Verkündigung der väterlichen Liebe Gottes.

Die Geschichte des Glaubens erscheint Harnack als eine Mischung aus Fortschritt und Verfall. Der Verfall setzt mit den Dogmen der alten Kirche ein. Sie sind eine "Frucht der Hellenisierung" und brachten die lebendige Religiosität durch Kultus und Lehre zur Erstarrung. Dogma und Sakramente gewannen im Laufe der Zeit eine Eigenkraft, zwangen den Glauben unter ihre Gewalt und bewirkten, daß die Kirche über Jahrhunderte den Stifter und seine Botschaft vergaß. Erst mit der Reformation führte die Linie wieder aufwärts. Luther griff mit seiner Lehre von der Rechtfertigung auf die Botschaft Jesu zurück. Doch das wurde in der Folgezeit nicht durchgehalten.

Harnacks Ziel war es, die ursprüngliche Sicht jesuanischer Religiosität wiederzugewinnen.

2.2.2 Das Wesen des Christentums

Im Jahre 1900 hält Harnack seine berühmte Vorlesung über "Das Wesen des Christentums". Christliche Religiosität ist in ihrem Kern etwas "Hohes" und "Schlichtes": "ewiges Leben mitten in der Zeit und unter den Augen Gottes". Zwar ist im Evangelium von Berufsarbeit, von Kunst und Wissenschaft, von Kultur überhaupt kaum die Rede. Und doch hat erst Jesus die Menschheit dazu befähigt, in Freiheit und Verantwortung das zu verwirklichen, worin ihr Ziel besteht, nämlich das Reich Gottes zu ermöglichen durch Jesu Botschaft von der besseren Liebe und Gerechtigkeit.

" 'Fallen und Auferstehen', eine neue Menschheit wider die alte, Gottesmenschen, schuf erst Jesus Christus. Er trat sofort den offiziellen Führern des Volkes, in ihnen aber dem gemeinen Menschenwesen überhaupt entgegen. Sie dachten sich Gott als den Despoten, der über dem Zeremoniell seiner Hausordnung wacht, er atmete in der Gegenwart Gottes. Sie sahen ihn nur in seinem Gesetze, das sie zu einem Labyrinth von Schluchten, Irrwegen und heimlichen Ausgängen gemacht hatten, er sah und fühlte ihn überall. Sie besaßen tausend Gebote von ihm und glaubten ihn deshalb zu kennen; er hatte nur ein Gebot von ihm und darum kannte er ihn. Sie hatten aus der Religion ein irdisches Gewerbe gemacht – es gab nichts Abscheulicheres –, er verkündete den lebendigen Gott und den Adel der Seele.

Überschauen wir aber die Predigt Jesu, so können wir drei Kreise aus ihr gestalten. Jeder Kreis ist so geartet, daß er die *ganze* Verkündigung enthält; in jedem kann sie daher vollständig zur Darstellung gebracht werden:

Erstlich, das Reich Gottes und sein Kommen.

Zweitens, Gott der Vater und der unendliche Wert der Menschenseele.

Drittens, die bessere Gerechtigkeit und das Gebot der Liebe.

Die Größe und Kraft der Predigt Jesu ist darin beschlossen, daß sie so einfach und wiederum so reich ist – so einfach, daß sie sich in jedem Hauptgedanken, den er angeschlagen, erschöpft, und so reich, daß jeder dieser Gedanken unerschöpflich erscheint und wir die Sprüche und Gleichnisse niemals auslernen. Aber darüber hinaus – hinter jedem Spruch steht er selbst. Durch die Jahrhunderte hindurch reden sie zu uns mit der Frische der Gegenwart. Hier bewahrheitet sich das tiefe Wort wirklich: 'Sprich, daß ich dich sehe.' "[15]

Harnack sieht durchaus, daß Jesu Verkündigung geprägt ist von der Naherwartung des bald hereinbrechenden Gottesreiches, vernachlässigt sie aber als zeitbedingt. Neu und Jesu "wirkliches Eigentum" nennt Harnack den Gedanken: Das Reich Gottes ist "mitten unter euch". Der Mensch wird durch das Evangelium aufgerufen, dieses Gottesreich in lebendiger religiöser Beziehung zu Gott zu verwirklichen.

Jesu Anrede Gottes als "Vater" zeigt die Sicherheit eines Menschen, der sich geborgen weiß und die Gewißheit der Erhörung besitzt. Das Vaterunser zeigt zugleich, daß die Vertrautheit mit Gott Gabe und Aufgabe ist. Die Gotteskindschaft des Menschen bedeutet, daß jeder dem anderen "teuer" werden muß. Ehrfurcht vor dem Menschlichen heißt "praktische Anerkennung Gottes als des Vaters".

Nach Harnack hat Jesus nie Glauben an seine Person gefordert, sondern das Halten seiner Gebote. Sie wurden ihm – dessen ist Jesus gewiß – von seinem Vater gegeben. Jesu unmittelbare Gotteserkenntnis berechtigt ihn dazu, sich als Gottes Sohn zu bezeichnen. Durch seinen Tod haben die Menschen Gotteserkenntnis erhalten. Erst hier erfuhren sie die Gewißheit der Vergebung. Bevor in der Kirche eine Christologie ausgebildet worden ist, hat Jesus vom Erbarmen und von der Liebe Gottes gesprochen. Harnack wagt die Behauptung, nicht der Sohn, sondern allein der Vater gehöre in das Evangelium hinein, wie Jesus es verkündigt habe.

15 Harnack: Das Wesen des Christentums, Leipzig 1902, S. 33

2.2.3 Kritische Würdigung

Harnack ging es um die innere Wahrheit Gottes, die über alle Zeiten hinweg die Herzen zu bezwingen vermag. Sie wollte er aus jahrhundertealten Verkrustungen philosophisch-religiöser Reflexion befreien. Doch zeigte sich in der theologischen Auseinandersetzung mit Barth und anderen Vertretern der sog. Dialektischen Theologie, daß bestimmte Gesichtspunkte bei Harnack nicht zureichend aufgenommen sind. So bleiben Fragen. Wird Harnack der Person Jesu wirklich gerecht? Ist es zulässig, das eschatologische Moment zu vernachlässigen? Darf man Jesu Botschaft reduzieren auf die Predigt von der Liebe des Vatergottes und vom unendlichen Wert der Menschenseele? Und von daher das Reich Gottes als eine Synthese aus Christentum und allem Hohen und Edlen in der Kultur proklamieren? Reicht es aus, christliche Religiosität als lebendigen Antrieb einer sich aufwärts bewegenden Menschheitsgeschichte zu begreifen?

Das gebildete liberale Bürgertum der Jahrhundertwende fühlte sich durch Harnacks Deutung der Religiosität angesprochen. Hier sah es seine eigenen Wertvorstellungen bestätigt. In Harnacks Theologie erblickte es die Möglichkeit, den eigenen Fortschrittsoptimismus religiös zu begründen. Daß dieser Versuch nicht tragfähig war, erwies der Erste Weltkrieg.

2.3 K. Barth (1886 - 1968)

Als A. v. Harnack 1914 den Aufruf des Kaisers an sein Volk verfaßte und das "Manifest der Intellektuellen" zusammen mit 92 Persönlichkeiten des deutschen Geisteslebens unterschrieb, darunter viele namhafte Theologen, hat nach Einschätzung des Schweizer Pfarrers Karl Barth eine Geistesepoche samt der dazugehörigen Theologie ihr Versagen öffentlich bekundet. Die Ideale, für die Harnack eingetreten war, erwiesen sich als wirkungslos. Barth – ein Angehöriger der Reformierten Kirche, zu dessen christlichem Erbe Calvins distanziertes Verhältnis zur Welt gehörte – erlebte den Zusammenbruch einer Gesellschaft, die hohe Stücke auf den in ihr herrschenden Geist, die Verbindung von Christentum und Kultur, gehalten hatte, aber unfähig war, dem Völkermord zu wehren.

Nach 1918 setzte bei Barth, einem der Wortführer der Dialektischen Theologie, ein neues Fragen nach Gott ein. Allen theologischen Bemühungen in der Nachfolge Schleiermachers, vom Menschen her Gott zu erfassen, begegnet Barth mit einem entschiedenen Nein. Gott ist "der ganz andere". Von der Religiosität des Menschen führt kein Weg zu Gott. Alle diesbezüglichen theologischen Versuche sind für Barth nichts als Menschenwerk. Solcher

"Theologie von unten" stellt er eine "Theologie von oben" entgegen: Gott "offenbart" sich selbst in der Heiligen Schrift.

Leben
Barth wird 1911 Pfarrer in Safenwil (Aargau). Sein Kommentar zum Römerbrief (1919), eine Absage an die neuprotestantische Theologie seit Schleiermacher, läßt ihn in kurzer Zeit bekannt werden. 1921 nimmt Barth eine Professur in Göttingen an. 1925 wird er nach Münster, fünf Jahre später nach Bonn berufen. Im Dritten Reich zieht er aus seiner Theologie politische Konsequenzen. Als führendes Mitglied der Bekennenden Kirche wird er ausgewiesen. Seit 1935 bis zu seiner Emeritierung lehrt er in Basel. An seiner zahlreiche Bände umfassenden "Kirchlichen Dogmatik" arbeitet Barth von 1932 bis zu seinem Lebensende.

Schriften
Der Römerbrief, 1919; Fides quaerens intellectum, 1931; Theologische Existenz heute, 1933; Nein, Antwort an Emil Brunner, 1934; Credo, 1935; Evangelium und Gesetz, 1935; Rechtfertigung und Recht, 1938; Christen- und Bürgergemeinde, 1946; Kirchliche Dogmatik, 4 Tle., 1932 ff.

2.3.1 Religion – Angelegenheit des gottlosen Menschen

Barths Überzeugung gemäß gibt es vom Menschen aus keinen Weg zu Gott. Gott ist derjenige, welcher alles, was Menschen hervorbringen, in die Krise führt. Menschenwerk ist auch die "Religion". Der Weg, den Schleiermacher gewiesen und den A. v. Harnack neu beschritten hatte, war der Weg der Religion. Damit meint Barth den Versuch, vom Menschen her – von seiner Religiosität, seiner Befindlichkeit, von den vermeintlich edelsten seelischen Regungen - sich Gott zu nähern. Für den jungen Barth ist das nichts anderes als Götzendienst; denn der Mensch betet sich selbst in seinen religiösen Bestrebungen an. Es ist sogar die schlimmste Form von Götzendienst, weil sie sich mit den Attributen der Gottesverehrung schmückt. Von der religiösen Erfahrung führt nach Barths Meinung kein Weg zu Gott. Vielmehr hält er Religiosität für die Angelegenheit des gottlosen Menschen.

2.3.2 Offenbarung Gottes

Barth verweist darauf, daß Gott selbst einen Weg von sich zum Menschen gebahnt hat. Es ist seine "Offenbarung", wie sie in der Bibel zur Sprache kommt. Daher gibt es für den Theologen nur einen einzigen Platz – den unterhalb der Heiligen Schrift. Hier begegnet er dem "Wort Gottes". "Nicht wie wir von Gott reden sollen, steht in der Bibel, sondern was er zu uns sagt, nicht wie wir den Weg zu ihm finden, sondern wie er den Weg zu uns gesucht und gefunden hat ... *Das* steht in der Bibel. Das Wort Gottes steht in der Bibel."[16] Barths erstes Werk, der Kommentar zum Römerbrief, markiert einen theologischen Neuanfang. Um das einzig Wichtige, die Gottheit Gottes, zur Sprache zu bringen, greift Barth einen Gedanken Kierkegaards auf: Zwischen Gott und den Menschen besteht ein unendlicher qualitativer Unterschied. "Gott, die reine Grenze und der reine Anfang alles dessen, was wir sind, haben und tun, in unendlichem qualitativen Unterschied dem Menschen und allem Menschlichen gegenüberstehend, nie und nimmer identisch mit dem, was wir Gott nennen, als Gott erleben, ahnen und anbeten, das unbedingte Halt! gegenüber aller menschlichen Unruhe und das unbedingte Vorwärts! gegenüber aller menschlichen Ruhe, das Ja in unserm Nein und das Nein in unserm Ja, der Erste und der Letzte und als solcher der Unbekannte, nie und nimmer aber eine Größe unter andern in der uns bekannten Mitte, Gott der Herr, der Schöpfer und Erlöser – das ist der lebendige Gott!"[17] Galt Gott herkömmlich als Repräsentant alles Guten, Wahren und Schönen, das summum bonum oder summum ens, so begreift Barth den Gott der Bibel als jenen, der alles in die radikale "Krisis" führt. Der Mensch mit allem, was er ist und hat, auch mit seinem Höchsten und Besten, verfällt dem Gericht dieses Gottes. Wie ein "Alarmruf", wie eine "geballte Faust", wie ein "Feuerzeichen" bricht Gott in das Diesseits ein, "untergrabend", "beunruhigend", "erschütternd".

In späteren Jahren hat Barth noch mehr und sehr viel anderes über Gott zu sagen gewußt. In seiner "Kirchlichen Dogmatik" entfaltet er in aller Breite, wer Gott ist. Aber in einem blieb Barth sich treu. Von der menschlichen Erfahrung, von der Religiosität führt kein Weg zu Gott. Es gibt weder eine "Ur-Offenbarung" (P. Althaus), die dem Menschen erlauben würde, ausgehend von der vorfindlichen Wirklichkeit der Welt, Rückschlüsse auf die Existenz Gottes oder auf sein Wesen zu ziehen. Noch gibt es "Anknüpfungspunkte" (E. Brunner) in der menschlichen Existenz, die den Menschen von sich aus – etwa aufgrund der radikalen Fraglichkeit seines Menschseins – nach so etwas wie der göttlichen Antwort suchen ließe. Wer anderswo als dort, wo Gott sich offenbart hat, nämlich in der Heiligen Schrift, einen Zugang zu ihm sucht, der muß nach Barths Auffassung in die Irre gehen.

16 Barth: Das Wort Gottes und die Theologie, Gesammelte Vorträge, München 1924, S. 28

17 Ders.: Der Römerbrief, 9. Abdruck der neuen Bearbeitung, Zollikon – Zürich 1954, S. 315

2.3.3 Glaube und Politik

Ihre Bewährungsprobe hat die Theologie Barths im Dritten Reich bestanden. 1933 drohten Teile der evangelischen Kirche den sog. Deutschen Christen zu verfallen, die unter dem Einfluß des Nationalsozialismus und unter Berufung auf eine Theologie der Schöpfungsordnung eine aus Deutschtum und Christentum vermischte Lehre vertraten. Angesichts dieser Gefahr konnte Barth seine Theologie nicht mehr bloß akademisch vortragen. Sie bekommt vielmehr den Charakter eines Aufrufs zu Kampf und Bekenntnis. Christen, die von der Barthschen Theologie durchdrungen waren, schließen sich zusammen. So formiert sich die "Bekennende Kirche" als Gegenkraft gegen die Deutschen Christen. Barth beteiligt sich führend am Kirchenkampf. Die Bekenntnissynode von Barmen (1934) nahm einstimmig eine hauptsächlich von Karl Barth ausgearbeitete Theologische Erklärung an. Sie ist Ausdruck des Barthschen Gottesverständnisses, bezogen auf eine religiös-politische Konfliktsituation von höchster Brisanz.[18] 1935 wird Barth wegen Verweigerung des bedingungslosen Führereides seiner Professur enthoben.

Auch nach dem Zweiten Weltkrieg tritt Barth mit politischen Äußerungen an die Öffentlichkeit. Er setzt sich für eine menschliche Behandlung Deutschlands ein und warnt später vor der Wiederbewaffnung und vor der Einbeziehung der Bundesrepublik in das westliche Bündnis. Das politische Engagement ist bei Barth Konsequenz seines Glaubens.

2.4 P. Tillich (1886 - 1965)

Etwa zehn Jahre nach dem Ende des Zweiten Weltkriegs drängten sich Fragen, die Barth beiseite geschoben hatte, wieder in den Vordergrund. Die radikale Andersartigkeit Gottes, für die Barth eingetreten war, ist unverzichtbar. Doch darf der Bezug zur menschlichen Existenz darüber nicht vernachlässigt

18 "Jesus Christus, wie er uns in der Heiligen Schrift bezeugt wird, ist das eine Wort Gottes, das wir zu hören, dem wir im Leben und Sterben zu vertrauen und zu gehorchen haben. Wir verwerfen die falsche Lehre, als könne und müsse die Kirche als Quelle ihrer Verkündigung außer und neben diesem einen Worte Gottes auch noch andere Ereignisse und Mächte, Gestalten und Wahrheiten als Gottes Offenbarung anerkennen.
Wie Jesus Christus Gottes Zuspruch der Vergebung aller unserer Sünden ist, so und mit gleichem Ernst ist er auch Gottes kräftiger Anspruch auf unser ganzes Leben; durch ihn widerfährt uns frohe Befreiung aus den gottlosen Bindungen dieser Welt zu freiem, dankbarem Dienst an seinen Geschöpfen. Wir verwerfen die falsche Lehre, als Gebe es Bereiche unseres Lebens, in denen wir nicht Jesus Christus, sondern anderen Herren zu eigen wären, Bereiche, in denen wir nicht der Rechtfertigung und Heiligung durch ihn bedürften."

werden. Dieses Thema hat Paul Tillich in den Vordergrund gerückt. Ihn beschäftigt, was Religiosität mit jenen Fragen zu tun hat, von denen Menschen umgetrieben werden. Wenn Theologie darauf keine Antwort geben kann, würden Menschen, die dem christlichen Glauben fernstehen, kaum begreifen, inwiefern Gott in ihrem Leben eine Rolle spielt.

Leben

1916 wird Tillich Privatdozent in Halle, 1919 in Berlin. 1924 als Professor für Theologie nach Marburg berufen, wird er ein Jahr später Professor für Philosophie in Dresden und lehrt seit 1929 als Nachfolger von Max Scheler in Frankfurt. Als eine der zentralen Herausforderungen erscheint Tillich in der Zeit nach dem Ersten Weltkrieg die soziale Frage. Er schließt sich der Gruppe der "religiösen Sozialisten" an und wird einer ihrer führenden Leute. Insofern ist es nicht verwunderlich, daß Tillich sich mit den Machthabern des Dritten Reiches überwirft. 1933 emigriert er in die USA, wo er bis 1955 als Professor of Philosophical Theology am Union Theological Seminary in New York lehrt, seitdem an der Harvard University.

Schriften

Rechtfertigung und Zweifel, 1924; Die religiöse Lage der Gegenwart, 1926; Kairos, 1926; Religiöse Verwirklichung, 1926; Die sozialistische Entscheidung, 1933, eingestampft; Der Protestantismus. Prinzip und Wirklichkeit, 1950; Systematische Theologie, 3 Bde., 1955 ff.; Religiöse Reden, 3 Bde., 1952 ff.; Wesen und Wandel des Glaubens, 1961.

Das Gefühl, am Ende einer alten und am Anfang einer neuen Zeit zu stehen, verbindet Tillich mit vielen namhaften Leuten seiner Generation. Am Ersten Weltkrieg nimmt er als Militärpfarrer teil. In einer Nacht vor Verdun kommt ihm zum Bewußtsein, daß sein bisheriges Denken seine Gültigkeit verloren hat. Tillich läßt sich seitdem von der Grunderfahrung leiten, daß die menschliche Existenz bestimmt ist von Angst und Verzweiflung; an die Stelle der Fortschrittsgläubigkeit tritt das Gefühl der Krise. Entsprechend sieht Tillich den Menschen des 20. Jahrhunderts. Geprägt durch die Erfahrung des Sterbens Unzähliger, durch unvorstellbare Schuld, durch den Zweifel an allem, was einmal als sicherer Bestand gegolten, hat der moderne Mensch das Nichtsein erlebt, das alles Seiende bedroht. Für diesen Menschen bietet auch christliche Religiosität keinen Halt mehr. Tillich selber war ein radikal Fragender und Suchender geworden. Anders als viele seiner Zeitgenossen zieht er daraus nicht die Konsequenz, die christliche Überlieferung habe keinen Anspruch mehr auf Wahrheit. Er ist im Gegenteil der Überzeugung, daß gerade hier Wahrheit, die not tut, zu finden ist. Doch ist sie nicht einfach gegeben, sondern die Aufgabe theologischen Reflektierens besteht darin, sie wieder zu entdecken. Daher kreist Tillichs Denken darum, in neuer Weise zur Sprache zu bringen, was Grundbegriffe christlicher Religiosität wie "Gott", "Glaube" oder "Christus" in der Gegenwart bedeuten können.

2.4.1 Gott – die Dimension des Unbedingten oder das Sein-Selbst

Religiosität und die Frage nach Gott sind bei Tillich – anders als bei Barth – unmittelbar aufeinander bezogen. In der Gottesfrage beschreitet Tillich zwei unterschiedliche Wege. Zum einen geht er aus von menschlichen Erfahrungen und untersucht, inwiefern in diesen Erfahrungen eine andere Dimension anklingt – die Dimension der Transzendenz. Zum anderen befragt Tillich die abendländische Seins-Philosophie daraufhin, ob und inwieweit hier die Gottesfrage in philosophischer Form thematisiert worden ist.

2.4.1.1 Glaube als das Ergriffensein vom Unbedingten

Tillich hat den Versuch unternommen, einen Begriff von Religiosität zu formulieren, der unabhängig ist von der religiösen Einstellung des Menschen. "Glaube ist das Ergriffensein von dem, was uns unbedingt angeht."[19] Jedermann hat ein "zentrales Anliegen", meint Tillich. Das ist es, was das Wesen der Religiosität ausmacht. Diese formale Definition hat Tillich aus dem Ersten Gebot abgeleitet. Er folgt damit der Erklärung, die Luther gegeben hat: "Woran du dein Herz hängst, das ist in Wahrheit dein Gott."[20] Luther und entsprechend auch Tillich weisen auf eine Grundstruktur des Menschseins hin, die – unabhängig von der Frage, ob jemand an Gott glaubt – Gültigkeit besitzt. Sein Glaubensbegriff ermöglicht es Tillich, alltägliches Erleben in Beziehung zu setzen mit der Dimension des Göttlichen; denn das Wort Gott ist Tillich zufolge Symbol für das Unbedingte.[21] Es begegnet unter dem Doppelaspekt von Forderung und Verheißung. Die Forderung besagt, daß man den Ansprüchen, die das Unbedingte stellt, gerecht werden muß. Sonst verfehlt man sein Leben. Die Verheißung zielt auf Lebenserfüllung.

Nicht alles, was unbedingt zu sein scheint, ist es in Wahrheit. Als Beispiele für vermeintlich Unbedingtes nennt Tillich

– das Ergriffensein vom Streben nach Erfolg. Viele sind bereit, den Forderungen, die das Erfolgsstreben stellt, erhebliche Opfer zu bringen; denn sie erhoffen sich davon die Verwirklichung ihres Lebensziels.

– den nationalistischen Größenwahn.

– weltanschauliche Überzeugungen. Kommen Zweifel an deren Tragfähigkeit auf, entsteht leicht eine gefährliche Leere. Eine "metaphysische Enttäu-

19 Tillich: Wesen und Wandel des Glaubens, Ullstein Buch 318, Frankfurt/M. - Berlin 1961, S. 9

20 Geglättete Formulierung nach Luther: Der Große Katechismus, in: Die Bekenntnisschriften der ev.-luth. Kirche, Göttingen 1963, S. 560.

21 Vgl. Tillich: Wesen und Wandel des Glaubens, S. 55 - 60.

schung" ist die Folge, die um so verheerender ist, je inbrünstiger "geglaubt" wurde.

Wo immer das, wovon jemand "glaubt", es gehe ihn unbedingt an, brüchig wird, gerät seine private Welt ins Wanken. Scheinbar glücklich kann sich dann fürs erste schätzen, wem ein neues Objekt zufällt, auf das sich seine Sehnsucht nach dem Unbedingten richten kann. Doch eine Lösung auf Dauer ist das selten.

Die Frage nach dem, was wahrhaft "unbedingt" ist, zielt auf die Unterscheidung von Gott und Götze. Vom Götzen spricht Tillich nicht in dem Sinne, als ob es sich dabei um ein Götterbild handelt, das Menschen anbeten. Tillichs Verständnis des Götzenhaften hängt mit seinem Verständnis von Religiosität zusammen: Etwas von bloß bedingtem Charakter wird in den Rang des Unbedingten erhoben. Der Mensch verhält sich ihm gegenüber dann so, als sei es unbedingt.

2.4.1.2 Das Objekt des Glaubens

Das Ergriffensein von dem, "was uns unbedingt angeht", ist die subjektive Seite des Glaubens, der Glaubensakt. Um das Verhältnis zwischen dem Subjekt des Glaubens und dem Objekt, auf das sich der Glaube richtet, zu veranschaulichen, hebt Tillich auf die Alltags-Erfahrung der "Unruhe des Herzens"[22] ab. Sie bedeutet im Sinne Tillichs: Der Mensch ist wesenhaft bezogen auf den Urgrund des Seins. Zwar ist er "entfremdet" vom Grund des Seins, doch nicht dermaßen, daß ihm nicht eine Unruhe bliebe, ein ständiges Suchen.

Der heilige Baum kann in einer Naturreligion zum Symbol werden, durch das die Gläubigen Zugang gewinnen zum Grund des Seins. Der heilige Baum *ist* nicht der Seinsgrund, sondern macht den Kultteilnehmern ihre wesenhafte Bezogenheit auf den Grund des Seins transparent.

Wird in götzenhafter Weise der Erfolg oder die Nation angebetet, so gilt dennoch: Auch in der götzenhaften Pervertierung drückt sich eine unbestimmte Ahnung aus. Der Mensch sucht nach etwas, das über die Wirklichkeit, die ihm zuhanden ist, hinausreicht. Er spürt, daß er sein Dasein nicht in der Sphäre des Bedingten gründen kann. Daher muß er etwas bloß Bedingtes derart überhöhen, daß es ihn unbedingt angeht. Insofern kann beispielsweise das Streben nach Erfolg zu einem – wenn auch götzenhaften – Symbol dafür werden, daß der Mensch der Verwurzelung im Grund des Seins nicht entrinnt. Läßt er sich in unbedingter Weise von bloß Endlichem, Seienden ergreifen, liegt allerdings eine existentielle Fehleinschätzung vor. Sie hat zur

22 Ebd., S. 18

Folge, daß die Subjekt-Objekt-Spaltung nicht überwunden ist. Bezieht sich das unbedingte Ergriffensein z. B. auf die Macht einer Nation, bleiben Glaubenssubjekt und Glaubensobjekt zwei getrennte Größen. Richtet sich das unbedingte Ergriffensein dagegen auf das Sein-Selbst, steht das Glaubensobjekt dem Glaubenden nicht mehr als ein von ihm Getrenntes gegenüber; denn der Glaubende gehört wesenhaft zu jenem Seinsgrund.

2.4.1.3 Gott als der Grund des Seins

Neben dem Begründungszusammenhang aus der menschlichen Erfahrung gibt es bei Tillich einen zweiten Argumentationsgang in der Gottesfrage, und zwar von der Seins-Philosophie her. Während sich die Philosophie mit der Struktur des Seins beschäftigt, hat es die Theologie mit dem Sinn des Seins für den Menschen zu tun.[23]

Das Sein meint nicht die höchste Abstraktion. Vielmehr geht es beim Seinsbegriff um die Erfahrung des Gegensatzes von Sein und Nichtsein. Deshalb beschreibt Tillich das Sein als "die Macht des Seins, die dem Übergang ins Nichtsein widersteht"[24]. Das Nichtsein begegnet dem Menschen in Gestalt von Krankheit und Tod, von Schuld und Verzweiflung. "In dem Augenblick, in dem man sagt, daß Gott *ist* oder daß er Sein hat, erhebt sich die Frage, wie man seine Beziehung zum Sein verstehen soll. Die einzig mögliche Antwort ist, daß Gott das Sein-Selbst ist im Sinne von Seinsmächtigkeit oder der Macht, Nichtsein zu besiegen."[25]

Religiosität als Glaube an Gott bedeutet das Zutrauen, daß die Macht des Seins stärker ist als das Nichtsein. Religiosität solcher Art vertraut darauf, daß der Grund des Seins tragfähig ist – selbst wenn der Mensch in seinem persönlichen Dasein, aber ebenso im Leben der Völker immer wieder wahrnimmt, wie alles scheinbar Feste und Sichere vergeht. Gott als die Macht des Seins bzw. als der Grund des Seins ist die einzige Gewähr, daß das Sein letztlich das Nichtsein überwindet, ja, es immer schon überwunden hat. Insofern beinhaltet christliche Religiosität, wie Tillich sie meint, ein ungeheures Wagnis. Auf Gott zu setzen heißt "Mut zum Sein".[26]

2.4.2 Der Mensch – Wesen und Entfremdung

Nach Tillich ist der Mensch unter einem doppelten Aspekt zu betrachten. *Wesenhaft* ("essentiell") wurzelt er im Grund des Seins. Die Bezogenheit auf

23 Tillich: Systematische Theologie, Bd. I, Stuttgart 1973[4], S. 30
24 Ders.: Systematische Theologie, Bd. II, Stuttgart 1958[3], S. 17
25 A. a. O., S. 18
26 Vgl. Tillich: Der Mut zum Sein, Hamburg 1965, besonders Kapitel VI, S. 155 - 188.

die Macht des Seins, auf das wahrhaft Unbedingte macht das Wesen des Menschen aus. *Faktisch* ("existentiell") aber – in biblischer Symbolsprache: nach dem Sündenfall – ist der Mensch "entfremdet" vom Grund des Seins. Er hat zwar noch eine unklare Ahnung, daß er im bloß Seienden nicht der eigenen Bestimmung gerecht wird. Von daher bleibt auch der entfremdete Mensch beständig auf der Suche nach etwas, worin sich sein Wesen verwirklichen könnte. Doch die Analyse faktisch gelebten Lebens, wie sie von Tiefenpsychologie und Existenzphilosophie erstellt wird, zeigt: Der Mensch verfehlt sich selbst; er verfehlt seine Bestimmung. Er ist aus sich heraus nicht in der Lage, die Bedingungen der Entfremdung[27] zu überwinden.

Konkret heißt das:

– Der Mensch verharrt im *Unglauben*[28]. Das bedeutet im Sinne Tillichs, der Mensch negiert seine Bezogenheit auf den Grund des Seins. Damit aber lebt er, vielleicht ohne sich dessen deutlich bewußt zu sein, der eigenen Bestimmung zuwider. Wie stets bei entfremdetem Dasein ist "existentielle Selbstzerstörung"[29] die Folge. Hier in der Form, daß der Mensch in existentielle Haltlosigkeit gerät. Um dem zu entgehen, schafft er sich seine Götzen, durch die er vermeintlich Anteil am Unbedingten gewinnt.

– Der Mensch hat eine Tendenz zur *Hybris*[30]. Im biblischen Symbol ausgedrückt: Er unterliegt der Versuchung der Schlange "ihr werdet sein wie Gott" (Gen 3,5).[31] Der Mensch negiert damit die Grenze, die ihm durch seine Endlichkeit gesetzt ist. Daß er endlich ist, begrenzt ist, nicht alles vermag, gehört durchaus zum Menschsein des Menschen dazu. Aber – es ängstigt ihn zutiefst.

Mit allen ihm zu Gebote stehenden Mitteln will er seine Begrenztheit überwinden. Auch hier ist "existentielle Selbstzerstörung" die Folge: Die Hybris setzt den Menschen beständig unter Zugzwang.[32] Er muß sich stets von neuem beweisen. Gelingt es ihm, lebt er in Selbstüberforderung. Gelingt es ihm nicht, versinkt er in existentielle Resignation.

– Der Mensch hat eine Tendenz zur *Begierde* (cupiditas).[33] Sie hängt unmittelbar mit dem soeben genannten Moment zusammen. Weil die eigene Begrenztheit ihn ängstigt, wähnt der Mensch sie dadurch überspielen zu kön-

27 Tillich: Systematische Theologie, Bd. II, Stuttgart 1958[3], S. 52 - 55

28 A. a. O., S. 55 - 57

29 A. a. O., S. 69

30 A. a. O., S. 57 - 60

31 Vgl. Ellerbrock: Adamskomplex. Alfred Adlers Psychologie als Interpretament christlicher Überlieferung, Frankfurt a. M. - Bern - New York 1985, S. 91 - 94.

32 Ders.: Angst vor Gott: Fehlformen religiöser Sozialisation. In: Handbuch religiöser Erziehung, Bd. II, Düsseldorf 1987, S. 574 f.

33 Tillich: Systematische Theologie, Bd. II, S. 60 - 64

nen, daß er sich einverleibt, was seine Begrenztheit vermeintlich überwindet. So sucht er beispielsweise in einer Liebesbeziehung letztlich nur Selbstbestätigung durch den Partner. Bei materieller Einverleibung etwa in Gestalt von Besitzaneignung geht es ihm im Grunde gar nicht um die erworbene Sache. Durch das Medium von Besitztum – und das kann durchaus auch der Besitz geistiger Kompetenz sein – will der Mensch eigentlich vor sich selbst oder auch vor anderen bestehen können. "Existentielle Selbstzerstörung" tritt in der Weise ein, daß der Mensch dazu verdammt ist, mit einer im Letzten niemals gestillten Begierde zu leben. In der Entfremdung bleibt er ein ewig Hungernder und Dürstender.

2.4.3 Jesus Christus – Repräsentation des Neuen Seins

Wo man auch hinschaut, in allen Kulturen finden sich Anzeichen, daß die Menschen ein Gespür dafür besitzen, in der Entfremdung zu leben. Überall gibt es Zeugnisse für die Sehnsucht nach einem neuen Stand der Dinge, nach dem "Neuen Sein". Diese Sehnsucht ist universal.[34] Und damit ist nach Tillich auch die Problemstellung des christlichen Glaubens universaler Natur. Denn: "Das Christentum ist, was es ist, durch die Behauptung, daß Jesus von Nazareth, der der Christus genannt worden ist, wirklich der Christus ist. Und das heißt, er ist der, der den neuen Stand der Dinge, das Neue Sein, bringt."[35] Ursprünglich meint "Christus" einen Titel: der Gesalbte (hebräisch: Messias). Gesalbter ist der von Gott eingesetzte israelitische König, der nach dem Glauben des Volkes Israel den neuen Stand der Dinge bringen wird. Keiner der amtierenden Könige hat die hohen Erwartungen erfüllt. Die Hoffnung aber ist lebendig geblieben. Sie hat schließlich zu einer eschatologischen Erwartung geführt: Am Ende der Zeiten wird Gott einen Gesalbten, einen Messias senden, in dem sich die Hoffnungen auf ein Neues Sein wirklich erfüllen.

Um das Jahr 30. n. Chr. ist eine Reihe von Leuten zu der Gewißheit gelangt, in dem Zimmermannssohn Jesus aus Nazareth habe das Neue Sein greifbare Gestalt gewonnen. Seitdem sind sie und alle Gleichgesinnten der Überzeugung, an seinem Reden und Handeln, an seiner Person, ja, an seinem Geschick insgesamt lasse sich ablesen, was es mit dem endzeitlichen Stand der Dinge auf sich hat.

Diese subjektive Glaubensgewißheit der Christen könnte auf einer Fehleinschätzung beruhen. Tillich meint jedoch, eine irrige Annahme ausschließen

34 Vgl. Ellerbrock: Ich der Weinstock, ihr die Reben! Ein johanneisches "Ich-bin-Wort" im Medium "Symboldrama". In: Religion heute 5, 1986, S. 191 - 195.

35 Tillich: Systematische Theologie, Bd. II, S. 107

zu können. Und zwar bemüht er sich um den Nachweis: Jesus hat sich offensichtlich – obwohl er unter den Bedingungen gelebt hat, die sich bei einer detaillierten Analyse der Entfremdung menschlichen Daseins ergeben – der Entfremdung nicht unterworfen. Der Entfremdung ausgesetzt wie jeder andere Mensch auch, hat Jesus selber offenbar nicht entfremdet gelebt. Dies aber ist ein Paradox. In ihm kommt der gleiche eigentlich nicht-denkbare Gedanke zum Ausdruck, der in dem Symbol, Christus sei wahrer Mensch und wahrer Gott, enthalten ist. "Das Paradox der christlichen Botschaft besteht darin, daß in einem personhaften Leben das Bild wesenhaften Menschseins unter den Bedingungen der Existenz erschienen ist, ohne von ihnen überwältigt zu werden. Man könnte von wesenhafter Gott-Mensch-Einheit sprechen, aber die Klarheit des Gedankens ist besser gewährleistet, wenn man einfach von wesenhaftem Menschsein unter den Bedingungen der Existenz spricht."[36]

Fragt man danach, worin die Bedeutung für das Verhältnis von Gott und Mensch besteht, so gibt Tillich zur Antwort, "daß das Wort 'Sein', wenn auf Gott angewandt, umschrieben wurde als 'Macht des Seins' oder, negativ ausgedrückt, als die Macht, dem Nichtsein zu widerstehen. In analoger Weise deutet der Begriff 'Neues Sein', wenn er auf Jesus als den Christus angewandt wird, auf die Macht in ihm hin, die existentielle Entfremdung zu überwinden, oder, negativ ausgedrückt, auf die Macht, den Kräften der Entfremdung zu widerstehen. Das Neue Sein in Jesus als dem Christus erfahren heißt, die Macht in ihm erfahren, die die existentielle Entfremdung in ihm selbst und in jedem, der an ihm teilhat, überwindet."[37]

36 Ebd., S. 104
37 Ebd., S. 136

3 Psychologen

3.1 S. Freud (1856 - 1939)

Leben
Freud, in Wien ansässig, betreibt nach dem Medizinstudium zunächst hirnanatomische Forschungen und entdeckt die schmerzbetäubende Wirkung des Cocains. Bei J. M. Charcot in Paris widmet er sich dem Studium der Hysterien. Zu deren Behandlung entwickelt er zusammen mit seinem Freund J. Breuer die kathartische Methode. Nach der Trennung von Breuer erarbeitet er sein neues Konzept zur Erklärung und Behandlung seelischer Erkrankungen, die Psychoanalyse. 1938 emigriert Freud wegen seiner jüdischen Abstammung nach London.

Schriften
Studien über Hysterie (zusammen mit J. Breuer), 1895; Die Traumdeutung, 1900; Zur Psychopathologie des Alltagslebens, 1901; Drei Abhandlungen zur Sexualtheorie, 1905; Zwangshandlungen und Religionsausübung, 1907; Totem und Tabu, 1913; Vorlesungen zur Einführung in die Psychoanalyse, 1917; Jenseits des Lustprinzips, 1920; Massenpsychologie und Ich-Analyse, 1921; Das Ich und das Es, 1923; Die Zukunft einer Illusion, 1927; Das Unbehagen in der Kultur, 1929; Neue Folge der Vorlesungen zur Einführung in die Psychoanalyse, 1933; Der Mann Moses und die monotheistische Religion, 1939.

3.1.1 Die kathartische Methode

Charcot, ein Spezialist für die Behandlung von Hysterien, hatte die gestörte weibliche Genitalfunktion aus einem Hirnschaden abgeleitet. Zusammen mit Breuer widerlegte Freud diese Auffassung. Unter Hypnose berichteten ihre Patienten von seelischen Verletzungen, die sie während der frühen Kindheit erlitten hatten und an die sie sich im normalen Wachbewußtsein nicht erinnern konnten. Die unter Hypnose hervorgebrachten Erinnerungen waren von heftigen Affekten begleitet. Nach einer solchen Katharsis besserten sich die hysterischen Symptome zeitweilig. Freud schloß daraus: Nichts Körperliches, sondern die schrecklichen Erinnerungen, die "verdrängt" worden waren, seien als Ursache für die Hysterie anzusehen. Als Beispiel schildert Freud den Fall der Anna O., deren hysterische Symptomatik u. a. in einer Unfähigkeit zu trinken bestand. In Hypnose berichtete sie: Aus ihrem Becher habe das Kindermädchen einmal dem Hund zu trinken gegeben. Bei der Darstellung des Erlebnisses wies die Patientin alle Zeichen von tiefstem Ekel auf. Nach dieser therapeutischen Sitzung, die eine Katharsis bewirkt hatte, konnte Anna ohne Mühe Flüssigkeit zu sich nehmen.

3.1.2 Die Libido-Theorie

Breuer trennt sich von Freud, als dieser dazu überging, die seelischen Traumata auf Ursachen im Bereich des Sexuellen zurückzuführen. Die Kindheit galt in der viktorianischen Ära als Zeit der Unschuld, in der Sexualität keinerlei Bedeutung hat. In seinen "Drei Abhandlungen zur Sexualtheorie" brach Freud mit dieser Vorstellung. Der Geschlechtstrieb erwacht nicht erst in der Pubertät, sondern ist schon in der Kindheit wirksam. Darüber hinaus behauptete Freud, die Dynamik des Seelenlebens lasse sich auf einen einzigen Trieb zurückführen, den Sexualtrieb, genauer: die Libido, psychische Energie schlechthin. Freuds These bedeutete eine wissenschaftliche Revolution; denn gegen Ende des 19. Jahrhunderts versuchten Psychologen, Menschliches Verhalten aus einer Vielzahl unterschiedlicher Triebe – weit über hundert – zu erklären. Nach Freud gibt es nur einen einzigen Trieb, die Libido. Sie hat ihren ursprünglichen Ort im "Es", dem Bereich des triebhaft Unbewußten. Von dort wirkt sie in das "Ich" hinein.

3.1.3 Es, Ich und Über-Ich

Freud nimmt drei Instanzen im Menschen an. Das Es ist weitgehend dem Bewußtsein entzogen. Dennoch bestimmt es das Ich, ohne daß diese zweite Instanz sich dagegen zur Wehr setzen kann. In Träumen bringt das Es sich zu Gehör. Traumdeutung ist daher für Freud die via regia (Königsweg) zum Unbewußten. Der Analytiker läßt den Patienten zu einzelnen Vorstellungen und Begriffen des Traumes frei assoziieren. Auf dem Wege über die freien Assoziationen gelangt er vom manifesten Trauminhalt zu den latenten Traumgedanken. Der eigentliche Gehalt des Traumes ist verschlüsselt. Denn der Mechanismus der Verdrängung wirkt bis in die Träume hinein. Verdrängung findet deshalb statt, weil die Inhalte des Es dem Ich so peinlich sind, daß das Ich sie nicht wahrhaben will. Freud spricht von Traum-Zensur. Um zu erklären, wie Traum-Zensur bzw. Verdrängung erfolgen kann, obwohl das Ich kein Bewußtsein von den Peinlichkeiten hat, die im Es verborgen liegen, nimmt Freud eine dritte Instanz an, das "Über-Ich". Es enthält – ebenfalls teilweise unbewußt – die Wertbegriffe eines Individuums, seine moralischen Vorstellungen. Vor sich selbst gestattet der Mensch sich nicht, gewisse erotische Gefühle oder Gedanken zu hegen. Dennoch treibt "Es" ihn dazu. Die Werthaltungen, die im Über-Ich verankert sind, hat der Mensch im Verlauf des frühkindlichen Erziehungsprozesses übernommen. Später weiß er von dieser Übernahme so gut wie nichts mehr. Das Ergebnis aber macht ihm zu schaffen. Sein Ich ist gleichsam eingezwängt zwischen den Forderungen des Über-

Ichs und den Antrieben des Es. Während Es das Lustprinzip vertritt, wird das Realitätsprinzip vom Über-Ich repräsentiert. Je mächtiger diese beiden Instanzen sind, um so geringer ist der Spielraum des Ichs. Im Zustand der Neurose – einer körperlichen und seelischen Erkrankung, die nicht in erster Linie auf einer organischen Schädigung beruht, sondern auf fehlerhafter psychischer Einstellung – wird das Ich fast erdrückt. Daher lautet das Ziel der Therapie: "Wo Es war, soll Ich werden." Das triebhaft Unbewußte, das nicht eingestanden wird, muß der Mensch als zu sich gehörig annehmen. Nur so kann das Es ihm wenigstens bruchstückhaft zum Bewußtsein kommen. Erst dann kann das Ich sich damit auseinandersetzen und wird dazu befähigt, den Konflikt zwischen Lustprinzip und Realitätsprinzip in einer dem Ich angemessenen Weise auszutragen.

3.1.4 Triebschicksal

Nach Freud entwickelt sich der Mensch während der ersten Lebensjahre in einer Aufeinanderfolge unterschiedlicher psychosexueller Phasen. Sie spiegeln das Triebschicksal der Libido. Für die Entfaltung der Persönlichkeit sind sie von ausschlaggebender Bedeutung.

– In der *oralen Phase* (1./2. Lebensjahr) dreht sich alles um die erogenen Zonen des Mundes. Saugen verschafft dem Säugling Lustgewinn. Erfährt er nicht genügend Befriedigung durch das Saugen, kann es zu einer dauernden Fixierung von Libido-Energie auf orale Tätigkeiten führen. Der sog. orale Charakter ist gekennzeichnet durch Unersättlichkeit, exzessive orale Neigungen (z. B. Essen, Rauchen, aber auch Drogensucht und Schwatzhaftigkeit) sowie durch Abhängigkeit und Passivität.

– In der *analen Phase* (2./3. Lebensjahr) wird Befriedigung durch Ausscheiden oder Zurückhalten von Kot erzielt. Jetzt begegnen dem Kleinkind elterliche Forderungen in Gestalt von Sauberkeitserziehung und Tabuisierung der analen Erotik. Dauernde anale Fixierungen können sich durch übertriebene Bestrafung oder Belohnung aller mit der Ausscheidung verbundenen Vorgänge einstellen. Der sog. anale Charakter legt Wert auf Sauberkeit und Ordnung, hält Regeln zwanghaft ein und neigt dazu, sich selbst gegenüber Autoritäten zu erniedrigen, jedoch eigene Autoritätsübung zu genießen.

– In der *phallischen Phase* (3. - 5. Lebensjahr) richtet sich das Lustgefühl den Geschlechtsorganen zu ("Doktorspiele"). Der Junge, der stolz ist auf seinen Penis, entwickelt männliche Eigenschaften der Expansion. Das Mädchen erlebt sich geschlechtlich benachteiligt und entwickelt einen Penisneid, der zu Ressentiments gegenüber dem Mann führen kann.

– Die *ödipale Phase* (5./6. Lebensjahr) ist mit der phallischen eng verbunden. Mutter und Vater werden nun in unterschiedlicher Weise wahrgenommen. Den Begriff "Ödipuskomplex" hat Freud in Anlehnung an die griechische Sage gebildet: König Ödipus tötet unwissentlich den eigenen Vater und heiratet seine Mutter. Die kindliche Analogie: Der Junge richtet schwärmerisch-erotische Gefühle auf die Mutter und möchte den Platz des

Vaters einnehmen. (Für Mädchen gilt umgekehrt das Entsprechende.) In seiner Phantasie erprobt das Kind die Rolle des Vaters bzw. der Mutter. Diese primären Identifikationen sollen in späteren Jahren Grundlage für alle Identifikationen mit der eigenen Geschlechtsrolle bilden.

– Auf die Latenzphase (7. - 10. Lebensjahr), die in diesem Zusammenhang ohne Bedeutung ist, folgt während der Pubertät die *genitale Phase*. Sie führt von der Selbsterotik fort zur Stimulierung der Genitalien durch Kontakt mit einem Partner. Die genitale Phase ist somit Vorstufe zur Heterosexualität des Erwachsenenalters.

3.1.5 Aggressionstrieb

In späteren Jahren hat Freud seine Triebtheorie in spekulativ anmutender Weise ausgebaut ("Jenseits des Lustprinzips", "Das Ich und das Es"). Der Libido als dem Luststreben stellt er einen Todestrieb (Thanatos) gegenüber. Alles Leben stammt aus toter Materie. Der Todestrieb bedeutet eine Tendenz zur Rückkehr in diesen Urzustand. Diese Tendenz ist gefährlich. Damit der Todestrieb nicht zur Selbstzerstörung führt, wird seine psychische Energie als Aggression nach außen gewendet. In Hochkulturen nimmt Erziehung die Aufgabe wahr, diese Aggression sekundär nach innen zu lenken. Das Gewissen beispielsweise ist nach innen gerichtete Aggression. So steht der Mensch vor der düsteren Alternative, entweder sich selbst oder andere zu vernichten. Eine gewisse Hoffnung setzt Freud auf die dem Todestrieb entgegenwirkende psychische Kraft des Eros. Der Eros manifestiert sich in der Sexualität, aber auch in verfeinerten Formen menschlichen Miteinanders, etwa in der Fähigkeit, gegensätzliche Meinungen in einer schöpferischen Synthese zu überwinden.

3.1.6 Freuds Deutung der Religiosität

3.1.6.1 Religion als universelle Zwangsneurose

Der kleine Sigmund wurde von dem Kinderfräulein, einer gläubigen Katholikin, des öfteren in die Messe mitgenommen. Daheim ahmte er die Gesten des Priesters nach, predigte und erklärte, "Wie's der liebe Gott macht". Wie ein Reflex auf diese frühe Begegnung mit religiösen Ritualen mutet Freuds erste religionskritische Schrift über "Zwangshandlungen und Religionsausübung" an. Freud hatte beobachtet, daß zwischen Zwangshandlungen von Neurotikern und religiösen Ritualen gewisse Ähnlichkeiten bestehen. Daraus folgerte er: Die Zwangsneurose sei ein pathologisches Gegenstück zur Religionsbildung, die Religion ihrerseits eine "universelle Zwangsneurose".

3.1.6.2 Religion als Resultat eines Vater-Mordes

In "Totem und Tabu" benutzte Freud seine Vorstellung vom Ödipus-Komplex, um die Entstehung von Religion zu erläutern. Primitive Stämme verehren ein Totem-Tier als Gottheit. Einmal jährlich wird das Totem-Tier im Rahmen eines orgiastischen Kultfestes getötet. Den Totemismus deutet Freud folgendermaßen: In der Urhorde herrscht der Vater autoritär über die Söhne und Frauen. Ihm allein gehören alle Frauen. Die Brüder verschwören sich gegen den Vater und töten ihn gemeinsam. Hinterher beschleicht sie das Gefühl ihrer Schuld. Zur Sühne erklären sie die Frauen, um deretwillen sie die Bluttat begangen haben, für tabu (Ursprung des Inzestverbots). Den ermordeten Vater aber verehren sie fortan in Gestalt eines Totem-Tiers. Nur einmal jedes Jahr wiederholen sie in symbolischer Form an dem Totem-Tier ihre Mordtat, um auf diese Weise den Bund zu bestätigen. So "wurde der gefürchtete und gehaßte, verehrte und beneidete Urvater selbst das Vorbild Gottes."[38] Religion wird auf diese Weise aus dem Ödipuskomplex der Gesamtmenschheit hergeleitet. "Ein besonders helles Licht wirft diese Auffassung der Religion auf die psychologische Fundierung des Christentums, in dem ja die Zeremonie der Totemmahlzeit noch wenig entstellt als Kommunion fortlebt."[39]

3.1.6.3 Religion als infantile Wunscherfüllung

Freuds religionskritische Hauptschrift "Die Zukunft einer Illusion" versucht Antwort auf die Frage zu geben: Weshalb übt Religion, obwohl sie jeglicher wissenschaftlichen Fundierung ermangelt, immer noch solche Faszination aus? Das liegt daran, meint Freud, daß Religion kein Ergebnis von Denkprozessen ist. Religion beruht vielmehr auf menschlichen Illusionen. Sie verheißt "Erfüllung der ältesten, stärksten, dringendsten Wünsche der Menschheit; das Geheimnis ihrer Stärke ist die Stärke dieser Wünsche."[40] Nämlich Hoffnung auf Unsterblichkeit, Wunsch nach Vergeltung, Jenseitsglaube.[41] Diese Wünsche hält Freud für infantil. Hilflosigkeit, aufgrund derer das Kind sich einstmals in die bergenden und schützenden Arme des Vaters geflüchtet hat, die aber auch der Erwachsene angesichts der vielfältigen Bedrohungen in seinem Leben nur schwer überwinden kann, stellt nach Freud die geheime Ursache für die Anziehungskraft der Religion dar.

38 Freud, S.: Selbstdarstellung, in: Gesammelte Werke, Bd. XIV, S. 94
39 Ebd.
40 Freud, S.: Die Zukunft einer Illusion, in: Studienausgabe, Bd. IX, S. 164
41 Freud, S.: Brief an Fließ vom 12.12.1897, in: Aus den Anfängen der Psychoanalyse, S. 252

3.1.6.4 Statt Religion: erwachsen werden

Angesichts solcher Hilflosigkeit gibt es für Freud nur eines: Der Mensch muß erwachsen werden. "Erziehung zur Realität" ist das einzige, was dem Menschen nützt. Denn: "Was soll ihm die Vorspiegelung eines Großgrundbesitzes auf dem Mond, von dessen Ertrag doch niemand je etwas gesehen hat?"[42] Dem Menschen bleibt nichts anderes, als mit aller Nüchternheit und Kraft die Wirklichkeit zu bewältigen. Ein unabwendbares Schicksal soll er mutig ertragen. – Freud selber, der die letzten fünfzehn Lebensjahre an Krebs gelitten und noch bis zum Tode gearbeitet hat – in seinem letzten Werk "Der Mann Moses und die monotheistische Religion" setzt er sich mit der Religion seines Volkes auseinander –, hat der eigenen Forderung entsprechend gelebt.

3.2 C. G. Jung (1875 - 1961)

Leben

Jung ist Schweizer. Als Kind leidet er darunter, daß er das Wissen um eine andere Dimension der Wirklichkeit mit niemandem teilen kann. Er fühlt sich einerseits als ein kleiner Junge mit aller Begrenztheit der Fähigkeiten. Andererseits hat er die Vorstellung, daneben noch eine zweite Persönlichkeit in sich zu tragen: ein weiser alter Mann mit tiefem Wissen. Wichtiger als äußere Ereignisse sind ihm seine innere Welt, das Reich des Traumes und der Imagination. Später wird er solche Haltung als introvertiert – im Gegensatz zu extrovertiert – bezeichnen. Obwohl er auch von dem Vater, einem ev.-reformierten Pfarrer, keine befriedigenden Antworten auf seine religiösen Fragen erhält, bleibt Gott für ihn "eine der allersichersten, unmittelbaren Erfahrungen". – Gegen Ende seines Medizinstudiums nimmt Jung an spiritistischen Sitzungen teil. Das Medium, ein junges Mädchen, behauptete, sie empfange Botschaften von toten Verwandten oder anderen Geistern. In Trance beherrschte sie Hochdeutsch, obwohl sie sonst nur Schweizerdeutsch sprach. Dieses Phänomen verschiedener Persönlichkeiten in einer Person fesselt Jungs Interesse. Nach Beendigung seiner Dissertation "Zur Psychologie und Pathologie sogenannter occulter Phänomene" (1902) setzt er sich mit dem Schrifttum Freuds auseinander. 1907 sucht Jung, der seit 1905 als Privatdozent an der medizinischen Fakultät der Universität Zürich psychiatrische Vorlesungen hält, Freud in Wien auf und ist von ihm stark beeindruckt. 1912 entzweien sie sich über Fragen der Religion. In "Symbole und Wandlungen der Libido" führt Jung gegen Freuds religionskritischen Ansatz aus: Mythen und religiöse Motive gehen auf Grundstrukturen der Psyche zurück, die nicht allein in der individuellen Lebensgeschichte begründet sind, sondern dem "kollektiven Unbewußten" entstammen. Nach der Trennung von Freud beginnt für Jung ein Lebensabschnitt voll innerer Unsicherheit. Träume und Visionen einer Weltzerstörung (1913!) suchen ihn heim. Bei Ausbruch des Ersten Weltkriegs sieht er seine Visionen nicht länger nur als Indiz für einen nahenden psychischen Zusammenbruch an, sondern als Vorahnungen des Krieges. Er unterzieht sich einer strapaziösen

42 Freud, S.: in: Studienausgabe, Bd. IX, S. 183

Selbstanalyse. Jungs Entdeckungen in den Jahren 1913 bis 1917 bilden die Grundlage seiner späteren Psychologie. Als Folge der Selbstanalyse gibt er seine akademische Laufbahn auf. Bis zu seinem Tode praktiziert er als Psychotherapeut in Küsnacht, Kanton Zürich. Umfangreiche Studien widmet er fremden Religionen. Über seine Haustür hat er einen Spruch aus dem Orakel von Delphi anbringen lassen: Vocatus atque non vocatus, Deus aderit (Gerufen oder nicht, Gott ist gegenwärtig).

Schriften

Zur Psychologie und Pathologie sogenannter occulter Phänomene, 1902; Wandlungen und Symbole der Libido, 1912; Die transzendente Funktion, 1916; Psychologische Typen, 1921; Die Beziehungen zwischen dem Ich und dem Unbewußten, 1928; Über die Energetik der Seele, 1928; Seelenprobleme der Gegenwart, 1931; Wirklichkeit der Seele, 1934; Die kulturelle Bedeutung der Komplexen Psychologie, 1935; Psychologie und Religion, 1940; Einführung in das Wesen der Mythologie (zusammen mit K. Kerényi), 1942; Über die Psychologie des Unbewußten, 1943; Psychologie und Alchemie, 1944; Psychologie und Erziehung, 1946; Aufsätze zur Zeitgeschichte, 1946; Die Psychologie der Übertragung, 1946; Symbolik des Geistes, 1948; Aion, 1951; Symbole der Wandlung, 1952; Antwort auf Hiob, 1952; Synchronizität als ein Prinzip akausaler Zusammenhänge, 1952; Von den Wurzeln des Bewußtseins, 1954; Mysterium Coniunctionis, 1955; Gegenwart und Zukunft, 1955; Ein moderner Mythus, 1958.

Zum Verständnis der Psychologie Jungs muß man berücksichtigen, daß sein eigenes Erleben geprägt worden ist von dem Widereinander zweier gegensätzlicher Persönlichkeiten in ihm selbst. Bei seinen weiteren Untersuchungen entdeckt Jung, daß die Psyche aus unterschiedlichen jeweils eigenständigen Persönlichkeiten besteht. Jung läßt seine Patienten in einen Dialog mit den einzelnen Persönlichkeiten eintreten, die in ihnen verborgen liegen. So deckt die Jungsche Analyse, der Prozeß der "Individuation", Zug um Zug die verschiedenen Persönlichkeiten innerhalb einer Person auf.

3.2.1 Persönliches und kollektives Unbewußtes

Das Ich, der Bereich des Bewußtseins, macht nur einen verschwindend kleinen Teil innerhalb der Gesamtpsyche aus. Unterhalb der Ebene des Bewußtseins beginnt nach Jung der Bereich des "persönlichen Unbewußten". Dazu gehört all das, was ein Mensch aus den Erfahrungen der frühen Kindheit – mit der Mutter, dem Vater, mit Geschwistern, Großeltern, Spielgefährten usw. – gemacht hat. Haben sich Freud und Adler mit dem persönlichen Unbewußten auseinandergesetzt, so gilt Jungs besonderes Interesse dem "kollektiven Unbewußten". Jung gelangte zu dieser Vorstellung nicht allein auf dem Weg der Analyse. Vielmehr kamen ihm seine ausgedehnten Studien der Mythologie und der Religionen hierbei zu Hilfe. In den Träumen seiner Patienten sah er Bilder und Gestalten auftauchen, die auch in Mythologien eine bedeutsame Rolle spielen, z. B. das Bild der Himmelskönigin und Großen Mutter. Aufgrund der Fülle übereinstimmender Bilder in unterschiedlichen Kulturen und unterschiedlichen Zeiten sah Jung sich zu der Annahme eines kollektiven Unbewußten gezwungen.

Die Herkunft des kollektiven Unbewußten ist schwer zu beantworten. Auszuschließen ist nach Jung die Möglichkeit, daß die Bilder des kollektiven Unbewußten in Wahrheit Elemente aus dem Bereich des persönlichen Unbewußten darstellen, also etwa Verarbeitungen des Bildes der Mutter oder des Vaters. Gegen eine solche Annahme spricht, daß einige Bilder, die immer wiederkehren, nicht als Verarbeitungen von persönlichen Erfahrungen verstehbar sind. Dazu gehören die Mandala-Symbole, symmetrische Gebilde, bei denen die Vier eine Rolle spielt, also Quadrat, regelmäßiges Achteck, 4-, 8-, 16-geteilter Kreis. Für möglich hält Jung, daß

– die großen Bilder des kollektiven Unbewußten im genetischen Code der Menschheit vorprogrammiert sind. Und zwar sind sie vorprogrammiert als virtuelle Möglichkeiten, die – durchaus unter Aufnahme persönlicher Erfahrungen – ihre konkrete bildhafte Ausprägung erhalten.

– das kollektive Unbewußte eine psychische Wirklichkeit eigener Art darstellt. An dieser psychischen Gesamtrealität der Menschheit haben die Einzelpersonen nur partikelweise Anteil. Erinnert sei an Jungs Weltuntergangs-Visionen. In dem Geschehen des realen Krieges hätte sich dann auf der Ebene der äußeren Realität etwas abgespielt, was auf der Ebene der psychischen Gesamtrealität zuvor schon seine Wirkungen gezeigt hat.

In "Antwort auf Hiob" zieht Jung diesen Gedanken weiter aus und reflektiert die Wirkungen der Gesamtpsyche über Jahrhunderte und Jahrtausende hinweg. Er nimmt hier den Gedanken von der Selbstregulation der Psyche hinzu und erklärt Entwicklungen im religiös-mythologischen Bereich als Selbstregulationen der Gesamtpsyche. Das Dogma der Trinität, in dem sich ein unvollkommenes – weil nicht auf die Vierzahl bezogenes – Symbol spiegele, erweitere sich zur Quaternität. Äußerer Anlaß für die Abfassung der Schrift ist die Dogmatisierung der jungfräulichen Geburt Marias, womit nach Jung das Weiblich-Mütterliche in das Symbol der Gottheit aufgenommen worden sei. Damit habe sich das Dogma von der Dreifaltigkeit zu dem "natürlichen Symbol" der Quaternität fortentwickelt, wie es als Mandala-Symbol zu allen Zeiten und in allen Kulturen unabhängig voneinander auftaucht. Jung weist darauf hin, daß das Kreuz in seiner Vierheit selber ein Mandala-Symbol darstellt.

3.2.2 Archetypen

Als "Archetypen" bezeichnet Jung die im kollektiven Unbewußten aufbewahrten Bilder. Archetypen sind unbewußt. Teilweise können sie im Zuge der Analyse bewußt gemacht werden. Dabei verwandelt sich der unanschauliche Archetyp in die "archetypische Vorstellung", die ihre bildhafte Ausprägung durch die individuelle Psyche erfährt, in welcher sie zum Vorschein kommt. Archetypen begegnen als die bereits erwähnten quasi eigenständigen Persönlichkeiten innerhalb einer Person. Der Individuationsprozeß zielt darauf ab, diese einzelnen Persönlichkeiten zu vereinigen, sie dem "Selbst" zu integrieren. Auf diese Weise sollen die verdrängten, nicht eingestandenen Seiten der eigenen Person angenommen werden. Vereinigung, Versöhnung ist das Ziel – und die religiöse Terminologie kein Zufall.

3.2.3 Das Selbst

Für die Gesamtheit der Psyche eines Individuums wählt Jung den Begriff "das Selbst". Es umfaßt Bewußtes und Unbewußtes. Das Selbst ist völlig unanschaulich. Alles Trachten des Menschen geht dahin, sein Selbst zu finden. Die Begegnung mit dem eigenen Selbst bedeutet nach Jung letztes Ziel und Erfüllung des Lebens. Wo dies geschieht, stellt sich ein Gefühl großer Harmonie ein. Die Gegensätze sind versöhnt. Der Mensch gewinnt das Empfinden, allem Alltagsgeschehen, obwohl er daran noch teilnimmt, seltsam entrückt zu sein. Er ruht in sich. Gelingen kann das nur, wenn sich der Schwerpunkt verlagert. Normalerweise hält der Mensch das bewußte Ich für das Zentrum seiner Person. Hat er jedoch den Prozeß der Individuation an sich erfahren, so spürt er eine Schwerpunktverschiebung. Er weiß um die anderen Schichten seines Wesens, um Elemente des individuellen wie auch des kollektiven Unbewußten in ihm, hat sich mit den divergierenden Persönlichkeiten in sich weitgehend ausgesöhnt und vermag im Bewußtsein dessen von einem neuen Gravitationszentrum her zu leben.

So unanschaulich das Selbst ist, es hat doch eine Tendenz zur Gestaltwerdung. Bei seinen Studien mythologisch-religiöser Texte und Bilder wie auch der Träume und Phantasien von Patienten kam Jung zu dem Schluß: Das Mandala-Symbol ist ein archetypisches Abbild für die Überführung der in einer Psyche bestehenden Gegensätze in eine höhere Einheit. Es ist symbolischer Ausdruck für das Selbst. Mandala-Symbole repräsentieren Urbilder der psychischen Totalität und weisen daher in abstrakter Form eine symmetrische Ordnung der Teile und ihrer Beziehung zu einem Mittelpunkt auf. Begegnet ein Mandala im Traum, ist der Mensch, auch wenn das Symbol ihm unbekannt ist, tief beeindruckt und sieht das Zeichen als höchst bedeutsamen Ausdruck seines seelischen Zustandes an. Manche sprechen von einem feierlichen Erlebnis, von einem Gefühl sublimster Harmonie.

3.2.4 Der Individuationsprozeß

Den Weg zur Ganzwerdung im Selbst bezeichnet Jung als Individuationsprozeß. Er sei mit großen Risiken verbunden, meint Jung. Aus den Erfahrungen seiner Selbstanalyse, wo ihn oft nur die Verantwortung für Familie und berufliche Aufgaben gehalten hat, rät er, sich während des Individuationsprozesses keinesfalls aus diesen Verpflichtungen zu lösen. "Individuation bedeutet: zum Einzelwesen werden, und, insofern wir unter Individualität unsere innerste, letzte und unvergleichbare Einzigartigkeit verstehen, zum eigenen Selbst werden. Man könnte 'Individuation' darum auch als 'Verselbstung' oder als 'Selbstverwirklichung' übersetzen."[43] Die Individuation befreit das Selbst aus den falschen Hüllen der "Persona", d. h., der maskenhaften, Individuelles vortäuschenden Rolle, und darüber hinaus von der Suggestivkraft der unbewußten Bilder. Einige archetypische Bilder pflegen im Verlauf der Individuation regelmäßig hervorzutreten.

In der Figur des "*Schattens*" begegnet der Mensch seiner anderen Seite, dem "dunklen Bruder" (vgl. Faust und Mephisto). Der Schatten repräsentiert solche Seiten, die jemand aus moralischen, ästhetischen oder sonstigen Gründen nicht hat zur Entfaltung kommen lassen. Gleichwohl gehört der Schatten, wenn auch als ein abgespaltener und ins Unbewußte verbannter Teil, zur Ganzheit des Menschen. Wer meint, sich über seine Schattenseite hinwegsetzen zu können, büßt Wesentliches ein. Die Konfrontation mit dem Schatten bedeutet, sich derjenigen Seite des eigenen Wesens bewußt zu werden, die man nicht wahrhaben und daher vor sich selbst verbergen möchte. Aber das ist keineswegs alles. Der Schatten enthält auch Elemente einer ursprünglichen Vitalität, die noch nicht durch Beschränkungen gesellschaftlicher oder kultureller Art gelähmt sind.

Auf der nächsten Stufe des Individuationsprozesses begegnet man dem gegengeschlechtlichen Part, die Frau ihrem "*Animus*", der Mann seiner "*Anima*". Ähnlich wie der Schatten an anderen erlebt wird, indem man darauf eigene Anteile projiziert, ist es auch bei dem komplementär-gegengeschlechtlichen Teil der Psyche. Wenn jemand sich plötzlich verliebt, dann meint er in Wahrheit mitunter gar nicht den anderen Menschen, so wie er wirklich ist, sondern erblickt in ihm nur das Urbild seiner Anima. Doch damit nicht ge-

43 Jung, C. G.: Gesammelte Werke, Bd. 7, Zürich 1958/59, S. 191

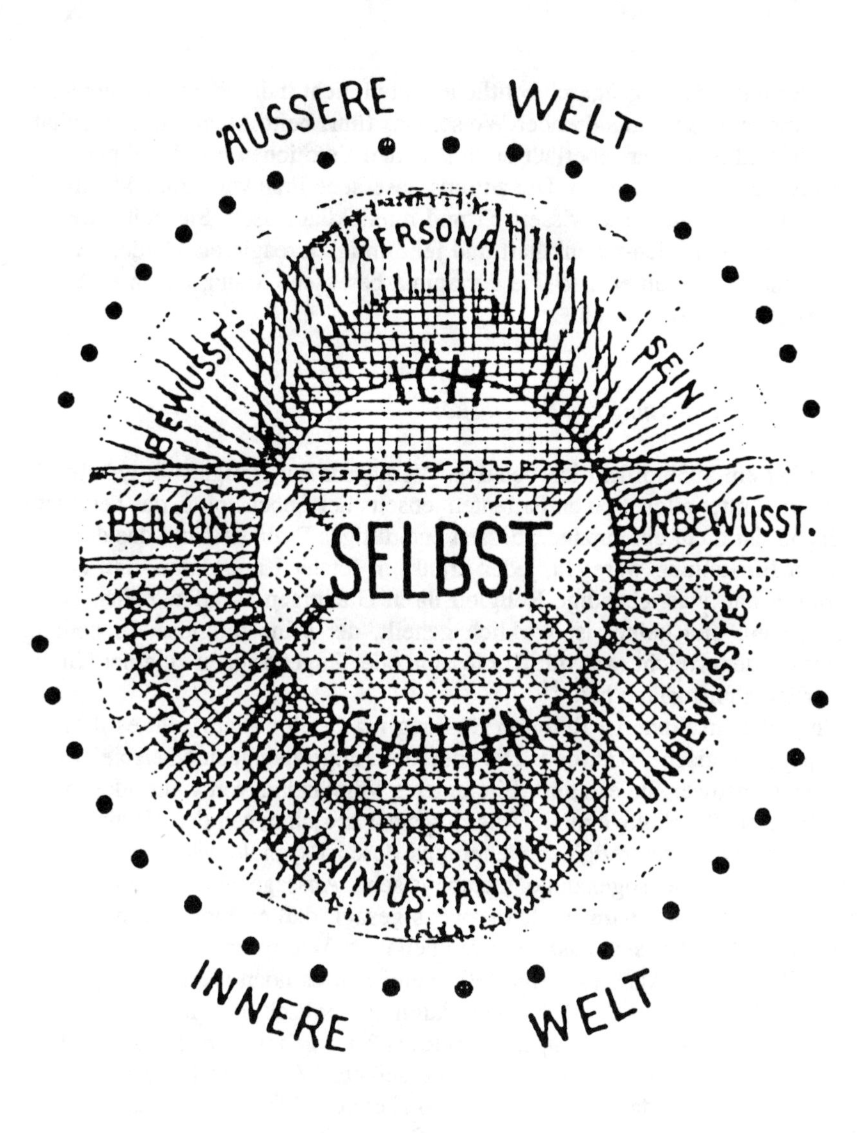

Die Totalpsyche

Aus: Jacobi, J.: Die Psychologie von C. G. Jung, Fischer TB 6365, Frankfurt a. M. 1980, S. 131

nug. Solange der gegengeschlechtliche Anteil nicht individuiert ist, meldet er sich immer wieder in störender Weise. Das führt beim Mann zu Launenhaftigkeit. Unkontrolliert überläßt er sich seinen Emotionen und kann geradezu weibische Züge annehmen. Die animus-besessene Frau kann zum Mannweib werden, erscheint besserwisserisch und intellektualistisch. Sie büßt ihre Fähigkeit ein, natürlich-instinkthaft und feinfühlig zu reagieren. Beide, die animus-besessene Frau ebenso wie der anima-besessene Mann, haben eines gemeinsam – die Animosität.

3.2.5 Jungs Auffassung von Religiosität

Jung hat ein außerordentlich positives Verhältnis zur Religiosität gehabt. So sagt er: "Unter allen meinen Patienten jenseits der Lebensmitte, das heißt jenseits 35, ist nicht ein einziger, dessen endgültiges Problem nicht das der religiösen Einstellung wäre. Ja, jeder krankt in letzter Linie daran, daß er das verloren hat, was lebendige Religion ihren Gläubigen zu allen Zeiten gegeben haben, und keiner ist wirklich geheilt, der seine religiöse Einstellung nicht wieder erreicht, was mit Konfession oder Zugehörigkeit zu einer Kirche natürlich nichts zu tun hat."[44]

In welchem Sinne ist Religion für Jung *wahr*? Vor allem geht es ihm um die psychologische Wahrheit. Die Idee der Jungfrauengeburt beispielsweise ist wahr, insoweit sie existiert. Ein anderes Verständnis von wahr oder falsch hat Jung als Psychologe nicht. Allerdings hat er sich gegen den Vorwurf verwahrt, er wolle das religiöse Geheimnis durch Psychologisierung auflösen. "Damit, daß eine sogenannte metaphysische Aussage als ein psychischer Vorgang betrachtet wird, ist keineswegs gesagt, daß er 'bloß psychisch' sei, wie meine Kritiker sich auszudrücken belieben. Wie wenn mit 'psychisch' etwas allgemein Bekanntes festgestellt wäre! Hat es noch nie jemand gedämmert, daß, wenn wir 'Psyche' sagen, damit symbolisch das dichteste Dunkel, das man sich ersinnen kann, angedeutet ist? Es gehört zum Ethos des Forschers, daß er zugeben kann, wo er mit seinem Wissen zu Ende ist. Dieses Ende nämlich ist der Anfang höherer Erkenntnis."[45] Die wissenschaftliche Redlichkeit gebietet es Jung, an diesem Punkt haltzumachen.[46]

44 Ders.: Über die Beziehung der Psychotherapie zur Seelsorge (1932), in: Psychologie und Religion, Studienausgabe, Olten 1971, S. 139

45 Ders.: Das Wandlungssymbol in der Messe (1940/41), a. a. O., S. 267

46 Jung hat die Frage ausgeklammert: Reicht Gott so weit, wie die menschliche Psyche reicht, oder reicht er darüber hinaus?

3.3 E. H. Erikson (geb. 1905)

Leben

Nach dem Pädagogikstudium unterzieht Erikson sich einer psychoanalytischen Ausbildung bei Sigmund Freud und dessen Tochter Anna Freud, die psychoanalytische Erkenntnisse auf die Behandlung von Kindern und Jugendlichen angewandt hat. 1933 emigriert Erikson in die USA, wo er als Psychoanalytiker und Pädagoge arbeitet. In Feldforschung studiert er, wie die Sozialisation von Indianerkindern verläuft. Aus den Beobachtungen, die er in einer fremden sozio-kulturellen Umwelt gemacht hat, folgert er, der Mensch müsse in jedem Stadium seiner Entwicklung eine Auseinandersetzung zwischen psychodynamischer Strebung und sozialer Einordnung leisten. Damit ist der Grund gelegt für das Thema, dem Erikson sich in besonderem Maße widmet: die Identität des Menschen. 1951 bis 1960 lehrt er als Professor für Psychologie an der Universität Berkeley in Kalifornien, seit 1960 an der Harvard Universität.

Schriften

Kindheit und Gesellschaft, 1950; Der junge Mann Luther, 1958; Identität und Lebenszyklus, 1959; Jugend und Krise, 1963; Einsicht und Verantwortung, 1964.

3.3.1 Der Lebenszyklus mit seinen Aufgaben und Krisen

Erikson hat die Persönlichkeitstheorie Freuds um wichtige Aspekte erweitert.

– Stärker als Freud berücksichtigt Erikson die soziale Dimension und ihre Bedeutung für die Entwicklung.

– Freuds Entwicklungspsychologie beschäftigt sich mit Kindheit und Jugend. Eriksons Beschreibung der psychosozialen Entwicklungsphasen reicht bis ins hohe Alter.

– In jeder Entwicklungsphase hat der Mensch altersspezifische Aufgaben zu lösen. Das gesamte Leben versteht Erikson als eine Abfolge von Anforderungen. Will ein Mensch seelisch nicht stagnieren, muß er sich darum bemühen, den jeweils neuen Anforderungen gerecht zu werden. Persönlichkeitsentwicklung ist für Erikson eine lebenslange Auseinandersetzung mit immer neuen Krisen, die notwendigerweise mit dem menschlichen Dasein verbunden sind.

Eine Auswahl aus den von Erikson genannten psychosozialen Entwicklungsphasen:

3.3.1.1 Ur-Vertrauen gegen Ur-Mißtrauen

Grundlegend für die gesamte spätere Entwicklung ist, ob es dem Säugling gelingt, "Ur-Vertrauen" zu gewinnen oder ob sich bei ihm ein "Ur-Mißtrauen" einstellt. Die Art der Zuwendung und Pflege, die ihm zuteil wird, spielt dabei eine wichtige Rolle. Erlebt der Säugling seine Bezugspersonen als emotional warm, als zuverlässig und beständig, so kann sich eine vertrauensvolle Haltung ausbilden. Wird die Umwelt hingegen als unberechenbar empfunden, als beängstigend, erfährt er zu wenig Zärtlichkeit, so wird sich in ihm ein tiefes Mißtrauen festsetzen. Nicht auf die Quantität an Nahrung und Liebe kommt es an, sondern auf die Qualität der mütterlichen Bindung. Ur-Vertrauen ist der "Eckstein der gesunden Persönlichkeit"[47]. Mit Eriksons Worten gesagt: "Mit 'Vertrauen' meine ich das, was man im allgemeinen als ein Gefühl des Sich-Verlassen-Dürfens kennt, und zwar in bezug auf die Glaubwürdigkeit anderer wie die Zuverlässigkeit seiner selbst. Wenn ich davon als einer *Ur-Erfahrung* spreche, so meine ich damit, daß weder diese noch die später hinzutretenden Komponenten sonderlich bewußt sind, in der Kindheit so wenig wie im Jugendalter."[48] Die Eltern müssen es nicht nur verstehen, das Kind durch Verbieten und Gewähren zu lenken; sie müssen auch imstande sein, vor dem Kind eine tiefe, fast körperliche Überzeugung zu repräsentieren, daß das, was sie tun, einen Sinn hat."[49]

3.3.1.2 Identität gegen Identitätsdiffusion

Im Jugendalter geht es darum, eine "Ich-Identität" zu finden, statt von "Identitätsdiffusion" überwältigt zu werden. Der Jugendliche spielt diverse Rollen durch und prüft, inwieweit sie ihm passend erscheinen. Er lebt im Spannungsfeld von übernommenen Einstellungen und mehr oder minder festen eigenen Meinungen. Zugleich sucht er nach verbindlichen Werten und ist bemüht, eigene Ideen zu verwirklichen. Wichtiger als die Eltern werden jetzt Gleichaltrige. Vor ihnen möchte der Jugendliche bestehen. Von den Eltern fühlt er sich mit seinen Problemen oft nicht verstanden. Neue Leitbilder werden gesucht, mit denen man sich identifizieren kann. Die Frage "wer bin ich?" steht im Vordergrund, ebenso ihre Abwandlung: "Gewinne ich, so wie ich bin, einen Platz unter meinesgleichen? Finde ich Anerkennung?" Ohne das Gefühl der Identität meint der Jugendliche in dem unübersichtlichen Dickicht des Lebens kaum seinen Weg finden zu können. "Wenn man das versteht, versteht man auch die Kämpfe der heranwachsenden Jugend besser, besonders die Mühen all jener, die nicht einfach 'nette' Jungen und Mädchen sein können, sondern die verzweifelt nach einem sie befriedigenden Gefühl der Zugehörigkeit suchen, sei es zu Cliquen und Banden in Amerika oder zu begeisternden Massenbewegungen in anderen Ländern."[50]

47 Erikson, E. H.: Identität und Lebenszyklus, Frankfurt a. M. 1971, S. 63
48 A. a. O., S. 62
49 A. a. O., S. 72
50 A. a. O., S. 108

3.3.1.3 Intimität gegen Isolierung

Der junge Erwachsene, der sich zusehends aus der bergenden Gruppe der Gleichaltrigen herauslöst und seinen eigenen Weg geht, sieht sich der Aufgabe gegenüber, dauerhafte Bindungen einzugehen. Daraus ergeben sich Verpflichtungen. Bindungsfähigkeit zu entwickeln – Erikson spricht von "Intimität" –, ist die Aufgabe dieses Lebensabschnitts. Wer sich ihr versagt, dem droht "Isolierung".

3.3.1.4 Generativität gegen Stagnation

Im mittleren Alter wird etwas gefordert, das Erikson "Generativität" nennt: ein über die eigene Person hinausreichendes Interesse, das sich auf Familie, Bekanntenkreis, Gesellschaft oder – in Gestalt der eigenen Kinder – auf zukünftige Generationen richtet. Etwas schaffen und für etwas sorgen steht im Mittelpunkt. Verschließt der Mensch sich diesen Anforderungen, tritt "Stagnation" ein. Alles Interesse konzentriert sich dann auf das eigene Ich. Dessen materielles und physisches Wohlergehen erhält Vorrang.

3.3.1.5 Integrität gegen Verzweiflung

In der zweiten Lebenshälfte hält der Mensch Rückschau. Das ist mitunter schwieriger als vermutet. Jetzt wird die Bilanz des Lebens gezogen. Wichtig ist, in welcher Haltung dem Gewesenen gegenüber das geschieht. Geschieht es in "Verzweiflung und Ekel" über alle Versäumnisse oder aber in einem Zustand inneren Gleichgewichts? Im letzteren Falle spricht Erikson von "Integrität". Er meint damit die Annahme des "einen und einzigen Lebenszyklus und der Menschen, die in ihm notwendig da sein mußten und durch keine anderen ersetzt werden können."[51]

3.3.2 Ur-Vertrauen und Religiosität

Wie ein roter Faden zieht sich durch alle Stadien des Entwicklungsprozesses das Ur-Vertrauen hindurch (bzw. wirkt sich in allen Stadien das Ur-Mißtrauen belastend aus). Ur-Vertrauen gleicht dabei einer Grundkraft, die es dem Menschen erleichtert, die jeweils neuen Anforderungen zu meistern, die das Dasein an ihn stellt. Ur-Vertrauen ist eine wichtige Voraussetzung dafür, daß das Leben gelingt. Beim Ur-Vertrauen handelt es sich, psychologisch be-

51 A. a. O., S. 118

trachtet, um etwas Ähnliches wie beim religiösen Glauben. Denn Glaube (lat. fiducia) bezeichnet ein grundlegendes Vertrauen zu Gott, das sich auswirkt in mutig-vertrauendem Sich-Einlassen auf die Widerfahrnisse des Lebens. Erikson hält es nicht für die Aufgabe des Psychologen, über den Glauben zu befinden. Nach seiner Auffassung ist es für den Psychologen entscheidend, "ob auf seinem Beobachtungsfeld Religion und Tradition lebendige psychologische Kräfte darstellen und jene Art von Vertrauen und Glauben schaffen, die sich in der Persönlichkeit der Eltern ausdrückt und das Urvertrauen des Kindes in die Verläßlichkeit der Welt stärkt. Der Psychopathologe kann nicht umhin, zu beobachten, daß es Millionen von Menschen gibt, die ohne Religion nicht leben können; diejenigen, die sich rühmen, keine zu haben, kommen ihm oft vor wie Kinder, die im Dunkeln singen. Andererseits gibt es ohne Zweifel auch Millionen, die ihren Glauben aus anderen Quellen als religiösen Glaubenssätzen schöpfen, z. B. aus der Kameradschaftlichkeit, aus produktiver Arbeit, sozialer Tätigkeit, wissenschaftlicher Forschung und künstlerischem Schaffen. Und schließlich gibt es Millionen, die sich als gläubig bezeichnen, in Wirklichkeit aber dem Leben wie den Menschen mißtrauen. ... Alle Religionen haben die periodische kindhafte Hingabe an einen großen Versorger (oder mehrere Versorger) gemeinsam, der irdisches Glück und seelisches Heil verleiht. Sie demonstrieren die Kleinheit und Abhängigkeit des Menschen in den Gesten der Erniedrigung und Unterwerfung; rufen in Gebet und Lied zum Bekenntnis von Missetaten, bösen Gedanken und Absichten auf. Sie verlangen das Geständnis der inneren Spaltung und den Hilferuf nach innerer Einheit durch göttliche Führung; das Bedürfnis nach deutlicheren Umrissen und Schranken des Selbst und schließlich die Einsicht, daß das Vertrauen des Einzelnen zum gemeinsamen Glauben aller, das Mißtrauen des Einzelnen zum gemeinsam erkannten Bösen werden muß. Das Bedürfnis des Einzelnen aber nach seelischer Wiederherstellung muß zur rituellen Praxis der vielen und zu einem Merkmal der Vertrauenswürdigkeit in der Gemeinschaft werden.

Wer also behauptet, religiös zu sein, muß aus seiner Religion einen Glauben ableiten können, den er dem Kleinkind in Gestalt des Urvertrauens weitergeben kann. Wer behauptet, keine Religion zu besitzen, muß dieses Urgefühl aus anderen Quellen schöpfen."[52]

52 A. a. O., S. 74 f.

3.4 E. Fromm (1900 - 1980)

Leben

Väterlicherseits stammt Fromm aus einer alten rabbinischen Familie. Als Jugendlicher beschäftigt er sich intensiv mit dem Alten Testament und dem Talmud. Beeindruckt haben ihn die prophetischen Verheißungen eines universalen Friedens. Bis zum 26. Lebensjahr bekennt Fromm sich zum jüdischen Glauben. Fromm studiert Soziologie. Nach der Promotion über "Das jüdische Gesetz" (1922) unterzieht er sich einer psychoanalytischen Ausbildung und gehört zum Kreis der Frankfurter Schule. 1933 muß er emigrieren. Nach Lehrtätigkeit an verschiedenen amerikanischen Universitäten nimmt Fromm 1949 eine Professur an der Nationaluniversität in Mexico City an, wo er ein Jahr später Ordinarius für Psychoanalyse wird. Seit 1965 widmet er sich ausschließlich der Forschung.

Schriften

Die Furcht vor der Freiheit, 1941; Psychoanalyse und Ethik, 1947; Psychoanalyse und Religion, 1950; Märchen, Mythen, Träume, 1951; Die Kunst des Liebens, 1956; Sigmund Freuds Sendung, 1959; Psychoanalyse und Zen-Buddhismus, 1960; Das Menschenbild bei Marx, 1961; Jenseits der Illusionen, 1962; Das Christusdogma und andere Essays, 1963; Die Herausforderung Gottes und des Menschen, 1966; Die Revolution der Hoffnung, 1968; Analytische Sozialpsychologie und Gesellschaftstheorie, 1970; Anatomie der menschlichen Destruktivität, 1973; Haben oder Sein, 1976; Sigmund Freuds Psychoanalyse, Größe und Grenzen, 1979.

3.4.1 Radikaler Humanismus

Fromm vertritt einen radikalen Humanismus und meint damit eine "Philosophie, die das Einssein der menschlichen Rasse, die Fähigkeit des Menschen, die eigenen Kräfte zu entwickeln, zur inneren Harmonie und zur Errichtung einer friedlichen Welt zu gelangen, in den Vordergrund stellt. Der radikale Humanismus sieht in der völligen Unabhängigkeit des Menschen sein höchstes Ziel, was bedeutet, daß er durch Fiktion und Illusionen hindurch zum vollen Gewahrwerden der Wirklichkeit vordringen muß."[53] Fromm sucht die Ideen von Marx und Freud miteinander zu verbinden; denn der Mensch ist sowohl durch soziale als auch durch psychische Bedingungen bestimmt.

Aus der Zufälligkeit von Leben und Tod schließt Fromm, daß es keinen Gott gibt, der menschlichem Dasein Sinn verleihen würde. Trotzdem hat das Leben ein Ziel. Es besteht in einer neuen Einheit mit der Natur, nachdem der Mensch aus der ursprünglichen Einheit im Zuge seiner Bewußtseinsbildung herausgerissen worden ist. Durch Entwicklung der eigenen Kräfte kann er das Ziel erreichen. Dabei stehen ihm zwei Wege offen. Der eine ist regressiv: zurück in die Unbewußtheit gegenüber den Besonderheiten des menschlichen

53 Fromm, E.: Jenseits der Illusionen, Reinbek b. Hamburg 1981², S. 15

Lebens; der Versuch also, die ursprüngliche Einheit wiederherzustellen. Den anderen Weg bezeichnet Fromm als progressiv: die eigenen Kräfte so einzusetzen, daß eine neue Einheit mit der Natur entsteht, in der der Mensch trotz seiner Fähigkeit, sich geistig über die Natur zu erheben, in Einklang mit ihr lebt. Welcher der beiden Wege eingeschlagen wird, hängt teils von den psychischen Kräften ab, vor allem aber von dem gesellschaftlichen Umfeld. Wie der Einzelne sich entscheiden muß für einen Weg, muß es die Gesellschaft auch. Hat sie einen bestimmten Weg gewählt, ist es für den Einzelnen fast ausgeschlossen, den anderen Weg zu gehen. Dabei übt die in einer Gesellschaft vorherrschende Religion Einfluß darauf aus, welchen Weg die Gesellschaft wählt.

3.4.2 Die existentiellen Dichotomien

Der Mensch weiß, daß er sterben muß. Weil aber das natürliche Verlangen darin besteht, zu leben und zu wachsen, stellt das Wissen um die Unausweichlichkeit einen unlösbaren Widerspruch dar. Diese erste und grundlegende Dichotomie zu überwinden, ist nach Fromms Auffassung die Triebfeder allen Tuns. Sie ist auch der Ursprung von Religionen, die ein Weiterleben nach dem Tode versprechen.

Aus der ersten Dichotomie folgt die zweite, nämlich die zwischen den im Individuum angelegten Fähigkeiten und der Kürze des menschlichen Lebens. Jeder vermag aus der Fülle der Möglichkeiten nur wenige zu verwirklichen. Daß der Mensch dennoch den Wunsch nach vollständiger Selbstverwirklichung verspürt, macht die zweite existentielle Dichotomie aus.

So erlebt sich der Mensch als ein Widerspruchswesen. Das erzeugt Bedürfnisse, die dem Wunsch entspringen, die existentiellen Dichotomien aufzulösen.

3.4.3 Die existentiellen Bedürfnisse

Aus dem Verlust der ursprünglichen Einheit des Menschen mit der Natur und der Menschen untereinander entsteht das Bedürfnis nach einer neuen Einheit mit Mensch und Natur, das Bedürfnis nach Bezogenheit. Die Befriedigung dieses Bedürfnisses erfährt das Kind im Verhältnis zur Mutter, der Erwachsene in einer Partnerbeziehung, aber auch in der Zugehörigkeit zu einer religiösen, politischen oder sonstigen Gemeinschaft.

Aus dem genannten Verlust entstehen ferner das Bedürfnis nach Verwurzeltsein und jenes nach Identitäts- und Einheitserlebnis. Letzteres meint sowohl das Erlebnis des Einsseins mit allen Menschen als auch das Gefühl, sich selbst als Ganzheit zu erfahren.

Ein weiteres Bedürfnis ist das nach einem Rahmen der Orientierung und einem Objekt der Hingabe. Hierbei geht es um das Erleben von Transzendenz, das sich unter anderem in der Frage nach Sinn und Zweck des Lebens äußert.

All diese Bedürfnisse leiten den Menschen in seinem Denken, Fühlen und Handeln. Die unterschiedlichen Wege, die dabei eingeschlagen werden, sind Ausdruck der Charakterstruktur.

3.4.4 Haben oder Sein

Um sich in der Welt zurechtzufinden, benötigt der Mensch eine Leitlinie, die seinen eigenen Bedürfnissen sowie der Umwelt gerecht wird. Dabei ergeben sich nach Fromms Auffassung Alternativen, von denen die eine positiv, die andere negativ zu werten ist:

- Nicht-produktive oder produktive Orientierung.
- Die Liebe zum Toten oder die Liebe zum Lebendigen.
- Haben oder Sein.

Die Alternative von Haben und Sein schließt die übrigen Wahlmöglichkeiten ein. Es handelt sich um zwei fundamentale Existenzweisen, die sich auf sämtliche Daseinsbereiche erstrecken. Alles, was ein Mensch denkt, tut, fühlt und glaubt, wird davon beeinflußt, ob er sich an der Leitlinie des Habens oder des Seins ausrichtet. "In der Existenzweise des Habens findet der Mensch sein Glück in der Überlegenheit gegenüber anderen, in seinem Machtbewußtsein und in letzter Konsequenz in seiner Fähigkeit zu erobern, zu rauben und zu töten. In der Existenzweise des Seins liegt es im Leben, Teilen, Geben."[54]

3.4.5 Fromms Auffassung von Religiosität

3.4.5.1 Religiosität als Antwort auf existentielle Bedürfnisse

Religiosität fügt sich der jeweiligen Charakterstruktur ein. Sie ist also davon abhängig, welches der beiden möglichen Lebensziele ein Mensch anstrebt. "Psychologisch betrachtet hat 'Glauben' zwei gänzlich verschiedene Bedeutungen. Er kann der lebensbejahende Ausdruck innerer Weltverbundenheit

54 Ders.: Haben oder Sein, München 1980[5], S. 83

sein oder eine Reaktionsbildung gegen ein tiefliegendes Gefühl des Zweifels, das der Isolierung des Individuums und seiner lebensverneinenden Haltung entspringt."[55]

In seinen frühen Schriften schließt Fromm sich der Freudschen Religionskritik an. Religion betrachtet er als ein gesellschaftliches Phänomen. Der Phantasie entsprungen, dient sie einzig dem Zweck, triebhafte Bedürfnisse zu befriedigen, die die Gesellschaft nicht anerkennt. Solche Phantasiebefriedigung erscheint notwendig, damit die Gesellschaft trotz Triebunterdrückung funktioniert. Eine eigenständige Bedeutung kommt der Religion nicht zu. Religiosität gilt als etwas Neurotisches.

Mit der Entwicklung einer eigenen Auffassung vom Wesen des Menschen wandelt sich auch Fromms Verständnis religiöser Erscheinungen. Religion wird jetzt angesehen als Realisierung naturgegebener Bedürfnisse, besonders des Bedürfnisses nach einem Rahmen der Orientierung und einem Objekt der Hingabe. Begründung:

– Religion ist in sämtlichen Kulturen zu finden. Ein Bedürfnis danach scheint daher allen Menschen innezuwohnen.

– Die psychoanalytische Praxis zeigt: Der Mensch wird seelisch krank, wenn er kein umfassendes Orientierungssystem besitzt, das seinen existentiellen Bedürfnissen gerecht wird und ihm einen Weg weist, sie zu befriedigen.

Der Rahmen der Orientierung beantwortet dem Menschen die Fragen, wer er ist und welchen Platz er in der Welt einnimmt. Das Objekt der Hingabe sagt ihm, warum und wofür er lebt. Solche Antworten müssen der Wahrheit der menschlichen Situation zumindest nahekommen. Sonst wären sie nur Scheinlösungen, die auf Dauer nicht befriedigen. Religion versteht Fromm also als System des Denkens, Fühlens und Handelns, das dem Menschen einen Rahmen der Orientierung und ein Objekt der Hingabe bietet. In diesem Sinne erkennt er Religion als notwendig an.

3.4.5.2 Fromms Beurteilungskriterien für Religion

Kriterien für die Beurteilung einer Religion gewinnt Fromm aus seiner humanistischen Grundeinstellung. Religion muß den wirklichen menschlichen Bedürfnissen gerecht werden. Das Objekt der Hingabe muß Ideale und Ziele bieten, die den humanistischen Zielen der Menschheit entsprechen. Demzufolge unterscheidet Fromm zwischen autoritären und humanistischen Religionen. Wesentliches Unterscheidungsmerkmal ist das jeweilige Objekt der Hingabe. Wichtig ist dabei, in welchem Verhältnis der Mensch zu Gott steht

55 Ders.: Die Furcht vor der Freiheit, Frankfurt a. M. 1970[3], S. 84

– bzw. bei nicht-theistischen Religionen zu den höchsten Idealen und Zielen.

Als autoritär ist eine Religion anzusehen, wenn das Objekt der Hingabe eine außerhalb des Menschen liegende Macht ist, der er gehorchen, die er verehren und anbeten muß. Solche Autorität kann ein Gott sein, ebenso ein weltlicher Herrscher, ein Staat oder etwa die Macht des Geldes. In jedem Fall wird der Mensch durch diese Macht fremdbestimmt. Sein Streben dient nicht der Selbstverwirklichung, sondern der Unterwerfung.

Die autoritäre Religion bietet scheinbar Vorteile.

– Solange man gehorsam ist, steht man unter dem Schutz der Macht.

– Ein Zusammengehörigkeitsgefühl verbindet den Menschen mit anderen Unterworfenen. So entgeht er der Einsamkeit.

Alle positiven Kräfte – Liebe, Vernunft, Gerechtigkeitsgefühl – werden in der autoritären Religion auf Gott projiziert. Der Mensch wird seiner eigenen Kräfte entleert. Die einzige Möglichkeit, Liebe und Gerechtigkeit zu erfahren, besteht dann in der Anbetung jenes Gottes, dem diese Eigenschaften zugeschrieben werden. Daraus entsteht das Gefühl der eigenen Wertlosigkeit. Es bewirkt, daß der Mensch ohne Liebe und Vernunft handelt, weil er nicht daran glaubt, diese Fähigkeiten selbst zu besitzen.

Sozialismus und Kapitalismus hält Fromm für weltliche, autoritäre Religionen. Beide erheben Anspruch darauf, die für den Menschen beste Lebensweise zu vertreten. Beide treten mit Ausschließlichkeitsanspruch auf und können deshalb nicht friedlich nebeneinander bestehen.

Die humanistische Religion zeichnet sich dadurch aus, daß ihr Ziel der Mensch in der bestmöglichen Entfaltung seiner Kräfte ist. Vernunft und Liebe gelten hier als Eigenschaften des Menschen. Aufgefordert, seine Fähigkeiten zu gebrauchen, lernt der Mensch, die Existenzbedingungen zu begreifen und bei der Lösung der existentiellen Widersprüche mitzuhelfen. Alle Bestrebungen sind darauf gerichtet, Leben zu erhalten und zu bewahren. An dieser Zielvorgabe orientieren sich alle Prinzipien und Werte humanistischer Religion. Auch eine theistische Religion kann humanistisch sein. Nämlich dann, wenn Gott nicht als eine über dem Menschen stehende Macht betrachtet wird, sondern als Symbol für die dem Menschen eigenen Kräfte, sozusagen Vorbild des idealen Menschen. "Gott ist eine der vielen poetischen Ausdrucksweisen für den höchsten Wert im Humanismus und keine Realität an sich."[56] Als Beispiele humanistischer Religion nennt Fromm den Frühbuddhismus, den Taoismus, Christentum, Judentum und die philosophischen Lehren von Sokrates und Spinoza.

Eine weitere Möglichkeit neben der autoritären und der humanistischen Religion schließt Fromm nicht aus: ein über dem Menschen stehendes Wesen

56 Ders.: Ihr werdet sein wie Gott, Reinbek b. Hamburg 1981[3], S. 19

(Gott), das den Menschen nicht unterwerfen, sondern ihm helfen will, den Weg zu sich zu finden. Dieser Gott ist nur deshalb Autorität, weil er mehr Wissen hat. Er vertritt die Werte humanistischer Ethik. Etwa wie ein Lehrer, der für seine Schüler das Beste will und sie all das lehren möchte, was er ihnen an Kompetenz voraus hat, um so die Diskrepanz – das Autoritätsverhältnis – aufzulösen. Eine solche Gottheit, die nicht versucht, ihre Vorrangstellung zu behaupten, wäre eine rationale Autorität.

3.5 V. E. Frankl (geb. 1905)

Leben

Während des Medizinstudiums gehört Frankl zum Schülerkreis um Adler, trennt sich jedoch von ihm in der Überzeugung, richtige Erkenntnisse hätten bei den Adlerianern zu Dogmatismus geführt. Nach Beendigung des Studiums 1930 wird Frankl Psychiater und Psychotherapeut in Wien, wo er zahlreiche Beratungsstellen für seelisch kranke Jugendliche einrichtet. In dieser Zeit entwickelt er die zentralen Gedanken für seine "Logotherapie". Während der nationalsozialistischen Herrschaft muß Frankl zweieinhalb Jahre in Konzentrationslagern verbringen, unter anderem in Auschwitz. In dieser Grenzsituation findet er seine Grundauffassung bestätigt, daß der Mensch ein sinnorientiertes Wesen ist, dessen Daseinszweck im Leben auf ein Ziel hin besteht. Seit 1955 lehrt Frankl als Professor für Neurologie und Psychiatrie an der Universität Wien und ist seit 1970 zugleich "Professor of Logotherapy" an der United States University in San Diego, Kalifornien. Auf Einladung zahlloser Universitäten hat Frankl Vortragsreisen nach Amerika, Australien, Asien und Afrika durchgeführt.

Schriften

Ärztliche Seelsorge, 1946; Ein Psychologe erlebt das Konzentrationslager, 1946; ... trotzdem Ja zum Leben sagen, 1946; Die Existenzanalyse und die Probleme der Zeit, 1947; Der unbewußte Gott, 1947; Das Menschenbild der Seelenheilkunde, 1959; Man's Search for Meaning, 1963; Der Wille zum Sinn, 1972; Der Mensch auf der Suche nach Sinn, 1972; Das Leiden am sinnlosen Leben, 1977.

3.5.1 Das existentielle Vakuum

"Jede Zeit hat ihre Neurose – und jede Zeit braucht ihre Psychotherapie."[57] So betont Frankl. Weder sexuelle Frustration (Freud) noch mangelndes Selbstwertgefühl (Adler) seien heute das eigentliche Problem, sondern das Leiden am sinnlosen Leben. Das verbreitete Unbehagen ist weniger psychischer als geistiger Natur. Traditionelle Psycho-Therapie beschäftigt sich mit

57 Frankl: Das Leiden am sinnlosen Leben, Herder Bd. 615, Freiburg-Basel-Wien 1977, S. 11

dem triebhaft Unbewußten, dem "Es" (Freud). Die Logo-Therapie (von griech. logos "Sinn", "Geist") Frankls richtet dagegen ihr Interesse auf die spezifisch humane Sphäre. Von Trieben sind die Tiere ebenso bestimmt wie der Mensch. Aber er allein ist imstande, nach dem Sinn seines Daseins zu fragen. Freilich tut er es nicht immer. Oft ist die Sinnfrage verschüttet. Dem Menschen ist nicht mehr bewußt, was ihm zu schaffen macht – daß er sich nämlich der Aufgabe, die das Dasein an ihn stellt, verschließt. Sie lautet, einen Sinn im Leben zu finden. Im Gegensatz zum triebhaft Unbewußten (Freud) spricht Frankl vom "geistig Unbewußten"[58]. Genau wie das triebhaft Unbewußte nicht einfach verschwindet, bloß weil man sich dessen nicht bewußt ist, so ist auch das geistig Unbewußte nicht infolge seiner Unbewußtheit ausgelöscht. Es meldet sich in Gestalt der "existentiellen Frustration"[59]. Sie kann sich unterschiedlich äußern, und zwar

– in Langeweile
– in zwanghafter Sucht nach Zerstreuung
– in der Suche nach sexuellem Lustgewinn
– im Rausch der Geschwindigkeit[60].

"Existentielles Vakuum"[61] ist gefährlich. In diesen Leerraum hinein kann sexuelle Libido ebenso wuchern wie jede Art von Ideologie. Existentielles Vakuum kann zur tödlichen Bedrohung werden. Eine Befragung von 60 amerikanischen Studenten, die einen Selbstmordversuch verübt hatten, ergab: 85 % konnten in ihrem Leben keinen Sinn mehr sehen.

Frankl spricht anderen psychologischen Richtungen ihre Berechtigung nicht ab. Was er kritisiert, sind monokausale Deutungen bzw. solche Interpretationen, die seiner Meinung nach einem eindimensionalen Menschenbild entspringen und daher das spezifisch Menschliche nicht erfassen können. Frankl will Psychotherapie nicht durch Logotherapie ersetzen, sondern sie als deren Ergänzung verstanden wissen.

58 Frankl: Der unbewußte Gott, München 1979[5] (1974)

59 Frankl: Der Mensch auf der Suche nach Sinn, Herder Bd. 430, 1975[4] (1972), S. 11 - 14, 17, 65 - 71, 83 f., 110, 117 f.

60 Frankl verweist auf einen Song von Helmut Qualtinger, der einen Motorradfahrer sagen läßt: "Ich hab' zwar keine Ahnung, wo ich hinfahr', aber dafür bin ich g'schwinder dort."

61 A. a. O., S. 12 f., 19 ff., 66, 69 f., 124

3.5.2 Höhenpsychologie

Der Tiefenpsychologie stellt Frankl eine "Höhenpsychologie"[62] gegenüber. Er versteht darunter eine Psychologie, die den "Einstieg in die geistige, das heißt die eigentlich menschliche Dimension"[63] wagt. "Diese Dimension einzubeziehen ist um so dringlicher, als ungefähr 20 % aller Neurosen durch jenes Sinnlosigkeitsgefühl bedingt und verursacht sind, das ich als existentielles Vacuum bezeichne. Dem Menschen sagt nicht, wie den Tieren, ein Instinkt, was er tun muß, und heute sagen ihm auch keine Traditionen mehr, was er tun soll; bald wird er nicht mehr wissen, was er eigentlich will, und nur um so eher bereit sein, entweder nur das zu wollen, was die andern tun oder nur das zu tun, was die anderen wollen. In ersterem Falle haben wir es mit Konformismus zu tun, im letzteren mit Totalitarismus."[64]

Der Psychoanalyse Freuds macht Frankl den Vorwurf, sie habe das menschliche Sein ver"es"t und ent"ich"t[65]. Dem hält Frankl entgegen: Eigentliches Menschsein sei erst dort gegeben, wo nicht ein Es den Menschen treibt, sondern wo ein Ich sich entscheidet. Das ist nicht so zu verstehen, als ob Frankl innerhalb des anthropologischen Modells von Über-Ich, Ich und Es bloß andere Prioritäten setzt als Freud. Frankl unterscheidet zwischen der Faktizität des Menschen und seiner Existenz. Zwischen beiden liegt ein "ontologischer Hiatus"[66], ein seinsmäßiger Bruch. Die Faktizität umfaßt leibliche und seelische "Fakten", also Physiologisches und Psychologisches. Von der psychophysischen Faktizität seinsmäßig geschieden ist die geistige Dimension. Aus ihr heraus sucht der Mensch seine Existenz zu verwirklichen. Das ist seine Aufgabe. Hierzu gehören die Suche nach Sinn, das Verantwortlichsein und das Bestehen-Können gegenüber Werten. Dieses Geistig-Existentielle stellt eine dem Psychophysicum gegenüber eigenständige Dimension dar. Logotherapie versteht sich als Existenzanalyse. Das bedeutet nicht Analyse der Existenz, sondern "Analyse auf Existenz hin"[67].

Logotherapie kann Sinn nicht geben. Sinn muß allemal selber gefunden werden. Den Prozeß kann der Logotherapeut begleiten. Oder wenn der Klient die existentielle Frustration noch nicht als die Frustration seines "Willens zum Sinn" zu begreifen vermag, hilft der Therapeut bei der Bewußtmachung dieses Tiefsten personalen Strebens. Auf die Suche muß der Mensch sich

62 Frankl: Das Leiden am sinnlosen Leben, S. 15; ders.: Der Mensch auf der Suche nach Sinn, S. 108, 123 f.

63 Frankl: Der Mensch auf der Suche nach Sinn, S. 123

64 A. a. O., S. 124

65 Frankl: Der unbewußte Gott, S. 18

66 Ebd.

67 A. a. O., S. 23

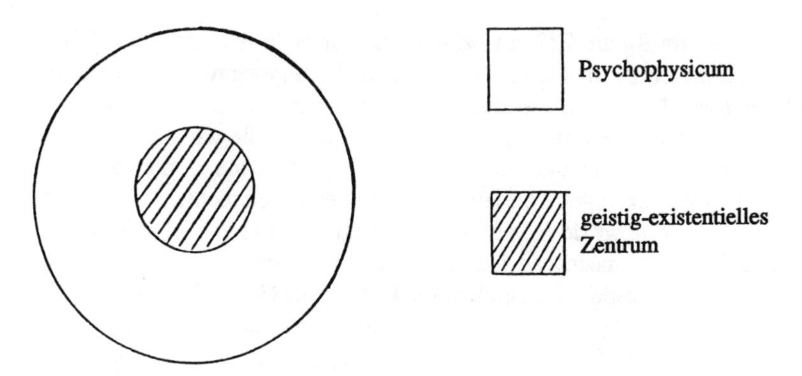

Um den Personkern herum lagert sich als konzentrischer Kreis das physich-psychische Sein des Menschen.

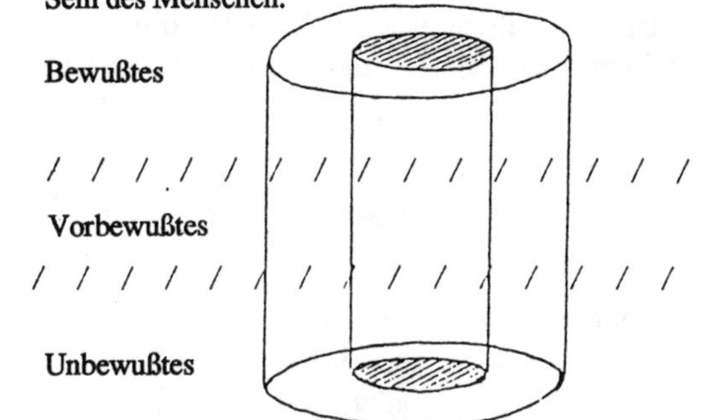

Die flächenhafte Darstellung ist in eine räumliche umgewandelt.
Das geistig-existentielle Zentrum, der personale Kern also, wird dann zur personalen Achse des Menschen.

Man erkennt, wie sich Bewußtes und Unbewußtes dazu verhalten.

dann selber begeben. Das ist heute schwieriger als in Zeiten, wo festgefügte Traditionen immer schon Orientierung und Halt vermittelten. Heute, wo die 10 Gebote für viele keine fraglose Gültigkeit mehr besitzen, müsse der einzelne die zehntausend Gebote, die in den zehntausend Situationen stecken, selber herausfinden. Jede Situation trage ihren Sinn in sich. Und für jeden sei das ein unterschiedlicher Sinn.

Als Konsequenz ergibt sich für Frankl die Forderung nach Toleranz. Niemand hat das Recht, die eigene Sinnfindung gegen jemand anderen zu kehren und sich dessen Sinnfindung gegenüber intolerant zu verhalten. Die Frage, ob Sinnfindung bloß ein Therapeutikum ist, verneint Frankl. Ihre heilende Wirkung rührt daher, daß der Mensch in seiner Existenz wesenhaft auf Sinn bezogen ist. Gemeint ist damit ein letzter Sinn des Daseins oder, wie Frankl formuliert, ein "Über-Sinn"[68]. Hier stellt sich ein philosophisch-erkenntnistheoretisches Problem. Der Mensch, Kant zufolge gebunden in seinem Denken an

68 Frankl: Der Mensch auf der Suche nach Sinn, S. 86, 114, 125

die Kategorien von Raum, Zeit und Kausalität, ist nicht imstande, den Über-Sinn zu erfassen. Einzig in seinem Aus-sein auf Sinn gewinnt er Ahnung von einer Dimension des Seins, die ihm sonst versperrt ist. "Der Sinn ist eine Mauer, hinter die wir nicht weiter zurücktreten können, die wir vielmehr hinnehmen müssen: Diesen letzten Sinn müssen wir deshalb annehmen, weil wir hinter ihn nicht zurückfragen können, und zwar deswegen nicht, weil bei dem Versuch, die Frage nach dem Sinn von Sein zu beantworten, das Sein von Sinn immer schon vorausgesetzt ist. Kurz, der Sinnglaube des Menschen ist, im Sinne von Kant, eine transzendentale Kategorie. Genauso, wie wir seit Kant wissen, daß es irgendwie sinnlos ist, über Kategorien wie Raum und Zeit hinauszufragen, einfach darum, weil wir nicht denken und so denn auch nicht fragen können, ohne Raum und Zeit immer schon vorauszusetzen – genauso ist das menschliche Sein immer schon ein Sein auf Sinn hin, mag es ihn auch noch wenig kennen. Es ist da so etwas wie ein Vorwissen um den Sinn; und eine Ahnung von Sinn liegt auch dem 'Willen zum Sinn' zugrunde"[69].

3.5.3 Das Gewissen als Sinn-Organ

Das Gewissen, wie Frankl es versteht, hat nichts zu tun mit dem Über-Ich, das zum Psychophysicum gehört. Nach Frankl ist das Gewissen als Sinn-Organ jene Instanz im Menschen, die die Fähigkeit besitzt, "den einmaligen und einzigartigen Sinn, der in jeder Situation verborgen ist, aufzuspüren"[70]. Das Gewissen gehört zur geistigen Dimension. Es richtet sich auf "das Eine, was not tut"[71]. Es kann irren. Angesichts dieser Ungewißheit gebieten sich Demut und Toleranz. Toleranz bedeutet nicht, von eigenen Überzeugungen abzulassen und den Glauben eines anderen zu teilen, sondern heißt, ihn in seiner Wesensart anzuerkennen und ihm das unbedingte Recht zuzubilligen, einen Glauben zu haben und dem eigenen Gewissen zu gehorchen.

Das Gewissen ist einerseits ein "immanent-psychologisches Faktum"[72] und andererseits "Sprachrohr von etwas anderem",nämlich "Stimme der Transzendenz"[73]. "Diese Stimme hört der Mensch nur ab – aber sie stammt nicht vom Menschen ab; im Gegenteil: erst der transzendente Charakter des Gewissens läßt uns den Menschen und läßt uns im besonderen seine Personalität überhaupt erst in einem tieferen Sinne verstehen. Der Ausdruck 'Person' wür-

69 Ders.: Der unbewußte Gott, S. 76 f.
70 A. a. O., S. 85
71 A. a. O., S. 28
72 A. a. O., S. 47
73 Ebd.

de in diesem Lichte nämlich eine neue Bedeutung gewinnen; denn wir können jetzt sagen: Durch das Gewissen der menschlichen Person personat eine außermenschliche Instanz." Daraus folgert Frankl, "daß auch diese außermenschliche Instanz ihrerseits notwendig von personaler Seinsart sein muß"[74].

3.5.4 Der unbewußte Gott

Das Gewissen als Sinn-Organ – "die immanente Seite eines transzendenten Ganzen, das als solches aus der Ebene der psychologischen Immanenz herausragt, diese Ebene eben transzendiert"[75] – zielt auf die religiöse Dimension. Wer aus intellektuellen oder sonstigen Gründen sich dieser Dimension verschließen zu müssen glaubt, hält das Gewissen für die letzte Instanz, was nach Frankls Meinung einer Täuschung gleichkommt. "Vorzeitig hat der irreligiöse Mensch auf seiner Wegsuche zur Sinnfindung haltgemacht, wenn er über das Gewissen nicht hinausgeht, nicht hinausfragt. Er ist gleichsam erst auf einem Vorgipfel angelangt. Warum aber geht er nicht weiter? Weil er den 'festen Boden unter den Füßen' nicht missen will; denn der eigentliche Gipfel – der ist seiner Sicht entzogen, der ist vom Nebel verhüllt, und in diesen Nebel, in dieses Ungewisse wagt er sich eben nicht hinein. Dieses Wagnis leistet eben nur der religiöse Mensch."[76] Gleichwohl ist der Logotherapeut zu strikter weltanschaulicher Neutralität verpflichtet. Er darf es niemandem einreden, das letzte "Wovor der menschlichen Verantwortlichkeit"[77] mit der Bezeichnung Gott zu belegen. Ungeachtet dessen spricht Frankl von "unbewußter Gläubigkeit", vom "transzendent Unbewußten"[78]. Gott sei vom Menschen unbewußt immer schon intendiert. Der Mensch habe eine, wenn auch unbewußte, so doch intentionale Beziehung zu Gott. Das meint Frankls Formel vom "unbewußten Gott"[79]. Gott ist nicht an sich, für sich selber unbewußt. Aber mitunter ist er dem Menschen unbewußt. Die Beziehung zu Gott kann unbewußt sein, "nämlich verdrängt und so uns selbst verborgen"[80].

Frankl kehrt Freuds Satz von der Religion als der allgemein menschlichen Zwangsneurose um: "Die Zwangsneurose ist die seelisch erkrankte Religiosi-

74 A. a. O., S. 46 f.
75 A. a. O., S. 48
76 A. a. O., S. 49
77 A. a. O., S. 50
78 A. a. O., S. 55
79 Ebd.
80 Ebd.

tät."[81] Nicht selten räche sich in der neurotischen Existenz an ihr selber die Defizienz ihrer Transzendenz. Frankl weitet den Gedanken vom individuellen in den sozio-kulturellen Bereich aus. Seine Frage lautet, ob dort nicht in großem Maßstab verdrängter Glaube in Aberglauben ausartet. Und zwar überall da, wo das religiöse Gefühl verdrängt wird durch die selbstherrliche Vernunft, durch den einseitig technischen Verstand. "In diesem Sinne mag uns vieles an unseren heutigen kulturellen Zuständen als die 'allgemein menschliche Zwangsneurose' anmuten, um mit Freud zu sprechen – vieles, mit Ausnahme von einem: mit der Ausnahme gerade der Religion."[82]

81 A. a. O., S. 63
82 A. a. O., S. 64

Zweiter Hauptteil: Empirische Untersuchung

1 Darstellung der Untersuchung

1.1 Forschungsmethode

1.1.1 Hinführung

1.1.1.1 Hermeneutische versus reduktive Methode?

Die Geschichte der Psychologie zeigt, daß es schon seit langem zwei einander entgegengesetzte methodische Haltungen gibt.[1] Die eine geht aus von der "Selbstevidenz des Psychischen"[2]. Hier wird der "inneren Erfahrung" ein höherer Gewißheitsgrad eingeräumt als äußerer Erfahrung. Der anderen Haltung liegt die Annahme zugrunde, Seelisches sei weder erkennbar noch begrifflich darstellbar.[3] Beide Positionen werden ergänzt durch eine große Zahl von Übergängen und Zwischenlösungen.

Seit dem ausgehenden 18. Jahrhundert finden auch in der Psychologie die Methoden der exakten Naturwissenschaften Anwendung. Präzise Beobachtung und messende Verfahren treten an die Stelle der Introspektion. Solche an den Naturwissenschaften orientierten Forschungsmethoden bestechen durch die Eindeutigkeit und Überprüfbarkeit ihrer Aussagen. Mit der Etablierung eines naturwissenschaftlichen Selbstverständnisses der Psychologie wendet man sich von der gründlichen und umfassenden Erforschung des Einzelfalls und seiner Eigengesetzmäßigkeit ab. Das Augenmerk richtet sich auf den im Forschungsinteresse begrenzten Vergleich zahlreicher austauschbarer Fälle mit dem Ziel, durchschnittliche Gesetzmäßigkeiten zu errechnen.[4]

Etwa seit 1890 werden zunehmend Fragen laut, ob Verfahren, die nach naturwissenschaftlichen Modellen konzipiert sind, sich überhaupt dafür eignen, den Menschen und sein Seelenleben adäquat zu erfassen. Einen ersten Höhepunkt bildet die Auseinandersetzung zwischen Ebbinghaus und Dilthey (1894/95). Nicht nur Dilthey attackiert die "seelenlose Psychologie"[5] jener Tage. Auch andere Kritiker stimmen darin überein: Isolierende Aussonde-

1 Vgl. Hehlmann: Geschichte der Psychologie, Stuttgart 1967, besonders S. 385 - 397.

2 A. a. O., S. 388.

3 Ebd.

4 Maschewsky u. Schneider: Empirische Forschungsmethoden der Psychologie, in: Handwörterbuch der Psychologie, hrsg v. Asanger u. Wenninger, Weinheim - Basel 1983 (1980), 3. Aufl., S. 104.

5 Hehlmann: Geschichte der Psychologie, S. 389 f.

rung von Assoziationen und Vorstellungen vermitteln zwar elementare Details des psychischen Lebens, aber gerade nicht dieses selbst.

Mit Namen wie Planck, Einstein und Heisenberg verbindet sich in der Folgezeit ein Wandel im Denken der Physik. Im mikrophysikalischen Bereich läßt sich von objektiver Erkenntnis im eigentlichen Sinne nicht mehr sprechen. Das Subjekt des Beobachters und sein beobachtetes Objekt stehen in einem sich gegenseitig bedingenden Verhältnis. Diese gegenüber den Annahmen der klassischen Physik grundlegende Änderung hat zu einem neuen Wirklichkeitsverständnis geführt, das nicht auf die Physik beschränkt bleibt. " 'Realität' ist Realität stets in ihrer Beziehung zum angewendeten Verfahren des Forschers. Das Miteinander von Erkennen und Erkanntem ist erkenntniswesentlich. Beide bedingen einander. So wenig es reine 'Objektivität' unabhängig vom Erkennen gibt, so wenig freilich gibt es Erkennen ohne die 'Realität' des Erkannten. Die 'Kommunikation' mit dem Objekt gehört so gut zur wissenschaftlichen Haltung wie die Kommunikation mit den Miterkennenden, mit denen man sich über den wissenschaftlichen Gegenstand verständigen muß."[6]

Auch die Psychologie bleibt nicht unberührt von dem gewandelten Wirklichkeitsverständnis. Der alte Methodenstreit ist nicht begraben. Wohl aber hat er etwas von seiner Schärfe verloren. Es ist deutlicher geworden: Hermeneutische Arbeit und reduktive Methoden[7], die auf Verallgemeinerung abzielen, dürfen nicht gegeneinander ausgespielt werden. Wenn es wahr ist, daß Erkennen und Erkanntes sich bedingen, dann gilt es, das Verhältnis von Forschungsgegenstand und Forschungsmethode nicht allein unter dem Blickwinkel der Präzisionsoptimierung, sondern auch grundsätzlich zu bedenken. Und gerade indem prinzipielle Fragen in die methodischen Überlegungen einbezogen werden, geht es bei der Entscheidung zwischen hermeneutischen und reduktiven Verfahren nicht mehr ums Prinzip, sondern pragmatisch um die dem jeweiligen Forschungsgegenstand am ehesten angemessene Methode. Zu klären ist jeweils, ob sich die konstituierenden Merkmale des Forschungsgegenstandes in der Forschungsanordnung entfalten können.[8]

1.1.1.2 Ortsbestimmung des Gesprächs innerhalb der psychologischen Forschungsmethoden

Heute stehen "weiche" Methoden wie Introspektion, Sprachanalyse, Analyse von Biographien, Fremd- und Selbstbeobachtung weitgehend gleichberech-

6 A. a. O., S. 392.

7 Hehlmann, S. 395; vgl. auch Pongratz: Problemgeschichte der Psychologie, Bern-München 1984 (1967), 2. Aufl.

8 Maschewsky u. Schneider: Empirische Forschungsmethoden in der Psychologie, S. 103.

tigt neben den "harten" Methoden des Experiments und der physiologischen Messung.[9] Als Forschungsmethode zur Erfassung von Religiosität wird das Gespräch[10] gewählt. Zur genaueren Bestimmung, wo das Gespräch in der psychologischen Forschung seinen Ort hat, soll ein knapper Überblick über die wichtigsten empirischen Methoden gegeben werden. Ihre speziellen Zielsetzungen und Konstruktionsmerkmale können allenfalls angedeutet werden. Befragung, Selbst-Beobachtung und Ausdrucks-, Verhaltens- oder Fremdbeobachtung sind die wichtigsten empirischen Methoden der Psychologie. Das Experiment ist als eine der Ausgestaltungen der Verhaltensbeobachtung zu verstehen; es dient u. a. der Erklärung von Phänomenen. Mittels statistischer Verfahren werden die durch Beobachtung bzw. Befragung gewonnenen Daten weiter bearbeitet.[11]

Stichwortartig ein paar Erläuterungen:

– Die *Selbstbeobachtung* verfolgt das Ziel, Probleme des Denkens und Wollens unter Bezugnahme auf das Erleben und Fühlen zu untersuchen bzw. Bewußtseinsinhalte auszuwerten, um zur Selbsterkenntnis zu gelangen.

– *Fremdbeobachtung* meint die absichtliche, planmäßige und zielgerichtete Wahrnehmung eines Ausdrucks, einer Handlung bzw. eines Verhaltens oder eines Vorganges.

– Im *Experiment* wird ein zu beobachtender Vorgang (beispielsweise Reaktionen oder Verhaltensweisen) unter exakt festgelegten Bedingungen absichtlich und planmäßig hervorgerufen und gelenkt.

– Der *Test* soll interindividuell unterschiedliches Verhalten (Äußerung, Reaktion) in genau definierten Bereichen (z. B. durch Aufgabenstellungen) unter möglichst konstanten Bedingungen so zuverlässig wie möglich erfassen, so daß eine möglichst objektive Auswertung und Interpretation erfolgen kann.

– Detaillierter soll auf die *Befragung* eingegangen werden. Sie kann die Methoden des Experiments oder der Beobachtung ergänzen, sei es in mündlicher Form (*Interview*) oder schriftlich (*Fragebogen*).[12]

Verschiedene Möglichkeiten der mündlichen Befragung seien genannt:

• Das *standardisierte* (strukturierte) Interview ist eine Art von standardisiertem Gespräch, in dessen Verlauf genau vorbereitete Fragen gestellt werden.

9 A. a. O., S. 104.

10 Näheres dazu s. u.

11 Vgl. Bergius: Artikel "Methode", in: Psychologisches Wörterbuch, hrsg. v. Dorsch u. a., Bern-Stuttgart-Wien 1982, 10. Aufl., S. 417.

12 Vgl. zum folgenden Roberts u. Rost: Analyse und Bewertung empirischer Untersuchungen, Weinheim-Basel 1974.

• Das *teilstandardisierte* (halbstrukturierte) Interview enthält ein flexibles Frageschema.[13] Hier können offene Fragen gestellt werden, die eine frei formulierte Antwort erlauben.

• Im Gegensatz zu den genannten Interview-Formen, die auf quantitative Informationen zielen, werden durch das *nicht-standardisierte* (unstrukturierte) Interview qualitative Informationen gewonnen. Es handelt sich dabei um eine freie Gesprächsform. Das Intensivinterview (Tiefeninterview) sowie das tiefenpsychologische Gespräch – es geht den unbewußten Motivationen nach, die einer Verhaltensweise zugrunde liegen – gehören zu dieser Kategorie.

Das *Intensivinterview*[14] zielt darauf ab, genauere Informationen über Sichtweise, Sprache, Anliegen und Bedürfnisse des Befragten zu erhalten. Ein Leitfaden, an dem sich das Gespräch orientieren kann, genügt. Infolge des sehr geringen Ausmaßes an Strukturierung ist der Spielraum, der dem Befragten für seine Antwort zur Verfügung steht, gegenüber den anderen Interviewformen erheblich vergrößert.[15]

1.1.2 Mit dem nicht-standardisierten Interview verwandte Gesprächsformen

Die Forschungsmethode, die in der vorliegenden Untersuchung gewählt worden ist, hat ihren Ort innerhalb der nicht-standardisierten Interviews.

1.1.2.1 Das klinische Gespräch

Um das "persönliche Gespräch als Weg in der psychologischen Forschung" (Langer) in seiner Eigenart hervorzuheben, soll das dem unstrukturierten Interview nahestehende bzw. ihm zuzuordnende klinische Gespräch skizziert werden. Darunter ist jede Form von beabsichtigter oder geplanter Kommunikation zwischen Untersucher und Klient zum Zweck der Diagnostik oder Therapie zu verstehen. Gespräche dieser Art verfolgen das Ziel, die biologischen, soziologischen und psychologischen Daten des Klienten zu erheben, das normale oder pathologische Verhalten zu erkunden und psychodynamische sowie soziodynamische Elemente im Gespräch mit dem Klienten zu erleben.

Bei den diagnostischen klinischen Gesprächen, die von den therapeutischen klinischen Gesprächen nicht streng zu trennen sind, wird unterschieden zwischen Anamnese, Exploration und klinischem Interview.

– Die Anamnese versucht die Vorgeschichte der Krankheit zu erfassen.

13 A. a. O., S. 61.
14 Vgl. Friedrichs: Methoden empirischer Sozialforschung, Opladen 1980, S. 224 - 236.
15 A. a. O.

– Die Exploration ist ein zweckgerichtetes Gespräch, in dem der die Untersuchung Durchführende in einer gezielten Erkundung Informationen über die Lebenssituation des Befragten, insbesondere über seine Schwierigkeiten, Wünsche, Konflikte und Sorgen erhalten möchte. Gekennzeichnet ist die Exploration durch einen hohen Aktivitätsgrad auf seiten des Untersuchers, wohingegen sein Interesse an der Interaktion mit dem Klienten vergleichsweise gering ist.[16]

– Anders liegen die Dinge beim klinischen Interview. Hier kommt der Interaktion zwischen Untersucher und Klient erhebliche Bedeutung zu. Zum klinischen Interview zählen das "einfache Gespräch", das "interaktionsakzentuierte Gespräch", das "nicht-direktive oder client-centered Interview", das "psychoanalytische oder psychoanalytisch orientierte Erstinterview" und das "psychoanalytische Interview mit Interpretation".[17]

1.1.2.2 Klienten-zentriert und interaktionsakzentuiert

Von besonderem Interesse für die vorliegende Studie sind das interaktionsakzentuierte Interview nach Sullivan und das client-centered Interview nach Rogers.

Beim ersteren geht es den Vorstellungen der interpersonalen Psychiatrie entsprechend um eine Intensivierung der Beziehung zwischen Untersucher und Klient. Verhalten, verbale wie auch non-verbale Äußerungen und Interpretationen des Untersuchenden müssen darauf ausgerichtet sein. Aus diesem Grund verändert er zugunsten einer Beziehungsförderung oftmals die Haltung wohlwollender Sachlichkeit, wie sie für das psychoanalytische Gespräch gefordert wird, und bringt sein persönliches Engagement zum Ausdruck. Die Sozialsituation ist dabei teilweise symmetrisch; Klient und Untersucher unterhalten sich wie in einem Alltagsgespräch mit annähernd gleicher Beteiligungsstärke.

Eine eher asymmetrische Sozialsituation überwiegt im nicht-direktiven oder client-centered Interview. Zwar wird die Gesprächssituation hier ebenfalls als Interaktionsgeschehen angesehen, als ein In-Beziehung-Treten zweier oder mehrerer Personen über Medien wie Sprache, Mimik und Gestik. Dabei vermitteln die Informationen des Klienten im wesentlichen ein subjektives Bild seinerselbst. Erkenntnisse werden gewonnen, wie er sein Verhalten, seine Beziehung zur Umwelt und sich selbst erlebt. Asymmetrisch ist die Sozialsituation jedoch insofern, als der Untersucher sich mit Gesprächsbeiträgen zurückhält und nur durch wenige Interjektionen, durch Wiedergabe des

16 Vgl. Schraml: Das klinische Gespräch in der Diagnostik, in: Schraml u. Baumann (Hrsg.): Klinische Psychologie I, S. 267 ff.

17 Nach Schraml: A. a. O.

emotionalen Gehalts von Äußerungen des Klienten sowie sparsame Interpretationen der Gefühle die Kommunikation aufrechtzuerhalten versucht. Bei alledem bemüht sich der Therapeut, dem Klienten das Gefühl des Verstandenwerdens zu geben. Positive Wertschätzung und emotionale Wärme sowie einfühlsames Verstehen und Echtheit gelten nach Rogers als unerläßliche Haltungen des Therapeuten, die eine vertrauensvolle Interaktion ermöglichen und eine für den Klienten hilfreiche Beziehung entstehen lassen.[18]

1.1.3 Das persönliche Gespräch als Weg in der psychologischen Forschung

Das interaktionsakzentuierte und das Klienten-zentrierte Moment sind in dem von Langer entwickelten Ansatz miteinander verschmolzen.[19] Zwar verweist der Autor vornehmlich auf Carl Rogers sowie auf Anne-Marie Tausch und Reinhard Tausch. De facto aber geht er über Rogers hinaus in Richtung auf den interaktionsakzentuierten Ansatz.

Aus der Klienten-zentrierten Gesprächspsychotherapie stammen die Forderungen nach Echtsein, Wertschätzung, Achtung und Wärme gegenüber dem Gesprächspartner. Sie alle sind Bedingungen der Möglichkeit, teilzuhaben an der höchst privaten Welt eines anderen Menschen mit ihren "oft intimen, heiklen, Vertrauen und Schutz bedürfenden Informationen"[20]. Eine distanzierte wissenschaftliche Vorgehensweise würde den Zugang zu dem, was erforscht werden soll, außerordentlich erschweren, wenn nicht gar verstellen.

Langer geht noch weiter. In Anlehnung an die Ich-Du-Philosophie Bubers[21] begreift er das persönliche Gespräch als eine gegenseitige menschliche Begegnung, "in der ein tiefer Austausch zwischen zwei Menschen zu einem gemeinsamen Thema erfolgen kann"[22]. Dabei kann der Untersucher sich selbst nicht aus dem Thema herausnehmen. Er würde sonst, indem er sich als das forschende Subjekt von seinem Gesprächspartner als dem Objekt der Forschung abhebt, eine Distanz aufbauen. Die Folge wäre unvermeidlich, daß der andere Mensch wesentliche Informationen für sich behalten muß – "nicht

18 Auf Einzelheiten muß hier verzichtet werden; vgl. die im Literaturverzeichnis aufgeführten Schriften von C. R. Rogers, A.-M. Tausch, R. Tausch, R. Schwab, D. Revenstorf und W.-R. Minsel.

19 Langer: Das persönliche Gespräch als Weg in der psychologischen Forschung, in: Zeitschr. f. Personenzentrierte Psychologie und Psychoterapie 4, 1985, S. 447 - 457.

20 A. a. O., S. 449.

21 Buber: Ich und Du, Heidelberg 1983; vgl. auch das verwandte philosophische Konzept von F. Ebner: Das Wort und die geistigen Realitäten (1918/19), in: Schriften 1, München 1973, S. 75 - 342.

22 Langer, S. 449.

einmal absichtlich, sondern aus einem Feingefühl heraus" (Langer) – oder nicht imstande ist, sie sich in einem wenig fruchtbaren Klima zu vergegenwärtigen.

Genau das ist das Postulat des interaktionsakzentuierten Ansatzes. Durch die vertraute zwischenmenschliche Aussprache, bei welcher der Untersucher nicht bloß derjenige ist, der sich Informationen beschafft, und seine Partner die einseitig Gebenden, werden tiefere Informationsprozesse inauguriert.[23] Gerade indem der Untersucher sich selbst einbringt, empfängt er. Wie auch das Umgekehrte gilt. "Im Empfangen von maßgeblichen Informationen können wir als Wissenschaftler gleichzeitig geben: Unsere Aufmerksamkeit, unser Verstehen, unser Mitfühlen und Mitschwingen."[24]

Ziel des persönlichen Gesprächs als Weg in der psychologischen Forschung ist es, von den "Lebensexperimenten" anderer zu lernen.[25] Es geht um das "Aufschließen von Lebenserfahrungen von Menschen für andere Menschen"[26].

Bewährt hat sich die Forschungsmethode bei der Untersuchung so komplexer Themen wie Glück, Älterwerden, Lebensrückschau, Vaterschaft, Entscheidung zu Kinderlosigkeit, Mutterschaft, Erleben der Beziehung zu dem noch ungeborenen Kind.[27] Ihnen allen ist gemeinsam, daß sie mit traditionellen Forschungsmethoden der Psychologie, die darauf angelegt sind, Teilaspekte präzise zu erfassen, nur unzureichend untersucht werden können. Das Ganze ist mehr als die Summe seiner Teile. Dem entspricht das Erfordernis, daß, wer sich einer so komplexen Thematik wie "Älterwerden", "Glück" oder – wie im vorliegenden Fall – "Religiosität" widmet, sich einer Methode bedienen muß, die geeignet ist, ohne antezedierende Aussonderung spezieller Fragestellungen die Ganzheit in den Blick zu nehmen. Es bedarf keiner Erwähnung, daß eine derartige Studie nicht Folgeuntersuchungen ausschließt, die mit herkömmlichen "harten" Forschungsmethoden arbeiten. Solche Folgeforschung vermag wesentliche Einzelaspekte zu erhellen, indem beispielsweise nach Interdependenzen und Ursachen gefragt wird.[28]

23 Langer: Das persönliche Gespräch als Weg in der psychologischen Forschung, S. 449.
24 A. a. O., S. 450.
25 A. a. O., S. 447.
26 A. a. O., S. 448.
27 Ebd.
28 Vgl. Langer: Das persönliche Gespräch als Weg in der psychologischen Forschung, S. 456 f.

1.2 Durchführung

1.2.1 Auswahl der Gesprächspartner

Wie im Eingangskapitel dargelegt, geht es in dieser Untersuchung nicht um die latente Religiosität im Sinne Paul Tillichs. Sondern es soll ermittelt werden, wie Menschen, die sich dessen bewußt sind, daß der Glaube für sie von nicht unerheblicher Bedeutung ist, ihre Religiosität empfinden, welche Erfahrungen sie damit machen, welche Konsequenzen sich für ihre Lebenseinstellung und für ihr Verhalten daraus ergeben, ob der Glaube Funktionen im Rahmen des Lebensentwurfs hat und wie er sich entwickelt hat. Daraus folgt für die Auswahl der Gesprächspartner, daß sie die Religiosität grundsätzlich bejahen.

Bei den Vorüberlegungen war beabsichtigt, Interviews mit solchen Menschen zu führen, die nicht aufgrund ihrer beruflichen Situation mit religiösen Fragen befaßt sind. Das hätte den Vorteil gehabt, daß die Äußerungen der Betreffenden nicht in nennenswertem Umfang inhaltlich durch Ausbildung und Beruf geprägt worden wären. Die entsprechenden Interviewpartner zu finden, erwies sich als zu schwierig. So sind Studenten und Absolventen der Universität, die das Fach Religion studiert haben, Pastoren, ein Diakon und eine Kirchenälteste befragt worden, insgesamt elf Frauen und acht Männer. Das Alter der meisten liegt zwischen 24 und 30 Jahren. Die jüngste Gesprächspartnerin ist 22, der älteste Gesprächspartner 60 Jahre. Bis auf Gerda, die ihre Unsicherheit bekundete, waren alle der Überzeugung, hinsichtlich ihrer religiösen Entwicklung an einen Punkt gelangt zu sein, wo sie bei aller künftigen Veränderung in Einzelfragen ihren Standort gefunden haben.

1.2.2 Die Interviews

1.2.2.1 Vorbereitung

Die Hälfte der Gesprächspartner habe ich vor den Interviews schon sehr gut gekannt, ein Viertel habe ich in Lehrveranstaltungen an der Universität erlebt, die restlichen nur in flüchtigen Begegnungen. Mit allen ist Ort, Zeit und Thema etwa eine Woche vor Beginn der Gespräche vereinbart worden. Die meisten Interviews fanden bei mir zu Hause statt. Für eine gemütliche ungestörte Atmosphäre war gesorgt.

1.2.2.2 Verlauf der Gespräche

Bei Erscheinen der Gesprächspartner unterhielten wir uns zunächst zwanglos, bevor das eigentliche Thema zur Sprache kam. Sodann wurde noch einmal auf die Modalitäten des Interviews hingewiesen, die ich bereits bei der Terminvereinbarung genannt hatte (z. B. Aufzeichnung des Gesprächs).

Die Schlüsselfrage, mit der die Interviews begannen, richtete sich auf die religiöse Erziehung in der Kindheit. Das erschien mir insofern günstig, als die Befragten sich bei der Erinnerung an Erlebnisse aus Kindheit und Jugend zusehends entspannten. Vorteilhaft war ferner, daß die Befragten gleichsam von selbst auf ihr heutiges religiöses Erleben zu sprechen kamen, ohne daß es besonderer Interventionen meinerseits bedurft hätte. War mein Gegenüber erst einmal im Heute angelangt, war es für mich nicht schwierig, vertiefende Fragen etwa zur Gottesvorstellung oder zur Funktion des Glaubens zu stellen bzw. den Gesprächspartner auf andere Weise zu veranlassen, sich näher zu äußern.

Gegen Ende der Gespräche wurde des öfteren eine Art Bilanz gezogen und nach Aspekten gefragt, auf die nicht eingegangen worden war und die gleichwohl für den Glauben des jeweiligen Gesprächspartners hätten wichtig sein können. Die Interviews klangen aus, sobald die Partner ihren Wunsch signalisierten, das Gespräch zu beenden. Viele äußerten sich anschließend noch über die Art und Weise des Interviews bzw. über das Gesagte. Nicht selten drückten sie ihr Erstaunen aus ("ich hätte gar nicht gedacht, daß ich so viel Vertrauen zu Gott habe"). Fast alle hatten das Bedürfnis, das Interview im nachhinein noch einmal zu lesen.

Die Interviews dauerten im allgemeinen eineinhalb bis zwei Stunden, das kürzeste 25 Minuten, das längste dreieinhalb Stunden.

1.2.2.3 Bearbeitung der Interviews

Die Interviews wurden zunächst wörtlich abgeschrieben. Dieser Schreibprozeß verbesserte mein Verständnis dessen, was gesagt worden war. Sodann habe ich jedes Interview zusammengefaßt und das Verdichtungsprotokoll dem Gesprächspartner zur Überprüfung vorgelegt. Die Änderungswünsche waren, wenn sie überhaupt erhoben wurden, derart geringfügig, daß niemand das Protokoll erneut zu lesen wünschte.

Der nächste Bearbeitungsschritt bestand darin, daß ich die Interview-Texte nach Stichworten katalogisierte. Anschließend habe ich versucht, das so aufbereitete Material zu ordnen. Diese Arbeit erwies sich als außerordentlich schwierig. Aussagen, die gemeinsamen Stichworten zugeordnet waren, ähnelten einander zwar thematisch, waren aber meistens inhaltlich recht verschieden nuanciert. So galt es, der Gefahr zu begegnen, die Eigenart der jeweiligen Aussage dem Wunsch nach Systematisierung zu opfern und so das Spezifikum einer Einzelaussage zu nivellieren.

2 Verdichtungsprotokolle

2.1 Angelika

Angelika, 25 Jahre, hat an der Universität Y-Stadt studiert (Religion) und wohnt seit einem Jahr mit ihrem Verlobten zusammen.

Angelikas Eltern haben keinerlei religiösen Einfluß auf sie ausgeübt. Große Bewunderung hegte sie für die Leiterin des Kirchenchores, in den sie mit elf Jahren eintrat. Fräulein L. lebte nach Angelikas Meinung geradezu beispielhaft den christlichen Glauben, da die Chorleiterin niemandem etwas Böses unterstellte und stets entschuldigende Gründe für ein schlechtes Benehmen fand. In der Schule hatte Angelika eine Deutsch- und Religionslehrerin, deren Art, Glauben zu praktizieren, mit der von Fräulein L. vergleichbar war. Beide Frauen waren Vorbilder für Angelika, so daß sie irgendwann die Neigung verspürte, auch auf solche Weise ihren Glauben zum Ausdruck zu bringen. Angelika begann das Studium mit dem Wunsch, ihren Glauben weiterzuentwickeln. Sie wollte das, was sie gefühlsmäßig erfaßt hatte, nun auch von der Theorie her verstehen.

Für Angelika ist das Bekenntnis, Christ zu sein, häufig mit Verteidigung verbunden. Daher möchte sie ihre Einstellung gerne begründen können, damit ihre Religiosität von anderen nicht als "Gefühlsduselei" abgewertet wird. Gleichzeitig erhofft sie sich, in solchen Diskussionen auch ein bißchen "Missionsdienst" zu betreiben, ihr Gegenüber mit Argumenten zu überzeugen. Wenn sie glaubt, daß ihr Gesprächspartner sie lediglich provozieren möchte, ohne ernsthafte Absicht eines gedanklichen Austausches, dann verschließt sie sich: "Es kann mir nichts zerstört werden, aber es ist mir einfach zu schade, mit jedem über meine intimsten Dinge zu sprechen." Sie weiß, daß ihr Glaube in erster Linie aus Gefühlen, nicht aus Wissen besteht und daß sie damit in einer auf wissenschaftlichen Fakten basierenden Diskussion möglicherweise unterlegen ist.

Religiös-ethisches Vorbild für Angelika ist Christus: "... der manifestierte (Gottes-)Wille in Menschengestalt. Das, was Gott von mir verlangt, wird wohl sein, daß ich zumindest in meinem kleinen Kreis das praktiziere, was Jesus im Großen praktiziert hat ...".

Angelika ist davon überzeugt, daß in allem ein Sinn liegt. In jeder Pflanze, jedem Lebewesen ist dieser Sinn zu erkennen, wenn man sich nur darum bemüht. Auch Schicksalsschläge haben einen Sinn: "Ich weiß ganz genau, da leitet jemand – auch wenn vieles schief geht – nur zu meinem Besten." Das Gefühl, "gelenkt" zu werden, gibt Angelika Hoffnung. Sie verliert nicht den

Mut, wenn es ihr schlecht geht. Sie weiß, auch darin liegt ein Sinn, den sie vielleicht nicht unmittelbar erkennen kann.

Krankheit ist in Angelikas Augen eine Bestrafung für bewußt gegen den Willen Gottes vollzogene Handlungen. Gleichwohl hat eine Krankheit auch ihr Gutes, da Angelika in solcher "Bewußtmachungsphase" ihr Verhalten reflektieren kann und so wieder näher zu Gott geführt wird: "Wenn ich mir vorstelle, Gott beobachtet mich und stellt fest, daß ich ihm fremd werde, nur weil es mir zu gut geht, kann es ja sein, daß er –jetzt mal kindlich, das ist ja ein richtiger Kinderglaube, den ich hier habe, das gebe ich auch gerne zu – mich mal für ein paar Tage außer Gefecht setzt. Ich bin dann nicht mehr die gleiche, wenn ich eine Krankheit hinter mir habe, wie vorher." Als gottgewollt könnte Angelika auch ein Leben in der 'Gosse' sehen, sollte sie durch eigene Fehlerhaftigkeit dorthin kommen. Sie glaubt jedoch, daß sie in dieser Notlage eine Aufgabe hätte, nämlich sich als Christin zu bewähren.

Ihre Überzeugung, daß in allem Geschehen ein Sinn verborgen ist, geht so weit, daß Angelika für den Tod ihrer Mutter einen Grund finden könnte, den sie jetzt schon erahnt: "Sollte sie sterben, so hat es bestimmt seine Richtigkeit. Davon bin ich überzeugt. Ich kann sagen, daß ich in der Zwischenzeit in dem Verhalten meiner Mutter so viele Sünden entdeckt habe, daß ich genau weiß, daß meine Mutter in der Lage wäre, die Familie zu ruinieren und das auch in vollem Bewußtsein tun könnte. Das ist für mich eine schwere Sünde. Das, was ich weiß, ist für mich als Tochter schwer zu akzeptieren. Ich bin sicher, wenn da noch mehr passiert und sie mir plötzlich entrissen wird, dann hat das bestimmt seine Berechtigung."

Der strafende und beobachtende Gott hindert Angelika daran, sich unchristlich zu verhalten. Er ist eine Hemmung für das Böse. Sie fühlt sich stets verantwortlich. Wenn sie nicht den Glaubensanforderungen entsprechend handelt, bekommt sie ein schlechtes Gewissen, mit dem sie sich selbst bestraft. Eine Belohnung für gutes Verhalten sieht Angelika darin, daß sie keine Gewissensbisse zu haben braucht: "Ich denke, wenn ich etwas getan habe, was eigentlich im christlichen Sinn selbstverständlich ist, aber mich Überwindung gekostet hat oder mir Arbeit gemacht hat, dann denke ich: 'Ja, das war richtig so, das kannst du abhaken, dafür kannst du bestimmt nicht belangt werden.' Wenn ich jetzt so an das Gericht denke, bin ich erleichtert dabei, und das ist für mich die Belohnung."

Angelika ist sich sicher, daß sie vor ihrem Rechenschaft fordernden Gott "Notlügen" vertreten kann: "Er wird mich nicht so hart dafür bestrafen, als wenn ich jemandem so direkt ins Gesicht lüge, wovon keiner einen Vor- und Nachteil hätte."

Angelikas Gottesbild: "Ein harter Richter, ja, der mir jedesmal auf die Finger guckt und klopft. Ich sehe ganz besonders auch den strafenden Gott. Die

Vaterfigur. Im Gegensatz zur Mutterfigur nimmt sie in vielen Familien die Richterposition ein. Zu der geht man dann hin und holt sich seinen Hintern-voll ab. Nach dem Motto: Vater wird es dir heute abend schon zeigen, wenn er nach Hause kommt. So im übertragenen Sinne. Gott vereint allerdings auch die Mutterfigur, die trösten kann. Weil ich aber nicht so große Sünden begehe, weil ich mich schon zum Beispiel durch Vorwürfe strafe und mir selber oft ins eigene Fleisch schneide, brauche ich ihn seltener als liebenden denn als strafenden Gott. Ich brauche ihn als Aufpasser, damit ich auf dem Weg bleibe und nicht irgendwie abklinke und dann vielleicht noch das Böse zulasse."

Dieses Bild eines strafenden Gottes hat zur Folge, daß Angelika intellektuell von der Theodizee-Frage angefochten wird. So macht ihr vor allem zu schaffen, daß sie von ihrem Gottesbild her keinerlei Erklärung für das Elend in der Dritten Welt findet. Gleichwohl gibt ihr der Glaube Halt und Sicherheit. Er vermindert ihre Angst vor dem Sterben, da Angelika aus dem christlichen Glauben die Hoffnung auf ein Weiterleben nach dem Tode schöpft. Ihr Bemühen, christlich zu leben, entspringt in erster Linie der Sorge, aus "Gottes Gunst" zu fallen und nach dem Tode nicht bei Gott zu sein. "Wenn ich mir vorstelle, ich soll jetzt sterben und es passiert wirklich nichts mehr, dann wären auch Dreiviertel meiner Existenzberechtigung eigentlich nicht mehr gegeben. Es wäre für mich sehr schlimm, in meinem Leben eine Vorstellung von Gott zu erhalten, seine Wärme häufig auch nur erahnen zu können und nicht wirklich in sein Licht treten zu können, dieses Licht nicht hautnah spüren zu dürfen. Das wäre wohl die schlimmste Strafe, die einem Gläubigen passieren könnte." Zu Angelikas Vorstellung vom Tod gehört ein Endgericht, in dem ein Zeugnis ausgestellt wird, das über ihre weitere Daseinsform entscheidet. Damit sie über das Böse, mit dem sie im Gericht konfrontiert wird, nicht allzu "geschockt" ist, versucht sie schon im diesseitigen Leben mit dem "Teufel", dem Bösen in sich fertigzuwerden, d. h.: sich für ihr Verhalten verantwortlich zu zeigen und sich notfalls mit Vorwürfen selbst zu bestrafen.

Die evangelische Kirche gibt ihr sehr viel Freiheit; in den Gottesdiensten findet sie ihre eigenen Anliegen meistens wieder. Dem Abendmahl kann Angelika nichts abgewinnen, da sie die damit verbundene Sündenvergebung nicht akzeptiert: "Es stimmt einfach nicht, daß Gott mir die Sünden abnimmt. Ich muß irgendwann doch wieder dafür geradestehen, sei es mit meinem Gewissen." Solange sie die Sünden, die sie begangen hat, noch ertragen kann, möchte sie diese Form der Sündenvergebung nicht in Anspruch nehmen.

Eine Gefahr sieht Angelika darin, daß sich ihr Glaube zu sehr auf ihr privates Umfeld beschränken könnte, daß sie darüber hinaus nicht an die Öffentlichkeit tritt. Aber eine größere Gefahr besteht für sie darin, daß sie versucht, mit "gewissem Unvermögen Missionsdienste zu tätigen", daß sie ihre Mitmenschen zu sehr in eine religiöse Richtung zu drängen versucht. Insbesondere im Zusammenleben mit ihrem Partner fürchtet sie, daß sie die Toleranz in bezug auf seine atheistische Haltung verliert. Dann würde sie sich "selbstredend" für ihren Glauben entscheiden und sich von ihm trennen. "Solange er in christlichem Sinne lebt, ohne nun eigentlich genau zu wissen, daß er das für einen Gott tut, ist mir das egal. Also, so geht es noch."

2.2 Bärbel

Bärbel, 24 Jahre, ist Diplompädagogikstudentin. Vorher hat sie das erste Staatsexamen für das Lehramt an Grund- und Hauptschulen abgelegt und die Lehrbefähigung für Religion erworben. Sie wohnt mit ihrem Freund auf dem Lande.

Was die religiöse Erziehung betrifft, haben ihre Eltern eine "neutrale" Haltung bezogen. Sie haben nie versucht, Bärbel und ihre Schwester religiös zu beeinflussen. So nahm Bärbel auch nie am Kindergottesdienst teil. Dafür ging die Familie am Sonntag lieber spazieren. Das Abendgebet, das Bärbel mit ihrer Mutter zusammen sprach, verlor sich irgendwann in der Kindheit. Im Urlaub wurden häufig Kirchen besucht. Der Vater interessierte sich für die verschiedenen Baustile, die die Eltern dann den Kindern erklärten. So empfand Bärbel Kirchen nie als bedrückend, sondern immer als "etwas Ruhiges, Angenehmes".

Mit acht Jahren kam Bärbel zu den Pfadfindern. Die Gruppe wurde von einer Pröpstin geleitet, ohne daß es sich um eine christliche Jugendgruppe handelte. Dennoch lernte Bärbel hier viele Elemente kennen, die der christlichen Ethik entsprachen (Nächstenliebe). Unter anderem gab es ein Pfadfinderversprechen, dessen Schluß "im Vertrauen auf Gottes Hilfe" lautete. Es wurde jedem freigestellt, diesen Zusatz mitzusprechen, je nachdem, ob er daran glauben konnte oder nicht. Die neunjährige Bärbel sprach den Zusatz. Als die Pröpstin eines Tages starb, merkte Bärbel, welches Vorbild diese Frau für sie war: "Ein wahnsinnig gutes Beispiel an menschlicher Nächstenliebe und Teilnahme". Bärbel blieb bei den Pfadfindern bis zu ihrem siebzehnten Lebensjahr.

Der Konfirmandenunterricht hatte auf Bärbel keine besondere Wirkung; außerdem spielte er in ihrer mit Hobbys angefüllten Freizeit nur eine untergeordnete Rolle. Die Konfirmation enttäuschte sie. Bärbel hatte erwartet, daß sie "innerlich eine Veränderung" spüren würde. Da diese Veränderung nicht eintrat, fühlte sie sich nicht konfirmiert und empfand die Konfirmation "wie eine kleine Art von Betrug". Diese Enttäuschung bewirkte, daß Bärbel auf dem Gymnasium bei Eintritt in die Oberstufe statt des Wahlfachs Religion Kurse in Philosophie belegte. Später wechselte sie zum Fach Psychologie.

Eine Freundin nahm sie mit zu einem wöchentlich stattfindenen Schülergottesdienst, der Bärbel so gut gefiel, daß sie regelmäßig daran teilnahm. Dabei stellte sie fest, daß sie Schwierigkeiten beim Beten mit "Gott" und "Jesus Christus" hatte. Sie war sich unsicher, ob sie es "ehrlich" meinen würde, weil sie das Vorgesprochene nur teilweise bejahen konnte. Diesen "Zwiespalt" im Glauben löste sie, indem sie die "Handhabe" des Pfadfinderversprechens übernahm und nur das mitredete, was sie glauben konnte. Dabei hatte sie die Hoffnung, daß sie das andere eines Tages auch sagen könnte.

In ähnlicher Art und Weise praktiziert Bärbel heute noch Gebete. Sie versucht, den gleichen Text zu sprechen wie alle Beter und macht sich dabei im Stillen ihre eigenen Gedanken. Dabei bleibt das Gefühl nicht aus, daß sich ihr Glaube von dem der anderen unterscheidet. "Wenn ich das Wort Gott benutze, meine ich bestimmt etwas anderes als mein Freund." Sie kann heute die Frage nach Gott nie eindeutig bejahen, sondern nur mit einer Einschränkung antworten: "Nur so weit, wie ich mir das vorstelle."

Obwohl Bärbel nicht an Vorherbestimmung glaubt, gibt es für sie keine Zufälle. Auch unser Gespräch führt sie nicht auf einen "Zufall" zurück. Wenn sie ihre eigene Entwicklung betrachtet, stellt sie fest, daß sich große Linien abzeichnen. Sie weiß zwar nicht, inwieweit Gott sie "gelenkt" hat, denkt sich aber, daß Gott für sie "etwas Wegführendes" ist, so daß sie "ein Stück weit unbewußt an die Hand genommen" wird. Inwieweit sie Gott an die Hand nimmt, möchte sie gar nicht wissen. Dahinter steht ihre Angst vor Abhängigkeit. Wenn Bärbel Probleme hat, bespricht sie diese nicht mit Gott, sondern mit ihrem Teddy. Ihr Teddy steht stellvertretend für ihr eigenes Gewissen; von den Antworten, die sie auf ihre Fragen erhält, weiß sie, daß sie von ihr selbst kommen. Zu Gott betet sie nur, wenn sie etwas für andere erbitten möchte. Sie hat Angst davor, Gott – "etwas nicht in meiner Macht Stehendes" – um Rat zu fragen. Weniger aus dem Grunde, daß tatsächlich eine Antwort "á la Don Camillo" kommen könnte, sondern sie fürchtet sich, in Zukunft danach zu suchen und darauf angewiesen zu sein, so daß sie einen Teil ihrer Selbstbestimmung aufgeben würde. "Wenn ich bei meinen eigenen Lebensproblemen auf die Antworten oder Regungen anderer angewiesen bin, die dann nicht mehr in meiner Macht sind, das würde mir, glaube ich, Unruhe bringen."

Entsprechend diesem Wunsch nach Unabhängigkeit gestaltet sich ihr Bild des Glaubens: "Mein Glaube gibt mir dieses Vertrauen, nicht gleich fremde Hilfe – auch von Vater, Mutter oder Freund – anzunehmen, sondern erstmal bei mir selbst zu gucken, inwieweit ich mir selbst helfen kann. Das heißt für mich, auch mit Lebenskrisen vorrangig erst einmal selbst fertig zu werden."

Daß ihr das gelingt, macht sie zufrieden. "Was ich letztendlich mache oder tu' oder entscheide, bis heute mache ich das immer allein. Darüber bin ich froh."

Bärbel bezeichnet ihren Glauben als einen "Baum mit sehr starken Wurzeln". Die Wurzeln, ihr Urvertrauen, wurden nicht von den Eltern geschaffen, "sondern sie waren halt da", auch wenn sie einschränkt, daß die Erziehung der Eltern sicherlich auch eine Rolle gespielt hat.

2.3 Carla

Carla, 55 Jahre, lebt mit ihrem Mann Peter in T. Die drei Kinder sind erwachsen und wohnen nicht mehr zu Hause. Aufgrund ihres politischen Engagements hat sie ihren Beruf aufgegeben und ist jetzt Hausfrau.

Über ihre religiöse Erziehung sagt Carla: "Ich bin eigentlich erst später zum Glauben gekommen, denn von zu Hause aus bin ich 'nicht-kirchlich' erzogen worden." Da ihre Eltern in der Nazizeit aus der Kirche austraten, wurde sie nicht konfirmiert, sondern nahm an der Jugendweihe teil. Um sich mit ihrem Mann kirchlich trauen lassen zu können, ließ sie sich nachkonfirmieren. "Ich habe abends ein paar Stunden Konfirmandenunterricht bekommen. Da habe ich sozusagen das Wichtigste in diesem privaten Konfirmandenunterricht nachgeholt, die zehn Gebote und so." Der Wunsch ihres Mannes nach einer kirchlichen Trauung war kein Zwang für sie: "Ich hatte ja nichts gegen die Kirche, ich hatte nur kein Verhältnis zu ihr." In der Ehe mit ihrem religiös interessierten Mann ist sie hin und wieder in religiöse Gespräche verwickelt worden. "Wir haben öfter mal darüber diskutiert. Wir sind auch ab und zu in die Kirche gegangen." Die Ehe und die Geburt ihrer Kinder festigten ihren Glauben. "Die Geburt eines Kindes habe ich als ein Wunder Gottes erlebt und empfunden. Darüber spürt man dann eine große Dankbarkeit, und diese Dankbarkeit möchte man Gott gegenüber ausdrücken. In meiner Jugendzeit habe ich Gott vertraut und an ihn geglaubt, nur, daß ich nicht kirchlich eingestellt war. Dieses Gottvertrauen ist bei mir gestärkt worden einmal dadurch, daß ich glücklich wurde oder glücklich verheiratet war. Ich gebar drei gesunde Kinder; das war für mich das Schönste!"

Durch eine berufliche Versetzung ihres Mannes zog die Familie nach T. Dort wurde Carla nach ein paar Jahren vom Pastor angesprochen, ob sie sich nicht zur Wahl als Kirchenvorstandsmitglied aufstellen lassen möchte. Zuerst hatte sie Bedenken: "Dazu bin ich nicht in der Lage. Und ich bin ebenfalls nicht kirchlich erzogen worden. Deshalb habe ich keine Ahnung davon." Nach ermutigendem Zureden des Pastors sagte sie zu und wurde gewählt. Durch die Kirchenbesuche und die Kirchenvorstandsarbeit befaßte sie sich "ab und zu mit geistlichen Themen. Und daraus habe ich viel gelernt; das hat mir viel gegeben." Die kirchlichen Aktivitäten veränderten ihre Haltung zu Jesus: "Zu ihm hatte ich eine Zeitlang überhaupt kein Verhältnis. Ich mußte mich erst so langsam an ihn herantasten." Das Beten lernte sie in dieser Zeit. Über das Gebet sagt sie, daß sie in "guten und in schlechten Zeiten betet; denn das gehört beides zusammen." Und: "Ich hoffe, daß er mir zuhört. Das Beten erleichter auch. Man sagt sich: 'Er wird schon helfen.' Man hofft ständig, daß Er es schon machen wird, wie es z. B. in einem Bibeltext heißt. Das hofft man und darauf vertraut man."

Insgesamt ist ihr Vertrauen zu Gott und ihr Glaube durch ihre Mitarbeit in der Kirche gestärkt worden. Als ihre Tochter schwer erkrankte, wurde ihr deutlich, wieviel "Lebenskraft und Lebensoptimismus" ihr der Glaube gibt. "Ich habe immer wieder gesagt: Ich will an Gott glauben, und ich glaube an ihn. Ich glaube auch, daß sie wieder gesund wird! Ich konnte gar nicht anders." Die Heilung der Tochter war für Carla eine Bestätigung: "Es gibt doch einen Gott! Es gibt einen Gott, der einem hilft, wenn man an ihn glaubt. Das war aber auch meine Einstellung: Man muß an ihn glauben! Man darf keine Zweifel haben. Man muß ganz einfach fest an ihn glauben, dann hilft er einem auch!" Carla empfand eine große Dankbarkeit, "von der man nicht weiß, wie man sie wieder gutmachen kann." Wäre ihre Tochter gestorben, hätte sie es als eine "Prüfung" verstanden, mit der die Familie hätte fertig werden müssen. Auf die Bedeutung der Prüfungen hin angesprochen, antwortet sie: "Ich meine, daß man als Mensch sich immer bemühen sollte, so gut wie möglich zu sein, sozusagen kein schlechter Mensch zu sein, nach den zehn Geboten zu leben, diese zu achten, weil das auch der eigene Lebensinhalt ist."

Wenn Carla sich nach "bestem Wissen und Gewissen, ihren Kräften und Neigungen" bemüht, dann hofft sie, daß sie es "einigermaßen richtig macht." Sie denkt jedoch nicht, daß dieses Handeln aus einer Hoffnung geschieht, dadurch "in den Himmel zu kommen."

Zum Tod hat Carla noch kein richtiges Verhältnis. "Das kommt vielleicht, wenn man älter wird, daß man dann mehr darüber nachdenkt." Sie wünscht sich jedoch, daß sie später mit ihrem Mann und ihrer Familie nach dem Tode geistig vereint sein wird.

An Gottes Existenz hat Carla nie Zweifel gehabt und glaubt daran "ganz fest und immer". Sie weiß, daß es Gott gibt, und das ist "gut so"; denn: "Wir Menschen brauchen eine höhere Macht, weil wir sonst maßlos in unseren Entscheidungen werden, in unserem Tun und Handeln. Wohin kommen wir sonst, wenn wir alles abschaffen wollen ... Tabus, Grenzen. Der Mensch braucht Grenzen für sich selbst."

Die Beschäftigung mit Religion bereichert sie seelisch und geistig. Ohne ihren Glauben wäre sie "arm dran": "Dann lebt man einfach nur so dahin, nicht so bewußt. Der Glaube gibt mir die Orientierung, wie ich leben will. Ich kann mich an ihm festhalten; und das ist sehr wichtig, daß man sich auf geistigem Gebiet irgendwo festhalten kann. Das brauche ich für mich selbst. Wenn ich an nichts glauben könnte ..., dann wäre ich doch ein Nichts! Dann wäre ich nur ein loses Wesen! Gott gibt mir die Sicherheit zu leben." Die ethischen Werte machen Carla innerlich stabiler. Die Existenz Gottes ist deshalb für sie so wertvoll, weil "man immer weiß, was man tun soll."

Im Verlauf des Gesprächs hat sich bei mir der Eindruck verstärkt, den ich schon vorher von Carla hatte. Sie ist eine zufriedene, optimistische Frau. Die Maßstäbe und Richtlinien, die Carla aus dem christlichen Glauben zieht, geben ihr eine große Sicherheit, nämlich das Gefühl, 'richtig' zu handeln. Hinzu kommt noch ein zweites positives Moment: die guten Erfahrungen, die sie mit ihrem Glauben gemacht hat. Beides zusammen bewirkt bei ihr ein Grundgefühl der Dankbarkeit: "Ich bin dankbar dafür, daß ich diesen festen Glauben jetzt habe."

2.4 Corinna

Corinna, 25 Jahre, wohnt mit ihrem Freund und ihrer Freundin in einer Wohngemeinschaft in Y-Stadt. Auch sie studiert Religion.

Corinnas religiöse Entwicklung war nicht "spektakulär". Ihre Eltern waren nicht besonders religiös; die Konfirmation fand hauptsächlich statt "wegen des Geldes und weil jeder das tut". Daß sie ihren Glauben nicht ad acta gelegt hat, ist einer "Trotzreaktion" zu verdanken. Ihre männlichen Partner vertraten meistens eine atheistische Position, so daß Corinna immer wieder für ihr "bißchen Glaube" kämpfen mußte. Sie mochte sich nicht damit abfinden, daß der Mensch lediglich auf sich gestellt ist. Besonders in schönen Momenten hat sie das Gefühl, daß ein göttlicher Sinn dahinter steckt.

Corinna hält es für denkbar, daß Menschen nur deshalb an Gott glauben, weil sie ohne "einen starken Begleiter zu schwach wären", das Leben zu meistern. Trotzdem gibt ihr der Glaube Kraft, besonders in Zeiten, in denen es ihr schlecht geht.

Eine gescheiterte Beziehung, die ihr sehr wichtig war, ließ sie in eine Glaubenskrise geraten. Heute sieht sie in dem Eingreifen Gottes einen Sinn, der ihr damals verborgen blieb. Corinna kann sich nicht mehr vorstellen, daß sie ihren Glauben aus ihrer Persönlichkeit eliminieren könnte. Er bestimmt ihren Charakter. Besonders das Gebot der Nächstenliebe, das sie am christlichen Glauben "faszinierend" findet, versucht sie in ihrem "kleinen privaten Kreis" zu verwirklichen. Da sie weiß, daß dieses Gebot ein "absolutes Idealziel" ist, beschränkt sie es auf die Menschen, die sie mag und von denen sie glaubt, daß sie "Schutz" brauchen. Dabei hat der Glaube eine Doppelfunktion für sie. Einerseits verpflichtet er sie, den Leuten, die zu ihr kommen, zu helfen. Andererseits hilft er ihr, die Belastungen zu ertragen. Diese entstehen durch die Verantwortung, durch das Gefühl, manchmal überfordert zu sein. Sei es dadurch, daß sie "falsche" Ratschläge erteilen könnte oder dadurch, daß sie nicht zu helfen vermag.

Ein weiterer Grund, warum sie das Prinzip der Nächstenliebe schätzt, scheint in dem Wunsch zu liegen, daß andere ihr in Notsituationen ebenfalls helfen. Daraus entsteht gelegentlich Enttäuschung, das Gefühl, ausgenutzt zu werden: "Mir wird nichts entgegengebracht von dieser Nächstenliebe, von diesem Sich-um-den-Nächsten-Kümmern." Dennoch möchte Corinna nicht darauf verzichten, sich der Sorgen und Nöte anderer anzunehmen. Schließlich geben ihr die um Hilfe Suchenden Bestätigung. Sie vermitteln ihr das Gefühl, "gebraucht zu werden", ein Bewußtsein der eigenen Stärke. Allem voran steht jedoch die innere Verpflichtung.

Unzufrieden ist Corinna manchmal über ihr mangelndes Engagement in der Öffentlichkeit. Sie sieht sich zwar als Christ gefordert, an politischen Bewegungen teilzunehmen, zu demonstrieren. Aber es "rebelliert" in ihr, wenn sie sich ihre Teilnahme bloß vorstellt. Sie sagt, daß es ihr wichtiger sei, in ihrem "kleinen Kreis" dieses Ziel – z. B. Frieden – zu verwirklichen. Weil es aber noch nicht einmal dort zu schaffen ist, sei für sie der größere Schritt, "an die Öffentlichkeit" zu gehen, nicht nachvollziehbar.

Die Abneigung gegen größere Menschenansammlungen spiegelt sich auch in ihrem Wunsch, daß die evangelischen Kirchen immer geöffnet sein sollten, so daß sie eine Kirche aufsuchen kann, wann immer sie möchte. Die Ursache dafür liegt nicht in den gottesdienstlichen Aktivitäten der Pastoren, die "so schreckliche Predigten halten, wo du nichts, nicht ein Fünkchen mit nach Hause nimmst außer dem Ärger, mit welchem Recht die von der Kanzel meinetwegen rechtsgerichtete Politik betreiben." Corinna möchte vielmehr ihren Glauben schützen, der für sie eine "Gefühlssache" ist: "Bei mir ist das so ein weiches zärtliches Gefühl, daß ich mich nicht in einer Menschenmasse hinsetzen und beten könnte. Würden dann irgendwelche scharfen Bemerkungen kommen, würde ich total zusammenzucken. Das Gefühl wäre weg, es wäre nur noch Schmerz da!" Zwar weiß sie, daß man ihren Glauben nicht zerstören kann, aber sie ist da "empfindlich" und "schützt sich eben".

Ihre "Trotzreaktion" von früher ist einer "Schutzreaktion" gewichen: "Ich habe bisher immer damit leben müssen, daß andere versucht haben, mir den Glauben auszureden oder mir den irgendwie zu nehmen. Das hat bewirkt, daß ich den jetzt ziemlich verschließe und ihn für mich habe und ihn nur lebe." Darum "hütet" sie ihren Glauben wie einen "Schatz" und spricht nur selten darüber. Insgesamt gesehen bedeutet Glauben für sie eine "innere Zufriedenheit". Angenommen zu sein, heißt für sie, daß sie sich selbst besser annehmen kann, daß sie zu ihren negativen Eigenschaften stehen kann und diese als einen Teil von sich akzeptiert.

2.5 Elke

Elke, 22 Jahre, studiert an der Universität Y-Stadt das Fach Religion. Sie wohnt bei ihren Eltern.

Die religiöse Erziehung lag hauptsächlich in den Händen der Großmutter. In den Ferien ging sie mit dem Mädchen in die Kirche, führte mit ihr religiöse Gespräche und las ihr aus der Kinderbibel vor.

Mit dreizehn Jahren versuchte Elke sich das Leben zu nehmen. Anlaß dafür war das bevorstehende Zeugnis; aber der eigentliche Grund lag in dem Gefühl, von der Freundin und der Familie nicht genug geliebt zu werden. In der Folgezeit setzte Elke sich intensiv mit Gott auseinander. Der Suizidversuch führte zu einem "Lernprozeß". Elke konnte ihre Umwelt bewußter wahrnehmen und für Schönes, das sie erlebte, dankbar sein. Sie fühlte sich von allen, auch von Gott, wieder angenommen. War sie zuvor ein "ziemlich depressives, trauriges Kind", entwickelte sie nun mehr Selbstbewußtsein und Lebensfreude. Sie sieht in dieser Erfahrung einen Sinn: "... weil ich mir nämlich sonst vor einem Jahr das Leben genommen hätte, wenn ich das nicht schon einmal erlebt hätte. Ich verstehe es als Hilfe von Gott, um mich vor dieser anderen Situation zu retten. Meine Widerstandskraft in tiefgehenden Situationen ist dadurch ziemlich erhöht worden. Die Erlebnisse als solche machen mich dann schon fertig und traurig, aber nie mehr hoffnungslos. So hoffnungslos kann gar nichts mehr sein, daß es nicht noch einmal besser werden kann."

Der anderen Situation, auf die Elke anspielt, lag die Trennung von ihrem Freund zugrunde. Die zerbrochene Beziehung war für Elke sehr schmerzlich. Da sie die einzige Ansprechpartnerin für ihn war, fühlte sie sich weiterhin für ihn verantwortlich und hörte sich seine Probleme an. Sie wollte ihm nicht schaden. "Für mich bedeutet mein Glaube auch einen gewissen Anspruch, den ich leider ziemlich oft nicht erfüllen kann: Daß ich nicht zum Schaden meiner Mitmenschen da bin." Das Nicht-zum-Schaden-Sein bedingt ein Gefühl der Verantwortung für andere, so daß ihr mitunter die eigene Selbstverwirklichung unmöglich scheint, wenn sie den Eindruck hat, sie könnte jemandem weh tun.

Vertrauensperson für ihren Exfreund zu sein, gibt ihr Bestätigung. Elke weiß, daß sie einem Menschen geholfen hat und weiterhin helfen kann. Der Wunsch, zu helfen und anderen Menschen von ihren positiven Erfahrungen mit Gott zu erzählen, spielte sicherlich eine Rolle, als Elke die Absicht hatte,

Theologie zu studieren. "In dem Augenblick, wo ich beschlossen hatte, Pastorin zu werden, da bin ich auch total unzufrieden mit mir selbst geworden. Ich konnte mich selbst nicht mehr ausstehen. Ich war mir immer nicht perfekt genug, und ich konnte überhaupt nichts dagegen tun." Erst als Elke diesen Berufswunsch aufgab und zu einem Lehramtsstudium überwechselte, war sie wieder zufrieden mit sich. Daß sie das Fach Religion wählte, war selbstverständlich.

Nächstenliebe: "Für mich ist es so, daß ich eigentlich den Vorsatz habe, daß Liebe in meinem Leben die Hauptrolle spielen soll, aber daß ich Tag für Tag immer mal feststellen muß: Das geht nicht. Und irgendwie sollte das der Maßstab für mein Leben sein, inwiefern ich für meinen Nächsten da bin. Ich verwirkliche das leider nicht immer. Oft fehlt einem auch der Mut dazu."

Die Erkenntnis, in einer bestimmten Situation nicht geholfen zu haben, zieht ein "total schlechtes Gewissen" nach sich, dazu das Empfinden, versagt zu haben. Elke fühlt sich häufig verantwortlich, traut sich aber nicht immer einzugreifen. Das schlechte Gewissen verdrängt sie, indem sie entschuldigende Gründe für ihr Verhalten sucht.

Gegen Gottes Willen handeln: "Also in solchen Situationen, wo mir der Mut fehlt, da sage ich mir dann: 'Ich weiß ja gar nicht, ob das Gottes Wille ist.' Die Situationen, wo ich gegen seinen Willen gehandelt habe, da ist mir das in den Situationen nie so deutlich gewesen, immer erst hinterher: 'Eigentlich hättest du ...' Aber wenn ich das jetzt richtig wüßte, vorher wüßte, wenn nun diese Situation kommt, dann mußt du das und das tun, dann könnte ich nicht dagegen handeln."

Die negativen Extremsituationen, die Elke erlebt hat, haben ihren Glauben gefestigt, so daß sie sich kaum vorstellen kann, jemals nicht an Gott zu glauben. Dennoch weiß sie nicht, ob sie Gott nicht eines Tages hassen könnte, wenn sie in Situationen geraten sollte (z. B. Krieg), die sie mit ihrem Glauben nicht bewältigen könnte. Gott zu ignorieren, hat sich Elke schon manchmal gewünscht, weil sie dann aufgrund ihrer moralischen Freiheit einen größeren Handlungsspielraum hätte.

Von ihrer Zukunft erhofft sich Elke, daß sie einen sinnvolleren Platz im Leben findet, als sie ihn jetzt innehat.

2.6 Erika

Erika, 26 Jahre, ist Religionsstudentin an der Universität. Sie teilt sich mit H. eine Wohnung.

Von klein auf faszinierten Erika die biblischen Geschichten. Zum Erstaunen ihrer Eltern begann sie, bald die Bibel zu lesen. Sie hielt die Geschichten mit Gott – "der Starke, Rächende, der da wirklich Macht ausübte" – für wahr. Jesus fand sie nicht interessant. Erst später in der Pubertät, als sie sämtliche Autoritäten in Frage stellte, veränderte sich diese Einstellung. Nun war es der "Kindergott", den sie ablehnte, während sie sich für die Gestalt Jesu zu interessieren begann. Die Erkenntnis, daß die Bibel teilweise von Menschen mit zeitbedingten Absichten geschrieben worden war, kam einer Erschütterung gleich. Erika hatte zunächst das Gefühl, sie könne "ihren Glauben völlig vergessen". Heute bemüht sie sich, ihr Verhältnis zu Jesus und Gott "in Einklang zu bringen".

Der Grund, weshalb der Glaube bei ihr so einen hohen Stellenwert bekam, war der Tod des Vaters. Die neunjährige Erika lebte mit der Vorstellung, ihr Vater sei bei Gott. Glaube und Gebet dienten ihr dazu, "Verbindung" mit ihm zu halten. "Eine Zeitlang war das ziemlich verschwommen, was eigentlich Gott und was mein Vater ist." Erika ist sich sicher, daß die Erinnerung an den Vater ihre Religiosität beeinflußt hat. Durch das Studium gewann sie ein anderes Gottesbild. Früher hatte sie eine personhafte Vorstellung von Gott. Heute sieht sie einen Zusammenhang zwischen Gott und den innersten Schichten ihres Ichs; Gott wolle ihr durch ein besseres Verständnis ihres Unbewußten näher kommen. Folglich nimmt Selbsterfahrung in Erikas Religiosität einen großen Stellenwert ein.

Die ersten Semester im Studium waren für Erika enttäuschend, weil sie gehofft hatte, mit neuem Wissen ihren Glauben besser zu verstehen. Das änderte sich erst, als sie in Lehrveranstaltungen, die der Selbsterfahrung dienen, bislang unbewußte Anteile ihrer Persönlichkeit wahrnimmt. So erhielt sie auf einer "Traumreise" ein Geschenk von einem Hirten: ein Lamm. Diese "Botschaft aus dem Unterbewußtsein" deutete sie als Zeichen von "Verletzbarkeit und Hilflosigkeit", die sie vor anderen nicht zeigen mag. Seit diesem Erlebnis sind Selbsterfahrung und Religiosität für Erika untrennbar miteinander verbunden. "Tiefe Selbsterfahrung sind für mich auch religiöse Erfahrungen. Und ich kann da nicht die Grenzen ziehen: Da hör' ich auf, und Gott fängt da an." So begreift sie nun Religiosität wie auch Selbsterfahrung als ein prozeßhaftes Geschehen. Gott ist für Erika ein "Gegenüber, der mich zur Weiterentwicklung auffordert". Sie versteht Gott als eine "Autorität", an der sie ihr eigenes Verhalten überprüfen kann. Würde sie ihr "Selbst" zu ihrem Gott erklären, wäre diese Autorität extra nos nicht gegeben; eine durch Auseinandersetzung mit einem Gegenüber hervorgerufene Weiterentwicklung könnte nicht stattfinden. Was die Autorität von ihr will, erfährt Erika vermittels ihres Innersten. Die Bibel kann ihr nur bedingt Gottes Wille zeigen, da es Erika schwerfällt, den hinter den menschlichen Erfahrungen der biblischen Autoren verborgenen "göttlichen" Sinn zu erkennen. Auch hier kann nur ihr Gefühl

Maßstab sein: "Ich kann das nur an dem messen, was ganz tief in mir drin ist."

Daß Erika gegen Gottes Willen handeln kann und das Unbewußte ihr sagt, sie habe verkehrt gehandelt – diese Erfahrung hat Erika mit 21 Jahren gemacht. Sie hatte sich entschlossen, ihren Beruf als Bürokauffrau aufzugeben und, um in ihrer persönlichen Entwicklung weiterzukommen, wieder zur Schule zu gehen. Zu diesem Zeitpunkt wurde sie schwanger. Sie entschloß sich zur Abtreibung. Obwohl Erika mit dem Verstand ihre Entscheidung voll und ganz bejahte, merkte sie später, daß es sie "doch so sehr bedrückt". Das hatte nichts mit moralischen Erwägungen zu tun. "Ich habe einfach gemerkt, daß da in mir, mit mir etwas passiert, was ich eigentlich gar nicht mehr verantworten kann." Erika spürte, wie Religiosität sich verband mit Empfindungen, die tief aus ihrem Inneren emporstiegen. "Vorher hatte ich das mit dem Verstand völlig abgehakt ... erst hinterher brach das dann alles über mir völlig zusammen. Was mir dann gezeigt hat, daß Gottes Wille und das, was für mich gut ist, vielleicht doch übereinstimmt. Ich konnte es nicht so einfach kritiklos übernehmen. Vielleicht ist das dann ein weiteres Mosaiksteinchen, das dann nötig war, um mich auch wieder an Gott als Autorität heranzuführen, und vielleicht doch seinen Willen anzunehmen, daß ich nicht ohne persönlichen Schaden dagegen handeln kann."

Religiosität ist für Erika "ein Weg", auf dem sie sich befindet. Insofern kann sie sich nicht zufrieden geben mit dem jeweiligen Stadium ihrer Religiosität, weil sonst ein Stillstand in ihrem Entwicklungsprozeß die Folge wäre. "Ich glaube nicht, daß es den Punkt geben würde, wo ich sage, ich lege meine ganze Religiosität ab. Das Unzufriedensein mit meiner Religiosität bedeutet für mich immer nur, daß ich mich weiterentwickeln muß, mich von den frühen Kindheitsbildern lösen muß, obwohl die auch wichtig sind. Sie haben mein heutiges Glaubensbild grundlegend bestimmt. Das sind Mosaiksteinchen, die sich zusammensetzen. Schön wäre es, irgendwann, wenn man stirbt, sagen zu können: Jetzt ist das Mosaik fertig. Aber grundsätzlich bedeutet für mich Religiosität eher Zufriedenheit als Unzufriedenheit, weil sie mir Wege und Möglichkeiten zeigt."

2.7 Gerda

Gerda wohnt mit ihrem Mann und ihrem dreijährigen Sohn in einer kleinen Gemeinde in Nordfriesland. Der Ehemann ist kirchlicher Mitarbeiter, sie selbst studiert Religion an der Universität Y-Stadt.

Gerda hat sehr gläubige Eltern; in ihrer Kindheit war das Tisch- und Abendgebet üblich. Dennoch empfand sie es mehr als eine aufgesetzte Form der Religiosität. Darum betete sie nie allein; und wenn sie mit ihren Eltern betete, dann war dies mehr ein "Herunterrasseln". Ebenso bedeutete die Konfirmation kein einschneidendes Erlebnis, sondern lediglich die Erfüllung einer gesellschaftlichen Pflicht.

Mit vierzehn Jahren schloß Gerda sich einer Bewegung für engagiertes Christentum an, die "sehr radikal" war und die sie "unheimlich beeindruckte". Durch diese Gruppierung angeregt, begann sie, jeden Tag die Bibel zu lesen und zu beten. Ihren Eltern warf sie in jener Zeit mangelnde Religiosität vor. Bestärkt wurde Gerda in ihrem geradezu fanatischen Eifer durch die Teilnahme an einem Gruppengebet. Es fand jeden Abend in der Kirche vor dem Altar statt und wurde von dem jungen Mädchen als sehr "stimmungsvoll" empfunden. Ein "ganz starkes Gruppengefühl" kam hinzu; Gerda fühlte sich geborgen. Ihr Wunsch nach Liebe und Nähe wurde befriedigt. Gleichzeitig sah sie ihren Eindruck bestätigt, auf dem einzig "richtigen Weg" zu sein. Andere, die sich nicht so verhielten, waren für sie keine Christen. In der Folgezeit nahm Gerda an weiteren Gruppenveranstaltungen teil, so daß sie sich schließlich ständig in der Gemeinde aufhielt.

Als sie ihren späteren Mann R. kennenlernte, trat eine Änderung ein. Da sie bei ihm mehr Liebe und Geborgenheit fand als in der Gruppe, nahm ihr Interesse an der Gruppenarbeit ab. Durch R. erfuhr sie, wie es hinter den "Kulissen" aussieht, wie "unchristlich", wie "falsch und heuchlerisch" es dort zugeht. Das verstärkte ihr beginnendes Desinteresse an der kirchlichen Arbeit, zumal zu diesem Zeitpunkt der Partner ihr wichtiger war als alles andere. Gerda begann, sich mit ihrer Kindheit sowie mit ihrem Engagement in der Gruppe auseinanderzusetzen. Die Zweifel, ob das "Gefühl von Gottesnähe" echt oder nur suggeriert war, verstärkten sich dermaßen, daß sie aufhörte zu beten, da sie es als "einseitig" empfand: "Das bin nur ich, die etwas sagt; da kommt nichts wieder."

In dieser Phase von Zweifeln wurde Gerda im Religionsunterricht damit konfrontiert, daß die Bibel nicht wörtlich zu verstehen, sondern historisch-kritisch auszulegen ist. Dadurch ist bei ihr "ziemlich viel kaputtgegangen". Sie gewann den Eindruck, "völlig naiv" gewesen zu sein. Mit ihrem bisherigen "Kinderglauben" konnte sie nichts mehr anfangen, und die kritische Bibelanalyse gab ihr nichts. Derart irritiert, zog sie sich zurück und interessierte sich "nicht weiter für die Kirche". Trotzdem bejahte Gerda, sobald sie danach gefragt wurde, weiterhin Gottes Existenz, um nicht als "verdammt und verloren" zu gelten. "Diese Beziehung nach oben" wollte sie sich "immer noch ein bißchen warmhalten".

Nach der Entwicklung vom "extremen, fanatischen Glauben hin zu dieser Gleichgültigkeit auch Gott gegenüber" befindet sich Gerda jetzt in einer Phase, wo sie erneut Zugang zum Glauben sucht. Sie bemüht sich, das Thema nicht "abzuhaken". Weil sie von sich aus nicht den "Antrieb" hat, sich wieder in kirchlichen Gruppen zu engagieren, hat sie angefangen, Religion zu studieren. Die studienbedingten Verpflichtungen bringen es mit sich, daß Gerda sich mit ihrer Religiosität auseinandersetzen muß. Sie hat die Hoffnung nicht aufgegeben, wieder zum Glauben zu finden. Dabei setzt Gerda sich nicht unter Druck. Wenn sie ihrer Entwicklung freien Lauf läßt, werde dieser Prozeß zum Glauben führen, meint Gerda. Der Wunsch danach liegt zum einen darin begründet, daß der Glaube ihrer Auffassung nach die einzige Möglichkeit bietet, einen Lebenssinn zu finden. Zum anderen sucht sie als Mutter "Wertmaßstäbe", um ihrem Kind in der Erziehung Richtlinien vermitteln zu können.

Gerda versucht oft, sich "Sachen" bewußt zu machen, die in ihr "ablaufen" oder an denen sie beteiligt ist, um auf diese Weise mehr über Gott zu erfahren. "Ich glaube, bevor du überhaupt begreifen kannst, was Gott ist, mußt du dich selbst erst einmal begreifen." Es ist daher ihr Anliegen, "bewußter zu leben, um überhaupt Glaubenserfahrungen machen kann. Ich glaube schon, daß es sowas gibt, aber daß man dafür bereit sein muß, empfänglich sein muß. Und das ist eigentlich schon ein Wunsch, den ich habe." Ihre Zweifel betrachtet Gerda nicht als etwas Negatives. Im Gegenteil, sie verhindern, daß Gerda wieder dogmatischen Vorstellungen verfällt.

2.8 Hannes

Hannes, Student, 24 Jahre, wohnt mit seiner Frau in Y-Stadt. Er ist aktives Mitglied der Freien Missionsgemeinde.

Hannes Begeisterung für den Konfirmandenunterricht beruhte weniger auf den vermittelten Inhalten als auf der guten Gemeinschaft, die dort herrschte. Da er kaum religiös erzogen worden war und auch selbst keine religiöse Überzeugung entwickelt hatte, gab er nach der Konfirmation die Beschäftigung mit dem Christentum auf und wandte sich fernöstlicher Mystik zu, besonders der Transzendentalen Meditation. "Ich fand das gut. Man mußte nur viel meditieren und in sich gehen; irgendwann mal würde man den Grund Gottes in sich selber finden." In der Rückschau urteilt Hannes, er sei viele Jahre religiös gewesen in einer sehr selbstbezogenen, nur auf seine eigene Entwicklung bedachten Weise.

Während der Zivildienstzeit lernte Hannes Christen kennen, die von ihrer Beziehung zu Gott Zeugnis ablegten. Sie erklärten, er müsse sich für Gott entscheiden und sich bekehren lassen. Nach ein paar Wochen war Hannes dazu bereit, "Jesus Christus in mein Leben aufzunehmen". Im Gebet erlebte er eine intensive Gotteserfahrung: "... es war so, als ob ein schwerer Mantel von mir wegfiel, der mich bis dahin immer irgendwie bedrückt, belastet hat. Es war, als wenn eine große Befreiung da war. Frei sein, wissen, da ist ein persönlicher Gott, der mich liebt, der da ist, ein Vater, der mich angenommen hat. Und das war ein ganz starkes Erlebnis."

Die "Wiedergeburt" veränderte Hannes' Leben. Besonders seine Frau bemerkte, wie er immer mehr "richtig Mensch" wurde, wie seine negativen Eigenschaften abnahmen und er sein selbstbezogenes, egoistisches Denken überwand.

Die Selbstverwirklichung, Ziel der Transzendentalen Meditation, spielte für Hannes keine Rolle mehr. Er wünschte, daß Jesus Christus sich in seinem Leben offenbart. Dazu war es notwendig, daß Hannes sein Autonomiestreben aufgab und sich in "freiwillige Abhängigkeit zu Gott" begab. So fand er zu einer neuen Persönlichkeit. Diese Veränderungen und die Kraft zu künftigen Wandlungen überzeugen ihn noch heute von dem Entschluß, sich für den christlichen Glauben entschieden zu haben.

Die Lehren, die er in der Freien Missionsgemeinde kennenlernte, und seine eigenen Erfahrungen haben in ihm fest umrissene religiöse Vorstellungen gebildet.

Hannes betrachtet Selbstverwirklichung – in seinen Augen gleichbedeutend mit dem Wunsch, unabhängig zu sein von Gott – als Sünde. Menschsein heißt für ihn, mit der "Quelle des Lebens, Gott", wieder verbunden zu sein. Der Glaube an Gott und Jesus Christus gibt ihm die Kraft, "das Böse in mir selbst zu überwinden".

Hannes glaubt an die Existenz eines Teufels, dessen Wirken er in dem Elend, das auf der Welt herrscht, und in seinem eigenen Verhalten erkennt. Hannes vertritt die Auffassung, daß es noch im Jenseits einen Himmel und eine Hölle gibt. Gott ist für ihn nur das Gute und Schöne. Von Gott fern sein bedeutet die Hölle.

Hannes ist überzeugt, daß er von Gott geführt wird: "Ich habe ihm mein Leben anvertraut, und er hat versprochen, wenn ich das tu', dann wird er für mich sorgen. Ich sehe nach vorne in die Zukunft nicht klar und deutlich; aber im Rückblick sehe ich die Hand Gottes, die da geführt hat." Diese Führung garantiert keineswegs Glück und Zufriedenheit; Gott kann auch Leiden zulassen: "Schwere Zeiten können mich auch dazu bringen, mein Leben zu verändern oder nach Gott zu fragen, wie ich es bisher vielleicht nicht getan habe. Und an diesen Problemen reife ich. Deshalb muß ich lernen, Widerstände, unangenehme Erfahrungen und Probleme, die für mich zunächst negativ scheinen, hinzunehmen und damit zurechtzukommen. Gerade daran zu lernen, meinen Gott auch besser kennenzulernen oder seine Kraft da für mich in Anspruch nehmen." Hannes weiß, daß solche Situationen einen Sinn haben, auch wenn er ihn nicht gleich erkennt. Christsein ist deshalb eine "aufregende

Sache", weil man im Glauben immer wieder vor neue Erfahrungen gestellt wird; nichts steht endgültig fest.

Das Gebet ist ein "Lernprozeß", in dem Hannes mehr und mehr erlebt, was es heißt, "still zu werden", so daß Gott die Möglichkeit hat, durch Gedanken o. ä. zu ihm zu sprechen. Die Gotteserfahrung, die Hannes bei seiner "Wiedergeburt" in einem Gebet zuteil geworden ist, war in ihrer Intensität einmalig. Doch erlebt er öfter, daß er durch die Gegenwart Gottes angerührt wird. Manchmal ist das Empfinden so stark, daß er weint. Gott ist für Hannes ein Freund, der ihn ganz persönlich anspricht. Hannes meint, daß sein Glaube, der Gott viel Vertrauen schenkt, dem Schöpfer "angenehm" ist.

Das alles heißt nicht, Hannes habe keine Zweifel. Die Zweifel beziehen sich nicht auf die Existenz Gottes, sondern auf die Inhalte des Glaubens. Daß beispielsweise viele Aussagen der Bibel zeitgebunden sind, steht für Hannes fest. Dennoch wehrt er sich dagegen, die Bibel in Göttliches und Menschliches aufzuteilen.

Hannes glaubt an Gott aufgrund eigener positiver Erfahrungen. Darüber hinaus prägt die Gestalt Jesu Christi seinen Glauben in besonderer Weise. "Ich mache einen Unterschied zwischen 'an Gott glauben' und 'Christ sein'. Meine ganze Gottesbeziehung macht sich in erster Linie an Christus fest. Und ich glaube eigentlich, weil er mich überzeugt hat. Die Botschaft, die Lehre und die Praxis beweisen, daß es stimmt. Ein theoretisches Lehrsystem muß in sich schlüssig sein und in der Praxis anwendbar. Beides finde ich im christlichen Glauben. Aber Christ bin ich deshalb, weil mich das überzeugt, was da am Kreuz und Totenauferstehung passiert ist. Gott hat sich in der Liebe offenbart, das ist für mich glaubwürdig. Jesus ist von den Toten auferstanden. Das ist ein Fundament, weshalb ich Christ bin."

Trotz mancher Übereinstimmungen lehnt Hannes es ab, sich als einen Pietisten zu bezeichnen. Mit den Pietisten verbindet ihn die Forderung nach "Wiedergeburt" und christlicher Gemeinschaft. Aber Hannes empfindet sich nicht als so gesetzestreu und weltfremd, wie es eine pietistische Gemeinschaft seines Erachtens oft ist.

Hannes glaubt, das Ende der Welt sei nahe. Verschiedene Prophezeiungen der Bibel und die apokalyptische Situation auf dem Planeten Erde überzeugen ihn davon. Jesus wird wiederkehren zum Jüngsten Gericht. "Aber das ist für mich kein Grund schwarzzumalen, sondern um so mehr fröhlich zu sein, weil ich weiß, ich habe eine Zukunft. Das Leben hat eine Zukunft, wenn man an Gott glaubt und Jesus annimmt." Daher bemüht Hannes sich verstärkt, auch andere Menschen zur Umkehr zu bewegen.

2.9 Helga

Helga, Pastorin, ist verheiratet und hat ein Kind.

Von klein auf hat Helga zur Kirche Kontakt gehabt. Ihr Vater war Pastor, und ihre Mutter nahm am kirchlichen Geschehen teil. Die Familie wohnte im Pastorat. Die Eingebundenheit des Elternhauses in die Institution Kirche hatte für das Kind nichts Bedrückendes. Helga fühlte sich wohl und wirkte in kirchlichen Gruppen mit. Erst mit vierzehn Jahren begann ihr der ständige Kontakt mit der Kirche sowie das Fehlen jeglicher Privatsphäre lästig zu werden, so daß sie sich bis zum Abitur distanzierte und eigene Interessen entwickelte.

Als Helga die Hochschulreife erlangt hatte, stellte sie sich die Frage, wie ihr weiteres Leben verlaufen und welchen Beruf sie wählen sollte. Sie nahm ein Germanistikstudium auf, das sich aber als unbefriedigend erwies. Nebenher besuchte sie theologische Vorlesungen und war von dem menschlichen Umgang im Fachbereich Theologie sehr angetan. Sie wechselte von der Germanistik zur Theologie. Ihr erster Eindruck, ein Theologiestudium sei ganz anders als die übrigen Studienfächer, erwies sich als falsch. Auch hier herrschte ein gewisser Leistungsdruck, und nicht jedes Seminar sprach sie an, so daß ihrer anfänglichen Euphorie sehr schnell die Ernüchterung folgte.

Stets faszinierend waren für Helga jene Seminare, die eine Hochschulassistentin anbot. Diese Frau berücksichtigte besonders den feministischen Aspekt in ihren Lehrveranstaltungen. Helga, die sich schon zuvor mit ihrer Rolle als Frau beschäftigt hatte, begann sich für die "kirchen- oder theologiespezifische Sicht von Frauenfragen" zu interessieren: "Wie prägt diese religiöse und theologische Tradition eigentlich unser Leben, nicht nur unser kirchliches Leben, sondern unser gesamtes Leben einschließlich des Familienlebens, der Sexualität, des Berufslebens und so weiter. Und diese Fragen zu verbinden, das war immer irgendwie das Spannende. Das habe ich in anderen Veranstaltungen, die von Männern gemacht wurden, total vermißt."

Die Auseinandersetzung mit der feministischen Theologie war für Helgas Gottesbild befreiend und brachte sie in ihrer persönlichen Entwicklung voran. Zu keinem Zeitpunkt zweifelte Helga an der Existenz Gottes. Sie kann sich nicht denken, daß dieses elementare religiöse Gefühl sie jemals verlassen wird. Aber ihre Gottesvorstellungen stehen nicht endgültig fest, sondern können sich verändern, so daß Helga andere Akzente setzen müßte. So wie sie früher im Gebet "Herr" gesprochen hat und heute "Gott" sagt, könnte es geschehen, daß sie auch den Begriff "Gott" nicht mehr verwenden mag. Sie bemüht sich insgesamt um eine Sprache, die nicht nur "männliche" Assoziationen hervorruft, sondern das Weibliche im Gottesbild gleichermaßen berücksichtigt. Ein in Worte gefaßtes Gebet spricht sie nur im Gottesdienst oder in Notsituationen, wenn sie sich um andere Menschen ängstigt.

Weil Helga sich ganzheitlich von Gott wahrgenommen fühlt, nimmt das Gebet einen geringen Stellenwert in ihrer Religiosität ein: "Das, was ich empfinde, egal, ob ich das jetzt ausdrücken kann oder nicht, aber so, wie ich im Augenblick gerade lebe, das passiert nicht ungesehen und ungehört in der Welt. Ich denke, ich kann aber trotzdem mein Leben insgesamt so wahrnehmen, daß das was mit Gott zu tun hat. Ohne daß ich jetzt für einzelne Fakten oder Dinge danken oder beten müßte." Besonders bei der Geburt ihrer Tochter hat Helga die religiöse Dimension gespürt. "Bei einer Geburt, da geschieht etwas, das kann man einfach nicht in menschliche Worte und Kategorien fassen. Da ist etwas von Weitergabe des Lebens zu spüren, was mit Gott zu tun hat."

Ein "grundsätzlich religiöses Gefühl" ist Helgas Wissen um die "Nicht-Machbarkeit": Sie kann nicht für alles, was in der Welt oder in ihrer Umgebung geschieht, die Verantwortung übernehmen; sie hat nicht auf alles Einfluß. Das Gefühl der "Nicht-Machbarkeit" entlastet Helga im privaten Bereich und mehr noch in ihrer Verantwortung im Blick auf politische Verhältnisse. "Ich glaube, was mir wichtig ist, ist dieses Gefühl, ich muß nicht die Macherin sein, die alles schafft. Ich kann scheitern. Das ist vielleicht eine der wichtigsten Sachen, mit negativen Dingen und Scheitern im Leben umzugehen. Es hängt nicht alles von mir ab. Das ist etwas sehr Befreiendes."

Die Person Jesu ist für Helga ein Symbol, daß zum Leben auch Scheitern und Tod gehören. Den Tod in das Leben einzubeziehen und ihn wahrnehmen zu können, ist für sie sehr wichtig.

Ein weiterer Aspekt ihrer Religiosität ist schließlich die Gemeinschaft. Daher leidet sie als Pastorin unter der geringen Zahl der Gottesdienstbesucher. Helga erhofft sich, daß "Gemeinschaftssinn und religiöse Symbole" wieder zu verstärktem Engagement von Christen in der Gemeinde führen.

2.10 Ilka

Ilka, 37 Jahre, hat eine Tochter und studiert in Y-Stadt u. a. das Fach Religion.

In der Kindheit war Ilka darauf "fixiert", jeden Abend zu beten. Sie bekam ein schlechtes Gewissen, wenn sie es einmal vergaß. In der Pubertät nahm sie gegenüber der von Eltern und Kirche vertretenen Moral eine kritische Haltung ein. Es kam ihr vor, als seien alle Leute in ihrer Umgebung verlogen und heuchlerisch. Als sie zu dieser Zeit Camus' "Der Mythos von Sisyphos" las, war ihr Vertrauen zu Gott und den Menschen total erschüttert. Sie unternahm einen Suizidversuch, "... weil mein lieber Gott, Gottvater, Beschützer und so nicht mehr da war."

Im Bewußtsein, die Existenz Gottes nicht beweisen zu können, lebte Ilka in den folgenden Jahren "existentialistisch", ohne Ziele, ohne Pläne und ohne Hoffnung auf Sinn. Irgendwann schlich sich bei ihr wieder so etwas wie Glaube an Gott ein, ohne daß sie es sich zunächst eingestehen mochte, wollte sie doch zur Avantgarde der APO-Zeit gehören: "Religion war nur was für Idioten."

Da sich das religiöse Empfinden auf Dauer nicht abweisen ließ, beschäftigte Ilka sich mit außerchristlichen Glaubensrichtungen, u. a. mit dem Zenbuddhismus, der sie "unheimlich beeindruckte" und von dessen Ideen sie teilweise noch immer beeinflußt wird. Die Vorstellung, man werde so lange wiedergeboren, bis absolute Vollkommenheit erreicht ist, faszinierte sie dermaßen, daß ihr der christliche Glaube "naiv" vorkam. Heute, wo sie zum Christentum zurückgefunden hat, ist diese Frage für sie ungelöst: "Da ist für mich ein Bruch in meinem Glauben, daß ich einerseits denke, ich bin schon verantwortlich für meine Handlungen und bin selbst schuld, wenn ich auf dem Wege der Vollkommenheit hinterher hinke; andererseits ist das wieder Christus, der für mich einspringt, wenn ich – obwohl ich mich bemüht habe – wieder auf den Hintern gefallen bin und es nicht geschafft habe." Ilka sieht in der Verheißung der Gnade die Gefahr eines bequemen Weges. Allzu leicht könnte sie sich auf die Gnade verlassen, ohne an ihren Fehlern zu arbeiten und sich um Weiterentwicklung zu bemühen.

Trotz solcher Bedenken weiß Ilka die Vorzüge des christlichen Glaubens für ihre persönliche Art und Weise, mit dem Leben umzugehen, sehr wohl zu schätzen. "Ich rauche und trinke, und ich esse Fleisch, und ich werde trotzdem von Gott angenommen!" So zieht sie – wenn auch nicht ohne einen Rest von Zwiespalt – die Konsequenz: "Also die Gnade, die es im Christentum gibt, gibt es in dem Sinn ja nicht im Buddhismus. Also warum soll ich nicht was Schöneres glauben?"

Daß Gott existiert und etwas mit ihrem Leben zu tun hat, ist Ilka deutlich geworden an ihrer eigenen Entwicklung und an der ihrer Tochter. Dachte sie sich früher nichts dabei, wenn sie heikle Situationen unbeschadet überstanden hatte, so meint sie heute: "Dieses Glück kommt auch nicht von ungefähr." Sie hat den Eindruck gewonnen, ein Teil ihres Lebens sei von Gott bestimmt, wobei sie in den jeweiligen Handlungsmomenten durchaus Entscheidungsspielraum hat. Beispielsweise sei die Wahl des Namens ihrer Tochter "mehr als ein dummer Zufall" gewesen. "Da hatte ich das Gefühl, das war direkt ein Fingerzeig von 'oben', weil diese Zufälle mir etwas zu merkwürdig waren; zuerst von dem Namen einer Kamera auf 'Jessica'[29] zu kommen und dann am

29 Der Name Jessica bedeutet, wie Ilka festgestellt hat, "Gott sieht an".

anderen Morgen aus einem Buch mit 1300 Seiten das einmalige Wort 'Jessica' herauszupicken. Da hatte ich das Gefühl, da hat der liebe Gott die Finger drin." Solche und andere weniger spektakuläre Erlebnisse haben dazu beigetragen, daß Ilka Dankbarkeit gegenüber Gott empfindet und auf ihn vertraut, so etwa wenn es um ihre Tochter geht. "Auch wenn sie mal schlimm krank ist, auf einmal fällt mir ein, ich brauche keine Angst zu haben: 'Gott sieht an'[29], so oder so ist das in Ordnung, wie es kommt."

Zweifel, ob Gott wirklich existiert, bleiben nicht aus. Dann regt sich die Erinnerung an die Philosophie von Camus: "alles nur Wunschdenken." Solche Momente gehen vorüber, weil Ilka nicht glauben mag, daß alles nur auf Zufall beruht.

Gott transzendiert jegliches Vorstellungsvermögen. Daher wendet Ilka manchmal einen "Trick" an, um die Geborgenheit bei Gott zu spüren. Sie legt sich ins Bett, rollt sich zusammen und gibt sich der Vorstellung hin, sie liege in Gottes Hand. "Und dann geht es mir wieder gut, ich fühle mich so in der Hand aufgehoben." So ein Beten in Bildern ist für sie eine Möglichkeit, mit Gott in Verbindung zu treten. Nicht immer ist ihr Verhältnis zu Gott von Harmonie geprägt. Ilka kann auch Wut empfinden, wenn sie meint, Gott könnte durch sein Eingreifen die Ungerechtigkeiten dieser Welt beseitigen. Meist folgt die Erkenntnis, daß im Grunde Menschen dafür verantwortlich sind.

2.11 Jens

Jens, 27 Jahre, hat an der Universität Y-Stadt studiert (Religion). Er arbeitet als Referendar.

In seinen Glauben ist Jens allmählich hineingewachsen: Seit dem zweiten Schuljahr ging er in die "Sonntagsschule", eine Art Kindergottesdienst. Mit zwölf Jahren wurde er Mitglied in der Jungschar. Weniger die biblischen Geschichten, vielmehr Spiele und Gemeinschaft waren es, die ihn zu dieser Jugendgruppe hinzogen. Bis zum siebzehnten Lebensjahr nahm er regelmäßig teil. Nach und nach entwickelte sich bei Jens eine "gewisse Frömmigkeit". Er war bereit, eine Gebetsgemeinschaft zu halten und eine Jungschargruppe zu leiten.

Als Jens einen Gesangsabend des Jugendbundes besuchte, faszinierte ihn die lebendige Gemeinschaft und die Ernsthaftigkeit, mit der christliche Lieder gesungen wurden. Auf einer anschließenden Wochenend-Freizeit kam er mit seinen "dummen Sprüchen" in der Gruppe gut an. Er fühlte sich anerkannt und ernstgenommen. "Und ich war völlig überzeugt und dachte: Dranbleiben!" Jens hatte durch seine langjährige Teilnahme schon so viel von der "pietistischen" Theologie "eingesogen", daß er zwei Jahre später im Leitungs-

Gremium der Jugendbundgruppe mitarbeiten konnte. Kritisch merkt Jens an, die hier besprochenen Themen hätten meistens zu der Schlußfolgerung geführt, daß eine bestimmte Verhaltensweise für Christen verpflichtend sei.

Durch neue Eindrücke, die Jens im Zivildienst gewann, trat eine Entfremdung von seiner bisherigen Glaubenswelt ein. "Und zum ersten Mal haderte ich mit meinem Schicksal, mit meinem Leben. Ich stellte das, was ich über Gott und Lebensführung gelernt hatte, in Frage." Da Jens weiterhin im Jugendbund Anerkennung und Gemeinschaft fand, wurden aufkommende Zweifel immer wieder zurückgedrängt. Immerhin waren sie so groß, daß er seinen Berufswunsch, Diakon zu werden, aufgab und eine Verwaltungslehre begann, die ihm jedoch wenig zusagte.

Der unbefriedigende Beruf und eine gescheiterte Beziehung waren der Anlaß, daß Jens sein Leben und seinen Glauben einer radikalen Prüfung unterzog. "Da stand ich vor diesem riesigen Trümmerhaufen. Ich merkte, daß an diesem Glauben, den ich eingesogen hatte, daß er mich nicht trägt, daß da nichts dran ist: 'Die Freunde sind jetzt weit weg, und jetzt ist es mit deinem Glauben auch nicht weit her. Was machst du bloß?'"

Nach einer Zeit grüblerischer Verzweiflung beschloß Jens, ein Wagnis einzugehen und seine Ausbildung abzubrechen. Er hatte sich um eine Praktikantenstelle in einem Kinderheim beworben, aber noch keine Zusage erhalten und wollte im Anschluß daran studieren. Jedoch wußte er weder, ob er BAFÖG erhalten noch ob er einen Studienplatz bekommen würde. So unternahm er ein Experiment: "Mensch, wenn da wirklich was dran ist an dem Gott und daß er seine Hand über dir hält und dich begleitet, dann machst du es." Der glückliche Ausgang erschien Jens wie eine Gotteserfahrung. "Das war ein Gefühl, da fühlte ich mich unheimlich beschützt und getragen. Gott ist der, der mich aus diesem Keller geholt hat. Das war mein kleiner Exodus."

Im Studium setzte Jens sich mit seiner pietistischen Sozialisation auseinander und versuchte, sich davon zu "emanzipieren", eine eigene Glaubensvorstellung zu entwickeln. Dennoch spürte er immer wieder den früheren Einfluß. "Leider – ich bin's noch nicht losgeworden – vermisse ich bis heute die Gemeinschaft, die ich damals hatte, aber ohne diese Zwänge oder diese starren, trockenen Regeln: 'Man muß doch ... Man sollte doch ...'." In einer Gruppe sich miteinander austauschen zu können, vermißt Jens. "Da leide ich wirklich darunter, daß ich in meinen besten Jahren auf dem Trockenen sitze und mich nicht engagieren kann in der Kirche, wie ich es gerne möchte."

Die starren Verhaltensregeln, die Jens in seiner Jugend verinnerlicht hat, erschweren ihm manchmal das Leben. Auf jemanden böse zu sein oder eine Absage zu erteilen, bereitet ihm "ein riesig schlechtes Gewissen". Allerdings sind Gewissensbisse gelegentlich ganz heilsam. Sie halten ihn davon ab, seine "pingelige" Art an anderen auszulassen. Bewußt gegen den Willen Gottes zu handeln, dem Mitmenschen zu schaden oder eine Abtreibung zu bejahen, wäre für Jens kaum vorstellbar. Täte er es dennoch, so wäre das mit großen Gewissenskonflikten verbunden.

Das Gefühl, von Gott getragen zu werden, in seiner Hand zu liegen, entbindet Jens nicht von der Eigenverantwortung. "Ich bin dafür (mein Leben) verantwortlich, muß aber darauf aufpassen, was ich annehme oder was ich nicht annehme. Ich muß auch dafür sorgen, was ich ablege oder was ich behalte." An der Existenz Gottes hat Jens nie gezweifelt. Das Vertrauen auf Gott versucht er in schwierigen Phasen zu bewähren. Er bittet dann nicht um einen günstigen Ausgang, sondern um die Kraft, das Ergebnis anzunehmen. Beten hilft ihm dabei. Und zwar ist Gebet für ihn die Beschäftigung mit biblischen Lesungsabschnitten. Die biblischen Aussagen setzt er zu seiner jeweiligen Lebenssituation in Beziehung. "So verstehe ich im Moment das Gebet und den Umgang mit Gott als etwas, was mir Klarheit verschafft für das, was um mich herum geschieht und was mir Kraft gibt, das anzunehmen, wie es geschieht."

Jens möchte keine Garantie für seinen weiteren Lebenslauf haben. "Das Ungewisse, nicht Ausrechenbare" gehört seiner Ansicht nach zum Glauben. "Und ich denke, das (Ungewisse) wäre für mich auch etwas, was mit Zweifeln zusammenhängt – daß, um eine Spannung zu erhalten, einfach etwas da sein muß, wie das große X für unbekannt. Etwas, was nicht ausrechenbar ist, was nicht in meinen Möglichkeiten liegt, was sich nicht kalkulieren läßt, um meine Existenz, mein Leben interessant zu gestalten. Und so ist es ebenfalls mit Zweifel und mit Zweifel am christlichen Glauben und an Gott." Daher sind auch Jens' Vorstellungen vom Tod nicht fest umrissen: "Das wäre ja langweilig!" Aus seinen positiven Erfahrungen hat er gelernt, daß er kein grenzenloses Risiko eingeht, wenn er sich in Zukunft auf Gott, auf die Nachfolge Jesu und auf den christlichen Glauben einläßt.

2.12 Jürgen

Jürgen, 27 Jahre, studiert Religion an der Universität Y-Stadt. Er arbeitet in der Evangelischen Studentengemeinde mit.

Die Eltern waren Landwirte. Sie hatten wenig Freizeit, so daß Jürgen sich oft "im Stich gelassen" gefühlt hat. Obwohl seine Eltern ihn kaum religiös geprägt haben, erinnert Jürgen sich an die kindliche Vorstellung von Gott als einem "gütigen alten Mann mit Rauschebart", der ihm beim Mittagsschlaf zuguckte. Es war ein angenehmes Bild. Für das Böse gab es den "Wullewux", den die Eltern einsetzten, um Jürgen von Verbotenem abzuhalten.

Die "diffuse" Einstellung der Eltern, es müsse "eigentlich so etwas wie einen Gott geben oder zumindest eine höhere Instanz", übertrug sich auf Jürgen, der mit 13 Jahren anfing, "bewußt" danach zu suchen.

Der Religionsunterricht in der Grundschule beeindruckte ihn nicht sonderlich, noch weniger der Konfirmandenunterricht. Als Jugendlicher spielte Jürgen etwa acht Jahre lang jeden Sonntag die Orgel: "Ich habe in der Zeit ganz oft da gesessen auf meiner Empore und der Predigt zugehört, und es hatte sich eigentlich nie etwas geändert. Irgendwo hatte ich schon Sehnsucht, mehr zu erfahren, aber es hat mich nie wirklich berührt. Und ich dachte immer, das müßte mich eigentlich berühren. Irgendwie würde ich da was falsch machen. Ich wäre daran schuld, daß mich das nicht trifft oder daß ich damit nichts anfangen kann. Aber es ist nie was geschehen. Ich habe ganz oft auf der Empore während der Predigt gesessen und mich gefragt, ob ich jeden Sonntag zum Gottesdienst gehen würde, wenn ich nicht den Job hätte."

Nach Handelsschule, kaufmännischer Lehre und Abitur leistete Jürgen Zivildienst "ganz bewußt" in einer Kirchengemeinde. Er hatte in dieser Gemeinde einen Pastor kennengelernt, von dem er sich für seine religiöse Entwicklung Hilfe erhoffte. In dieser Erwartung sah Jürgen sich getäuscht. "Ich habe unheimlich viel gearbeitet und nichts für meinen Glauben gekriegt. Das paßte für mich nicht zusammen. Das war für mich völlig unglaubwürdig, wie ein Mensch, den ich als Christ bezeichne, dann andererseits einen Zivildienstleistenden so ausbeuten kann. Das hat bei mir zu einer sehr tiefen Enttäuschung beigetragen. Ich habe mit dieser Enttäuschung Kirche und Glauben in einen Topf geworfen. Nach dem Zivildienst war ich so weit, daß ich von der Kirche sehr distanziert war und ich mich mit Glaube erstmal nicht mehr beschäftigt habe."

Nach dieser "abgrundtiefen Enttäuschung" gab Jürgen seine Suche nach Gott auf. Er begann das Studium an der Universität Y-Stadt. Ein Jahr später geriet Jürgen in eine Krise, in der er sich verlassen fühlte. Auf der Suche nach "neuen Leuten" kam er mit der Evangelischen Studentengemeinde in Kontakt. Er war sehr beeindruckt. "Ich hatte so eine Ahnung, daß die Leute, die ich da getroffen hatte, und vor allen Dingen der Studentenpfarrer, glaubwürdig waren. Sie haben gar nicht so viel erzählt vom christlichen Glauben, sondern haben ihn gelebt."

Jürgen wechselte daraufhin von seinem Studienfach Musik zu Religion in der Hoffnung, etwas über das "Diffuse" zu erfahren.

Im Religionsstudium hatte Jürgen zunächst "ziemliche Minderwertigkeitsgefühle" aufgrund seines Mangels an Wissen und Erfahrung in Glaubensfragen. Inzwischen akzeptiert er, daß er in seiner Religiosität erst "am Anfang" steht: "Ich seh' das als Defizit, aber ich seh' auch, daß ich mich nicht hinsetzen kann, die Bibel durchlesen und dann alles drauf hab'. Ich sehe ebenfalls, daß ich das wachsen lassen muß. Da kann ich nichts tun – mit Düngen und mit ultravioletter Bestrahlung. Das hat alles seine eigene Zeit und wächst, und ich kann da nicht viel beschleunigen." Trotz dieser Einsicht erliegt Jürgen hin und wieder der Versuchung, seine religiöse Entwicklung zu beschleunigen. "In Bezug auf Glauben, da hab' ich versucht, zu 'machen'. Ich hab' dann immer festgestellt, es hat mich eigentlich nicht weitergebracht, wenn ich versucht hab', so eine Entwicklung zu 'machen'. Das hat mich nur Energie gekostet, die ich nicht hätte aufzuwenden brauchen, weil sie verpufft ist, ohne was zu erreichen. Da stoß' ich immer wieder auf mein Tempo, von dem ich weiß, daß, wenn ich es zulasse, es ein gesundes Tempo ist. Mit dem geschieht Entwicklung; sobald ich mehr mache, passiert eigentlich weniger." Wenn Jürgen zu hohe Ansprüche an seine Entwicklung stellt, verausgabt er sich und wird mutlos. Um dem vorzubeugen, wünscht er sich einen tieferen und festeren Glauben. "Ich denk' dann, ich würde es einfacher haben, zufriedener zu sein, wenn mein Glauben tiefer und fester wäre, mehr Gottvertrauen da wäre; dann würde es reichen, so weit zu sein, wie ich jetzt bin."

Jürgens Verständnis vom Leben als einem dynamischen Prozeß, der nicht nur geradlinig, sondern auch widersprüchlich und in Sprüngen verläuft, hält ihn davon ab, einen langfristigen und damit möglicherweise starren Lebensplan zu entwerfen. "Planen ist im Grunde ... ein Gegensatz zu Leben – Planen über ein gewisses Maß hinaus jedenfalls." Insofern scheint es ihm angemessener, mehrere unterschiedliche und mittelfristig angelegte Perspektiven zu entwerfen.

Aufgrund seiner Schwierigkeiten, die eigenen Ansprüche mit der Realität in Einklang zu bringen, hofft Jürgen, "daß ich erkenne, was notwendig, und auch erkenne, was nicht notwendig ist, und daß ich das Notwendige selbstverständlicher tue und das Nicht-Notwendige zurückstecken kann." Notwendig geworden ist für ihn, das ursprünglich "ganz kleine Pflänzchen" der Religiosität gedeihen zu lassen. Dessen Wachstum fördert er, indem er sich beispielsweise intensiv "theologischen Auseinandersetzungen" widmet. Auch gehören dazu Gottesdienste, die er jetzt regelmäßig besucht. "Da gab es irgendwie einen Einschnitt, im Sommer letzten Jahres, nachdem ich das dann wirklich mal geschafft habe, mich aufzuraffen, zu der St.-Michael-Kirche zu gehen. Da hatte ich das Gefühl, ja, schlagartig in diesem einen Gottesdienst: es zieht mich da jetzt hin." In der Folgezeit lernte Jürgen mehrere Pastoren kennen, die ihm glaubwürdig erschienen. "Mich spricht dann eben an, daß ich da Leute predigen höre, von denen ich weiß oder vermute, daß sie auch so leben. Vor allen Dingen ist mir wichtig, daß das Evangelium in die Welt wirkt." Wie viel deren Gottesdienste ihm bedeuten, erkannte Jürgen an einer scheinbaren Kleinigkeit, die ein "echtes Problem" für ihn wurde: Gottesdienstbesuch und Sonntagsfrühstück miteinander zu vereinbaren, wenn am

Wochenende Besucher zugegen waren. – Inzwischen gestaltet er Gottesdienste selbst mit.

Aus dem Glauben schöpft Jürgen "Stärke und Hoffnung". Er hat die Erfahrung gemacht, daß er als Mensch schuldig wird und unvollkommen ist. Aus "Unvollkommenheit resultiert eine Abhängigkeit. Aber im Grunde glaube ich daran, daß diese Unvollkommenheit, die jetzt im Leben ist, aufgelöst wird durch eine Vollkommenheit, die hinter der Welt steht, hinter diesem Leben auch. Diese Vollkommenheit würde ich Gott nennen. Darauf fühle ich mich irgendwie auch bezogen oder daraufhin ausgerichtet." Glaube bedeutet für ihn ein Ausdruck von Stärke; denn er akzeptiert die Schwäche, als Mensch nicht ohne die Realität Gott leben zu können. Ohne seinen Glauben würde Jürgen wesentlich weniger engagiert sein, da er sich allein "aus seinem Humanismus" nicht so engagieren könnte. Seit vielen Jahren politisch interessiert, sieht er das Fundament seines Engagements jetzt in der christlichen Überlieferung, auf die er sich im Glauben bezieht.

In "bewußtlosen" Zeiten – Zeiten, in denen ihn nichts besonderes beschäftigt – denkt Jürgen viel weniger an Gott, als wenn er sich intensiv mit etwas auseinandersetzen muß. In einer ihn psychisch stark belastenden Situation – eine Beziehung war plötzlich zerbrochen – hatte Jürgen ein Erlebnis, das er als Gotteserfahrung begreift. Es hat ihn in seinem Glauben bestärkt. "Ich war an einem Punkt, nachdem ich eine Zeitlang gegangen war – es war toll, daß da keine Menschen waren und auch toll, daß ich mich wirklich gehen lassen konnte – da bin ich irgendwann total in Tränen ausgebrochen. Ich habe losgeheult, und dabei habe ich das dann erlebt. Ich wußte, das hatte nur mittelbar mit dem zu tun, was ich am Tag vorher erlebt hatte, daß mit H. Schluß war. Ich war wie von einer Faust getroffen und hab' das Gefühl gehabt: das ist Gott. Das war mir völlig klar, darüber brauchte ich nicht zu diskutieren! Das ist einfach für mich so. Und dann diese Gefühle. Ich war in Tränen aufgelöst. Von denen kann ich nicht sagen, ob das Trauer oder Freude war. Es war eine intensive Mischung aus beidem. Und dann auch Gefühle von Angst und Freude, aber alles durcheinander und wahnsinnig intensiv. Das habe ich nur einmal so extrem erlebt. Aber es hilft mir eben, leichtere Situationen in dieser Art wahrzunehmen."

Zweifel an der Existenz Gottes hat Jürgen zur Zeit nicht, und die gesellschaftlichen Entwicklungen, die er negativ beurteilt, stimmen ihn zwar pessimistisch, machen ihn aber nicht depressiv: "Das sind so zwei Ebenen. Einmal auf innerhalb dieses Lebens bezogen und einmal auf das Transzendierte oder das Transzendente. Grundsätzlich fühle ich mich so geborgen und angenommen, aber hinter diesem Leben erst. Und das wirklich und ganz und gar. In diesem Leben befürchte ich schon, daß ich durch eine ganze Menge Höhen und Tiefen durch muß. Daß ich den Glauben habe, das hilft mir, an meinen pessimistischen Zukunftserwartungen für die ganze Welt nicht zu verzweifeln, sondern zu hoffen, daß die Zusammenbrüche, die meiner Meinung nach notwendigerweise stattfinden, daß ich die Chance oder die Gnade habe, die dann relativ unbeschadet zu überstehen und dann vielleicht an einem Neuaufbau teilzunehmen oder mitzuwirken."

2.13 Jutta

Jutta, 27 Jahre, ist Religionsstudentin an der Universität Y-Stadt.

Jutta hat ihre Religiosität "mit der Muttermilch eingesogen". Von klein auf wurde sie mit einem strafenden Gott konfrontiert. Die Erziehung war sehr hart und wurde mit Schlägen und Bibelsprüchen unterstützt: "Wen Gott liebt, den züchtigt er." Mit fünfzehn Jahren begann sie Gott und ihre Eltern zu hassen. Mit siebzehn zog sie von zu Hause aus und ging nach Hamburg, wo sie ein Jahr lang jobbte. Dort begegnete sie einem Mann, der dem hinduistischen Glauben sehr nahestand. Genau wie ihre Eltern versuchte er vorzuschreiben, was sie glauben und wie sie leben müßte. Jutta entzog sich seinem Einfluß und begann eine Ausbildung in einem Diakonissenkrankenhaus. Hier bekam sie erneut den "Widerspruch zwischen Lehre und Handeln" zu spüren. "Für mich war immer entscheidend, was die Leute einerseits vorgeben zu sein und was sie tun. Und da habe ich permanent nur Beispiele gesehen, wie katastrophal sich das auswirkt, was sie aus ihrem Glauben machen und wie das auf andere wirkt, zum Teil total zerstörerisch. Weil ich das eh' schon kannte, war das natürlich wieder Wasser auf meine Mühle. Mit dem christlichen Glauben hatte ich da dann echt nichts mehr am Hut."

Jutta zog nach Berlin und arbeitete ein halbes Jahr lang an einer Nervenklinik. Sie reiste dann nach Indien, um sich ein bißchen zu erholen und Indien kennenzulernen. Es wurde eine "Traumreise". Jutta genoß die Freiheit. Immer wieder traf sie Leute, denen sie sich anschließen konnte und lebte sehr viel bei Einheimischen. Im Siechentempel von Amritsar war sie beeindruckt, welche konkreten karitativen Auswirkungen Glauben haben kann. Zwei- bis dreitausend Menschen erhielten zweimal täglich kostenlos Speise. Noch mehr faszinierte Jutta die lebendige Frömmigkeit. Oft suchte sie den Tempel auf und lauschte den Gesängen der Gläubigen. "Das war eine Erfahrung von Frieden und Harmonie für mich, die ich vorher noch nie gehabt hatte. Ich habe mich – ohne zu verstehen, was sie da singen – diesen Stimmen und dieser Atmosphäre hingegeben und mich eins gefühlt – in Harmonie mit dem Leben, mit Gott. Das war eine der tiefsten Erfahrungen. Die hatte mit dem christlichen Glauben gar nichts zu tun, aber für mich immer was mit Gott."

Auf ihrer Indienreise erfuhr Jutta mehr familiäre Liebe und Geborgenheit, als sie zu Hause erlebt hatte. Aufgrund der vielen positiven Erfahrung beschloß sie, die Reise zu wiederholen. Wieder in Berlin angelangt, arbeitete sie 5 Jahre lang auf dieses Ziel hin. Auch eine Operation, bei der ihr eine künstliche Herzklappe eingesetzt wurde, konnte sie nicht davon abhalten. Auf eigene Verantwortung setzte sie sogar ein von den Ärzten als lebensnotwendig bezeichnetes Arzneimittel ab, um reisen zu können.

Die zweite Reise nach Indien verlief anders als erwartet. Nach einem Jahr hatte Jutta das Gefühl, mit Eindrücken übersättigt zu sein. Sie hatte fast keine Kontakte zu Einheimischen und fühlte sich in ihrer Rolle als Tourist unwohl. Auch körperlich ging es ihr nicht gut. Hinzu kam, daß diese Reise ihr wie eine Flucht vor den eigenen Problemen erschien. Sie beschloß, nach Berlin zurückzufliegen und von dort aus eine Reise nach China anzutreten.

Bevor Jutta ihre zweite Reise antrat, hatte sie drei Monate an einer Transaktionsanalyse-Gruppe teilgenommen. Dieser Gruppe schloß sie sich nach der Rückkehr aus Indien wieder an. "Das war ganz schön viel, was da für mich klar geworden ist." Sie faßt den Entschluß, statt eine Ausbildung als Beschäftigungstherapeutin anzufangen, sich in Y-Stadt für Sonderpädagogik zu bewerben, wechselte dann jedoch zum Studium für das Lehramt an Grund- und Hauptschulen. Daß Jutta das Fach Religion wählen würde, stand für sie außer Frage. Während all der vorangegangenen Zeit war Gott für sie stets eine Realität gewesen, auch wenn sie ihn zehn Jahre lang abgelehnt hatte. Durch das Studium wollte sie mehr über sich und ihr Verhältnis zu Gott erfahren. In der Tat weiß sie jetzt, daß sie, je mehr sie über sich selbst herausfindet, um so mehr auch über Gott erfährt. Und daß sich ihre Beziehung zu Gott noch entwickelt, indem sie selbst sich entwickelt.

Seit ihrer Herzoperation lebt Jutta mit der Angst, daß sich an der Herzklappe ein Blutgerinsel bildet. Der Glaube an Gott kann ihr diese Angst nicht nehmen: "Da bin ich oft am Würgen und am Kämpfen, daß ich da manchmal abgrundtief erschüttert bin. Das könnte man wieder 'depressive Phase' nennen, in dem Moment, wo du kein Vertrauen in nichts hast, einschließlich Gott. Da sinkst du halt in ein tiefes Loch. Da denkst du, du schaffst es nicht, und das kann alles nur fürchterlich böse enden und weiter nichts. – Also der Glaube hilft mir, daß es nicht mehr so extrem ist, daß man nicht mehr in so tiefe Löcher fällt, wo eben kein Ausstieg mehr möglich ist. Sondern daß eben selbst in einer so tiefen, dunklen Phase noch ein Halt ist, eben ein Urvertrauen, was einem hilft, da wieder herauszukommen."

Jutta versucht, die Krankheit zu akzeptieren, indem sie einen Sinn darin sieht. Eine ähnliche Einstellung nimmt sie gegenüber ihrem Unfall ein, bei dem sie kürzlich mit den Fingern in einen Rasenmäher geriet. Diesen Unfall betrachtete sie zunächst als Strafe Gottes, heute dagegen als eine wertvolle Erfahrung. Zum einen merkte sie, daß der Glaube an das Karma ihr nicht weiterhilft. Zum anderen wurde ihr klar, daß sie diesen Unfall mitverschuldet hat, indem sie mit vielen "Gedanken im Kopf mit so einem gefährlichen Gegenstand ziemlich gedankenlos umgegangen" ist. Sie hat daraus die Lehre gezogen, sich künftig in ihrem Engagement ein wenig zurückzunehmen und sich mehr um die eigenen Belange zu kümmern. Diesem Beispiel entsprechend ist Jutta auch sonst bemüht, in unangenehmen Erfahrungen einen Sinn zu erblicken. "Doch, so geht es mir auch, daß ich mir denke, gerade diese harten Erfahrungen haben mich dazu gebracht, mich sehr bewußt und ernsthaft mit mir und meinem Leben auseinanderzusetzen. Und diese Erfahrungen möchte ich wirklich nicht missen. – Das ist aber so eine allumfassende Gerechtigkeit. Derjenige, der solche Erfahrungen macht, erlebt nicht nur eine dunkle Seite, sondern das hat genau entsprechend auch eine schöne Seite. Und der, der eben ein lockeres und leichtes Leben führt, dem fehlen solche Sachen, um die schönen Seiten richtig zu genießen."

Jutta kann gerade in schönen Situationen dankbar sein und diese Dankbarkeit auch Gott gegenüber zum Ausdruck bringen. Inwieweit jedoch Gott in ihr Leben eingegriffen hat, vermag sie häufig nicht sicher zu sagen.

Zur Gestalt Jesu hat Jutta – wie zum Christentum überhaupt – noch ein distanziertes Verhältnis. Da der Glaube an Gott für sie allumfassend ist, weiß sie nicht, welche Bedeutung Jesus für sie haben könnte: "Was für eine ganz konkrete Hilfe in meinem Leben könnte er sein? Es muß ja irgendeinen Effekt haben, wenn ich diesen Glauben dann annehme." Eine Möglichkeit, sich mit Jesus zu identifizieren, sieht sie darin, ihn als leidenden Gott zu begreifen.

2.14 Knut

Knut, fast 50 Jahre alt, ist verheiratet und hat zwei Töchter. Er arbeitet freiberuflich für Zeitungen und besucht als Gasthörer an der Universität Y-Stadt seit mehreren Semestern Lehrveranstaltungen, in erster Linie Seminare des Faches Religion.

Knut blickt auf einen wechselvollen religiösen Werdegang zurück. Er wurde evangelisch getauft entsprechend der Konfessionszugehörigkeit des Vaters. Als dieser zur Front mußte, ließ sich die Mutter von ihrem Priester überzeugen, daß sie als Katholikin nicht in der Lage sein würde, ihren Sohn protestantisch zu erziehen. So wurde Knut mit sechs Jahren zum zweiten Mal getauft.

In der überwiegend katholischen Umgebung seiner Heimatstadt wuchs er in diese Konfession hinein. Er war Ministrant und Mitglied in der katholischen Jugendbewegung. Eine Abneigung gegen die Kirche entwickelte sich insbesondere aus dem Schuld- und Sühnebewußtsein. Da Knut jedoch "immer unter Kontrolle" stand, konnte er sich nicht gänzlich von den kirchlichen Pflichten lossagen. Der Geistliche, der die Beichte abnahm, unterrichtete ihn in der Schule. So war es schwierig, sich dem Beichtzwang zu entziehen. Als sein Vater, Sozialist und Gewerkschaftler, aus dem Krieg zurückkehrte, begann sich Knut von der katholischen Kirche zu trennen. Er wandte sich dem Marxismus zu. Eine Zeitlang konnte Knut sich nicht entscheiden zwischen Marx und Jesus.

Bei der Marine lernte Knut einen Zeugen Jehovas kennen. Dieser Mann beeindruckte ihn, gerade weil er nicht in der Lage war, die religiösen Vorschriften einzuhalten und dies nicht kaschierte.

Suche nach Maßstäben für das eigene Leben und für die Erziehung der Kinder war das eine Motiv, weshalb Knut und seine Frau sich entschlossen, den Zeugen Jehovas beizutreten. Das andere bestand in der Hoffnung, in dieser Glaubensgemeinschaft jenes Maß an Verständnis, Anerkennung und Geborgenheit zu finden, das sie beide im Elternhaus entbehrt hatten. So ließen sie sich taufen, obwohl sie manchen Lehren der Zeugen Jehovas durchaus mit Skepsis gegenüberstanden. "Diese Schauergeschichten (Harmagedon) haben mich an und für sich nicht weiter berührt; mir ging es um den Weg. Das Ziel war jetzt in dem Fall gar nicht so wichtig, sondern für mich war der Weg wichtig, irgendwie so eine moralische oder ethische Grundlage zu haben. Uns ging es ums Prinzip, wir fanden den Weg nicht schlecht, hielten den ganzen Kram für christlicher als das, was die Kirche bot, weil natürlich der bessere Kontakt da war."

Im Laufe der Zeit wuchsen die kritischen Bedenken. Die Zeugen nahmen an Knuts lässiger Kleidung Anstoß und pflegten mehr mit Strafe und Aussperrung zu arbeiten als mit Nächstenliebe, sobald es darum ging, sogenannte verlorene Schafe wieder auf den richtigen Weg zu lenken. Mehrmals erlebte Knut, wie Menschen, die in Not geraten waren, fallengelassen wurden, so daß er sich öfter mit dem Aufseher über das unchristliche Verhalten der Zeugen stritt. Knut, der inzwischen auch für die Finanzen zuständig war, hatte den Eindruck, daß mit den Geldern etwas "Unerlaubtes" geschah. Wenn er auf Klärung drängte, erhielt er eine nichtssagende Antwort. Knut empfand seine Mitgliedschaft bei den Zeugen Jehovas zunehmend als unbefriedigend. "Da war so viel Doppelseitiges drin, was ich nicht verstehen konnte. Und dann habe ich immer mehr die Bibel gelesen, aber als Ganzes. Und da habe ich gemerkt, daß vieles nicht stimmte. Das war ein fast zweijähriger Glaubenskampf, innerlich. Ich habe immer noch mitgemacht, aber ich wußte nicht, ob ich noch Männchen oder Weibchen war."

Als Knut schließlich die Absicht durchblicken läßt, sich von den Zeugen Jehovas zu trennen, wird auf seine Frau, die inzwischen an Herzneurose erkrankt ist, erheblicher Druck ausgeübt. Da es nicht möglich ist, seinen Austritt zu erklären, sondern eine Ausschlußerklärung von seiten der Zeugen Jehovas notwendig ist, setzten die Eheleute eine Anzeige in allen Tageszeitungen auf; sie gaben bekannt, daß sie nicht mehr zu den Zeugen Jehovas gehören. Daraufhin sahen die Zeugen sich gezwungen, das Ehepaar auszuschließen. Seitdem wurden Knut und seine Frau von keinem der ehemaligen Bekannten, die zu den Zeugen Jehovas gehören, angesprochen oder gegrüßt.

Die öffentliche Austrittserklärung bewirkte, daß andere religiöse Gruppen sich für das Ehepaar zu interessieren begannen, Sieben-Tage-Adventisten, Neuapostoliker, Mormonen. Knut fühlte sich umschwärmt, "als wenn Fliegen einen stinkenden Käse riechen würden".

Eine Zeitlang setzte Knut sich mit den Mormonen auseinander. Danach trat er einer Theosophischen Gesellschaft bei. Befreit von einengenden Vorschriften, konnte er sich mit vielerlei Religionen beschäftigen und umfangreiches Wissen über religiöse und philosophische Vorstellungen erwerben. In eins damit entwickelte sich seine Grundüberzeugung religiöser Toleranz; denn er entdeckte zwischen den verschiedenen Religionen mehr Gemeinsamkeiten als Widersprüche.

Grundlegend für Knuts heutige Religiosität ist der Glaube an Gott, die einzige Autorität, die er anerkennt. Naturkräfte und Naturgesetze – und damit Gott als Schöpfer – unterliegen keiner Veränderung und lassen sich nicht beeinflussen; sie sind zeitlos im Gegensatz zu menschlichen Gesetzen, die sich je nach Kultur und Zeitgeist wandeln.

Ferner gehört zu seiner Religiosität die Überzeugung von Karma und Reinkarnation, die ihm hilft, mit Leiden umzugehen. Knut kann anderen nicht die Schuld für sein Schicksal geben, weil er es der Karma-Lehre zufolge selbst verursacht hat. "Wenn du jetzt nicht bewußt eine Erfahrung machen willst, dann wirst du sie, wenn du dich passiv verhältst, zwangsläufig durch Leid erfahren. Mitkriegen wirst du sie auf jeden Fall. Und wenn du sie passiv erfährst, dann ist es meistens mit Leid verbunden."

Aufgrund seiner Vorstellung von Reinkarnation meint Knut, wer sich mit der religiösen "Materie" befaßt, brauche mehr als ein Leben, um sich da hindurchzuarbeiten. Reinkarnation ist wie eine Schule, deren Ziel die Rückkehr zu Gott ist: "Wenn wir wieder auf Karma und Reinkarnation zu sprechen kommen und ich die verschiedenen Leben mit einbeziehe, dann sehe ich das wie 'Klassen'. Ich genieße jetzt diese Klasse und habe mir eine Aufgabe gestellt. Wenn ich die nicht geschafft habe, dann bin ich quasi durchgefallen, dann muß ich vielleicht nochmal repetieren. Aber es ist trotzdem immer ein Weitergehen auf dem Rückweg. Also für mich ist das ein Kreislauf: Ich komme vom Göttlichen und kehre auch wieder zurück. Das ist wie bei den Gnostikern; die sehen das in dem Fall genauso, daß wir quasi von Gott kommen und in uns dieses Gottesfunkenatom tragen, das nur wieder angeregt werden muß, und wir wieder auf dem Weg zurück sind, daß wir quasi eine Erfahrung über diese menschliche Basis machen müßten."

Freilich entspringt die Beschäftigung mit Religion nicht dem Wunsch, das "Gottesfunkenatom" anzuregen und so den Rückweg zu beschleunigen: "Die Zukunft ist mir gar nicht mal das Wesentliche, sondern wenn ich jetzt den Weg habe, dann werde ich automatisch dahin kommen. Mich interessieren die Phänomene, um den anderen zu verstehen. Warum haben die so und so reagiert, warum ist das und das passiert? Für mich ist die Vergangenheit unwahrscheinlich wichtig. Da folge ich dem Professor Grab: 'Wenn du nicht weißt, wo du herkommst, dann weißt du auch nicht, wohin du gehst.' Ich meine, man müßte aus dem, was war, lernen für das Zukünftige. Für mich ist heute Religiosität nichts anderes als 'Wissen und Wandel'; also die Erkenntnis darüber allein hilft dir nichts, sondern das Umsetzen ist wichtig, daß ich entsprechend handle und wandle. Und das ist in unserer heutigen Gesellschaft ein bißchen schwierig."

Knut erhofft sich von der kommenden Generation, daß sie aus den Umweltschäden der Vergangenheit lernt. "Wir sind selbst schuld an dem, was hier heute läuft und passiert. Nicht Gott ist es, der straft, sondern wir strafen uns selbst durch unser Verhalten, weil wir unsere Natur total ausbeuten." Aufgrund seiner Verbundenheit mit der Natur ist er von indianischer Religion beeinflußt. Knut hat sich schon früher für alternative Medizin interessiert, insbesondere für die Heilmethoden der Indianer. Er empfindet sich als "Einheit im Kosmos", als Teil der Schöpfung. Wenn man wie die Indianer in einer Pflanze, einem Tier oder einem Mineral Bewußtsein zu sehen vermag, dann entwickelt man mehr Respekt vor der Natur und geht folglich sorgsamer mit ihr um. "Ich glaube bloß an eine Form, das ist die indianische Denkweise. Die liegt mir halt mehr. Sie weckt in mir eine ganze Menge Emotionen, was bislang andere Religionen kaum erreicht haben. Und es paßt in mein ganzes politisches, ökologisches Konzept. Ich kann nur sagen: Wenn wir uns das wieder zu eigen machen und das mehr einführen, die Ehrfurcht vor der Natur, dann können wir auch wieder die Ehrfurcht vor dem Menschen bekommen."

Die Natur ist für Knut ein Refugium, wo er Kraft schöpft und zu religiöser Einkehr findet. "Wenn ich in Schwierigkeiten war, dann hat mir die Natur am meisten gegeben. Oder ich setze mich irgendwo hin, z. B. am Strand, und versuche, das auf mich einwirken zu lassen, die Geräusche, das Wellenklatschen. Das ist nichts anderes wie so eine Art Meditationshaltung, die ich da aufnehme in Verbindung mit der Natur. Und da hole ich mir wieder meine Kraft. Für mich ist das auch schon Religion, auch Gottesdienst, weil ich da frei von Spannung und Aggression werde."

Wenn Knut sich in der Natur einen Platz sucht, um sich einen Steinkreis zu legen, wie es Indianer tun, dann ist das seine Art und Weise der Spiritualität, um mit dem Geist in Verbindung zu treten. "Es ist im Grunde alles Rhythmus, es ist alles Strahlung, ist Energie, es geht nichts verloren. Es verschwindet nichts. Es ist nur alles in veränderter Form da. Ich sage mir, daß die geistigen Kräfte immer konstant vorhanden sind. Das ist das, was ich unter Heiligem Geist verstehe, bloß ich habe nicht immer auf die richtige Frequenz eingeschaltet. Da drehe ich halt ab und zu dran." Die Symbole der verschiedenen Religionen, die Zeremonien oder Meditationen sind für Knut lediglich verschiedene Möglichkeiten, geistigen Zugang zu diesem Übersinnlichen zu eröffnen. Daher ist es für ihn als Theosophen weniger von Bedeutung, was einer glaubt, sondern mit welcher Intensität er glaubt.

Der Gedanke, daß alles in Form von Schwingungen und Energie existiert, hat für Knut Konsequenzen über den Bereich von Religiosität und Meditation hinaus. Er geht nicht mehr wie früher auf Demonstrationen, da er sein Unbewußtes durch die Teilnahme in eine negative, aggressive Stimmung versetzt glaubt, die auf der Gegenseite eine entsprechende, allerdings verstärkte Stimmung hervorruft. Durch den Druck, den er ausübt, entstehe zwangsläufig ein Gegendruck. So versucht Knut auch in gesellschaftlichen und politischen Fragen mittels geistiger Kräfte und Fähigkeiten Veränderungen herbeizuführen, zum Beispiel indem er in der Presse Stellung bezieht.

Das "programmierte Unterbewußtsein" erzeugt nicht nur negative Stimmungen. Wenn Knut jemandem mit Sympathie gegenübertritt, können entsprechende Einstellungen und Verhaltensweisen hervorgerufen werden. Darum bemüht er sich bei der Erziehung seiner Töchter, in allem das Gute hervorzuheben, statt gleich zu verurteilen. Schwierig wird es für Knut, wenn ihn selber Probleme bedrängen. Dann scheitert er mitunter an seinen Idealvorstellungen und greift auf alte Erziehungsmuster zurück, unter denen er selbst als Kind gelitten hat. Auch der Umgang mit anderen Menschen fällt ihm in solchen Momenten schwer. "Dann muß ich mich erst einmal zurückziehen, muß mich selber in den Griff kriegen; dann bin ich wieder in der Lage, auf die Probleme einzugehen."

Knut befaßt sich in solchen Momenten mit Büchern und versucht auf diese Weise, seine inneren Spannungen zu lösen. Nicht alles nur mit dem Verstand zu bearbeiten, sondern es emotional zu bewältigen, das kostet den "großen Theoretiker" manchmal etliche Anstrengung. Leicht fällt es ihm hingegen, auf seine "Intuition" zu hören. In seiner Marinezeit war er in der Lage, Inhalt und Absender von Briefen, die an ihn gerichtet waren, vorherzusehen. Er hat die Stimme seines toten Vaters gehört, der ihn vor einem Unfall warnen wollte. Knut hat drei Arbeitsunfälle erlitten. Im nachhinein stellte er fest, daß sie mit seinem Seelenleben sowie mit seiner religiösen Einstellung zu tun hatten.

Diese Erkenntnis konnte er auf andere Lebenssituationen übertragen: War er in einer ausgeglichenen Stimmung, Gott vertrauend, ist ihm selten etwas Schlimmes zugestoßen. Sobald er jedoch von Zweifeln und Ängsten befallen wurde, spitzte die Lage sich zu. Seitdem er Einsicht in diese Zusammenhänge gewonnen hat, versucht er in Lebenskrisen, sein Wissen gezielt einzusetzen, um wieder Hoffnung und Selbstvertrauen zu gewinnen und somit die eigenen Kräfte zu stärken. "Ich bin kein Fatalist geworden, ich habe immer noch das Nötige getan, aber immer mit dem Bewußtsein: 'Das läuft schon, das geht in Ordnung.' Und ich setze Selbstvertrauen auch ein bißchen mit Gottvertrauen gleich. Deswegen hat für mich ein gesundes Selbstvertrauen etwas mit Gottvertrauen zu tun. Dieses Selbstwertgefühl hat mit dem Gottvertrauen zu tun, mit dem Gefühl: 'Das geht in Ordnung.' Und das hat für mich heute eine religiöse Bedeutung und ist nicht an irgendeine Form gebunden, an irgendeine Religion."

Knut nutzt Religiosität als ein Mittel, um sich selbst besser zu verstehen und damit sein Verhalten zu korrigieren. Das kann seiner Meinung nach sowohl zu einer weitreichenden gesellschaftlichen Veränderung als auch nur zur eigenen Weiterentwicklung beitragen. Aber gegenüber solchen Nützlichkeitserwägungen ist ihm der Glaube an Gott ein vorrangiges Bedürfnis. "Vielleicht ist es das Bedürfnis, in einer gewissen Geborgenheit zu sein; zu wissen, daß es Gesetzmäßigkeiten gibt, nach denen ich mich an und für sich richten kann. Und wenn ich mich dagegen stelle, dann falle ich auf den Bauch, dann muß ich die Folgen tragen. Oder es ist das unbewußte Wissen, irgendwoher gekommen zu sein, daß etwas Schöpferisches in einem vorhanden ist, das jetzt über dem degenerativen Teil wieder zu einem kreativen Teil werden kann, über diesen Kreislauf. – So sehe ich mich. Und vor allen Dingen ist mir eins klar, daß bei mir einfach ein religiöses Bedürfnis vorhanden ist. Sonst wäre ich nicht immer wieder drauf gekommen, trotz dieser miesesten Erfahrungen."

2.15 Nora

Nora, 23 Jahre, wohnt in einer Wohngemeinschaft und studiert Religion für das Lehramt an Grund- und Hauptschulen.

Die religiöse Erziehung verlief bei Nora wie in vielen Familien: Kindergottesdienst, Kinderbibel und abendliches Gebet legten den Grundstein für ihren Kinderglauben. Gott galt als derjenige, der ihr Tun und Handeln beobachtete, der immer bei ihr war und sie lieb hatte, jedenfalls solange sie sich richtig verhielt.

Nora nahm am Konfirmandenunterricht teil, ohne sonderlich beeindruckt zu sein. Mit vierzehn Jahren erkrankte sie an Krebs. Der christlich eingestellte Arzt enthielt ihr die Wahrheit nicht vor und betete mit ihr zusammen um Gottes Hilfe. Sie hatte das Gefühl, Gott durchströme ihren Körper. Dadurch erlangte sie die Gewißheit, Gott werde ihr bei der Heilung helfen. Sie wurde viel schneller gesund, als die Ärzte es prophezeit hatten.

Die Tatsache, daß Nora "mit Gottes Hilfe und der Hilfe der Medizin" dem Tode entronnen war, führte zu einem neuen Bewußtsein. Sie erlebte viele Situationen intensiver und begann, über ihren Glauben nachzudenken. In der Oberstufe des Gymnasiums nahm sie engagiert am Religionsunterricht teil. Sie fühlte sich durch die Unterrichtsthemen persönlich angesprochen und gefordert. Diese guten Erfahrungen bestimmten ihre Berufswahl: "Das war einer der Gründe, warum ich mir gesagt habe: Du willst nicht nur Lehrerin werden, sondern Religionslehrerin, weil du da einen ganz anderen Zugang zu Schülern haben kannst und auch ein sehr viel persönlicheres Verhältnis, als es im normalen Unterricht möglich ist."

Nora nahm das Studium auf. Die Auseinandersetzung mit einem Kommilitonen, der eine fundamentalistische Glaubens- und Gottesvorstellung vertrat, führte zu erheblichen Zweifeln an ihrer eigenen Religiosität. Sein selbstsicheres missionarisches Auftreten verursachte bei Nora häufig das Gefühl, nicht "fromm" genug zu sein. Hinzu kam, daß die Glaubensvorstellung dieses Studenten ihr zu schaffen machte: Man müsse sich Gott unterwerfen und seine Persönlichkeit für den Glauben aufgeben. Diesen Gott konnte sie nicht akzeptieren, da sie sich nicht in Abhängigkeit von ihm begeben wollte. Schließlich fand Nora ihren Weg aus der Glaubenskrise. "Ich wollte nicht sagen: 'Ich kann dieses strafende Gottesbild nicht akzeptieren, also gibt es für mich keinen Gott!' Für mich mußte es irgendeinen anderen Gott geben. Es mußte einen Gott geben, den ich akzeptiere und der auch mich so akzeptieren könnte, wie ich bin. Das ist eben heute mein Gott."

Nora betrachtet Gott als Gesprächspartner, der auf einer Ebene mit ihr steht, der ihr aber auch, wenn sie keinen Ausweg mehr weiß, Hilfe gibt und sie auffängt. Der Glaube an einen Gott, der sie annimmt, gibt ihr eine große Freiheit im Handeln. Nora ist sich darüber im klaren, daß es Richtlinien des Verhaltens gibt, die Gott gutheißt. Dennoch behält sie sich vor, gegen diese Richtlinien zu verstoßen und die Verantwortung dafür zu übernehmen. So hat sie einerseits das Gefühl einer autonomen Stellung gegenüber Gott; andererseits muß sie ihr Verhalten immer wieder reflektieren. Nora sieht durchaus die Gefahr, daß sich aus solcher Freiheit eine Gleichgültigkeit entwickeln könnte. "Ich würde es traurig finden, wenn ich eines Tages so frei handelte, ohne praktisch die Frage zu stellen: 'Was würde Gott gutheißen?' Dadurch, daß mir bestimmte Richtlinien vorgegeben sind, habe ich immer die Möglichkeit, positiv zu handeln. Ob ich es dann tue oder nicht, das ist eine andere Frage. Aber wenn mir diese Richtlinien eines Tages fehlen würden, dann würde ich sie schon sehr vermissen. Ich würde das sehr traurig finden, weil ich auch die Bezugsperson Gott dann vermissen würde."

Ein schlechtes Gewissen kommt bei Nora auf, wenn sie ihr mangelndes Engagement in der Öffentlichkeit bedenkt. Sie wirft sich dann Halbherzigkeit vor, weil sie nur gelegentlich beispielsweise an Demonstrationen teilnimmt und sich darüber hinaus nirgendwo engagiert.

Ein Ziel ist es für Nora, eines Tages guten Religionsunterricht zu erteilen, von dem sie sich erhofft, daß er die Schüler anspricht und sie in ihrer Entwicklung fördert. Der Glaube – vor allem die Gewißheit, angenommen zu sein – gibt ihr ein großes Maß an Sicherheit; in erster Linie das Gefühl, nie ganz verlassen zu sein. "Wenn es einem schlecht geht, ... dann ist es beruhigend, wenn man weiß, Er ist da. Das ist wirklich noch die letzte Zuflucht. Von der kriegt man auch Hilfe. Wenn mich sonst schon keiner liebt, Er tut's. Wenn Er nicht da wäre und mir würde es dreckig gehen, würde ich mich wahrscheinlich verdammt einsam fühlen."

2.16 Pierre

Pierre, verheiratet, ein Kind, ist von Beruf Pastor.

Nur zweimal hat Pierre am Kindergottesdienst teilgenommen. Es war ihm so peinlich, eine Frage nicht beantworten zu können, daß er sich nicht wieder hintraute. Einmal erzählte er seinen Eltern von den biblischen Geschichten, die er im Religionsunterricht gehört hatte. Die Mutter äußerte ihre Zweifel. So gewann Pierre früh den Eindruck, daß "Kirche viel mit Wissen zu tun hätte".

Der Großvater sorgte dafür, daß der Junge das Fach Religion ernst nahm. Waren die Zeugnisnoten in Betragen und Religion gut, pflegte er zu sagen: "Pierre, aus Dir wird nochmal ein guter Kerl." Die anderen Noten waren für den Großvater uninteressant.

Der Konfirmandenunterricht war mit Schrecken verbunden. Wenn Pierre sich am Unterricht beteiligte, was er eigentlich gerne getan hätte, mußte er riskieren, von den "starken Jungs" verprügelt zu werden. Also sagte er lieber nicht so viel. In einer Jungschargruppe hingegen fühlte er sich wohl. "Dann merkte ich bei dieser Jungschargruppe, da kann ich spielen, da kann ich mit anderen zusammen sein, die mir nichts Böses wollen, und ich habe mich jedesmal auf den Freitag gefreut." Es folgte die Teilnahme am "Donnerstagskreis". Dort fühlte sich Pierre sicher; er durfte seine Meinung frei äußern, ohne wie sonst kritisiert zu werden. Im "Montagskreis", zu dem er dann überwechselte, wurden anspruchsvollere Themen erörtert. An diesen Gesprächen nahmen Jugendliche vom 16. Lebensjahr an teil. Eine Sommerfahrt mit dieser Gruppe vermittelte ihm das Erlebnis, aufgehoben zu sein in einer guten Gemeinschaft. Sein Eindruck von der Kirche: "Mensch, hier gehöre ich hin!"

Den Religionsunterricht der gymnasialen Oberstufe fand Pierre interessant. Ihm schien, als könne man mit dem Christentum die Gesellschaft progressiv verändern. Er faßte den Entschluß, Lehrer zu werden, und wählte die Fächer Deutsch und Religion.

Nach sechs Semestern gab Pierre das Lehramtsstudium auf, weil er seine Vorstellungen vom Christentum für unvereinbar hielt mit dem Leistungsprinzip der Schule. Nach einem Gemeindepraktikum wechselte er zum volltheologischen Studium. Er studierte sehr wissenschaftsorientiert. Erst im Vikariat wurde ihm bewußt, daß Gott nicht nur allgemein existiert, sondern existentielle Bedeutung hat für sein Leben. "Da habe ich erst gemerkt, daß das auch in meinem Leben was bewirkt hat; das hat ja Platz gehabt, da ist was gewesen."

Pierre vermag seine religiösen Erfahrungen überwiegend an Gemeinschaftserlebnissen festzumachen. Ein individuelles Christentum ohne Austausch und Umgang mit anderen Menschen ist für ihn schwer vorstellbar. Dies zeigt sich besonders in seiner Haltung zum Gebet. Selbstverständlich ist für ihn das Gebet im Gottesdienst: "Dann weiß ich, daß ich das selbst brauche." Für sich allein kann er hingegen nicht beten, jedenfalls nicht in dem Sinne, daß er für sich etwas erbittet: "Du kannst Gott um den Segen für deine Arbeit bitten, aber du kannst nicht erwarten, daß er ihn auch für dich gibt. Und in dem Sinne verstehe ich für mich auch Gebet. Ich kann um das Heilvolle für meine Arbeit bitten." Etwas anderes ist es mit dem Dankgebet; dies zu sprechen, fällt ihm nicht schwer.

Zwei besondere Gebetserlebnisse sind ihm in Erinnerung geblieben. Als sein Vater einen Herzinfarkt erlitt, richtete Pierre an Gott die Bitte, daß sein Vater nicht sterben möge. Dabei hatte er schon während des Gebets das sichere Gefühl, es würde vergeblich sein. Als ein paar Jahre später sein Schwiegervater erkrankte, betete Pierre lediglich darum, Gott möge tun, was für den Kranken am besten ist. "Er ist dann gestorben. Und ich vermute, daß es in dieser Situation das Beste war."

Pierre hält keine Zwiesprache mit Gott. Wenn er Probleme hat, bespricht er sie mit den Menschen, die sie verursachen, oder er löst sie allein. Nur wenn Pierre sich ganz einsam und von allen verlassen fühlt, schickt er "innerlich einen Stoßseufzer zum Himmel". Vor kurzem las er ein Buch über das Leben nach dem Atomangriff; Frau und Tochter waren nicht zu Hause. "Ich fühlte mich total allein, verlassen und war richtig depressiv. Ich dachte: Wenn es jetzt passiert, dann sterben wir nicht einmal zusammen. Und ich kann mich nicht genau erinnern, aber ich hatte das Gefühl, daß ich im Innern zu Gott gesprochen habe, daß er das doch verhüten möge. Wenn ich das gedacht habe, dann habe ich das wohl gleich wieder erfolgreich verdrängt, weil ich mich dann bei solchen eigenartigen Sachen vor mir schäme." Das sind Momente, in denen er weiß, daß er nichts mehr auszurichten vermag; da kann er sich an Gott als den "Vollender" wenden. Gott ist aber ebenso "Beweger" und "Erhalter" für ihn: "Ich bin nicht derjenige, der dafür zuständig ist, daß diese Schöpfung erhalten bleibt. Ich muß daran arbeiten, ich muß auf dem Weg bleiben. Der Weg ist das Ziel. Und wenn ich auf diesem Weg bleibe, dann bin ich schon ganz gut davor. Also Vollendung kommt nicht von mir, sondern kommt von woanders her. Beweger ist jemand, der mich anstößt; der mich auf Sachen stößt."

Pierre versucht sein Handeln daran zu orientieren, was Gott gutheißen würde. Dabei versagt er manchmal. "Und mit dieser Schuld lebe ich, und ich hoffe und bin auch sicher, daß diese Schuld von Gott aufgenommen ist. Das fällt für mich unter den Begriff 'Erhalter'; erhalten trotz aller persönlichen Schuld; angenommen werden."

Wenn Menschen, statt sich zu streiten, einander anlächeln und freundlich sind, kann das für Pierre zur Gotteserfahrung werden. "Das ist vielleicht keine große Gotteserfahrung, aber da ist etwas passiert, da haben Menschen zueinander gefunden. Da sind sich Menschen wirklich begegnet. Wenn ich den Begriff benutze, dann würde ich sagen, das ist eine Gotteserfahrung. Der Heilige Geist hat dort geweht, so wie es ihm gefallen hat. Er weht, wo er will. Und da hat er wohl mal erfolgreich geweht."

Pierre vertraut auf Gott. Er glaubt, daß Gott ihn auf seinem Weg durchs Leben begleitet, ihm kritische Situationen nicht erspart, aber auch hilft, sie zu bewältigen. Er hat sich in dieser Hinsicht noch nie "verraten und verkauft" gefühlt. Diese vertrauensvolle Haltung spiegelt sich in seiner Einstellung zum Leben: "Wer weiß, wozu das alles gut sein sollte. Das ist so ein Gefühl: Wenn etwas nicht so sein soll, dann ist das auch nicht so, dann hat das schon seine Bewandtnis."

Pierre sieht jeden Tag als eine "Aufgabe und ein Geschenk" an – wert, ihn bewußt und intensiv zu erleben. "Es ist geschenkte Zeit. Es ist Zeit, in der ich lebe, eigene Gedanken haben kann. Deshalb wäre es Sünde, wirklich Sünde, einen Tag abzuhaken und zu sagen, der wäre nicht wichtig." Er möchte nicht nur seinem Leben insgesamt, sondern jedem Tag einen besonderen Sinn geben. Darin sieht er einen Teil seiner Arbeit am "Reich Gottes" und hofft, daß es sich schon hier ereignet. Das Reich Gottes ist für ihn eine Zeit, in der sich Menschen verstehen werden, ohne daß Mißverständnisse das Miteinander stören, "weil sie sich von Angesicht zu Angesicht begegnen werden". "Ich denke, daß heißt dann letztendlich Begegnung mit Gott, wenn man mit Gott in Einklang gekommen ist. Und das gibt mir der Glaube: Dieses Gefühl, daß all unsere Mißverständnisse zeitlich oder ewiglich – das weiß ich noch nicht so genau – aufgehoben sind."

2.17 Rolf

Mit seiner Frau und seinen zwei kleinen Kindern wohnt Rolf in Y-Stadt, wo er an der Universität das Fach Religion studiert hat. Vor kurzem hat er das Referendariat begonnen.

Rolfs Eltern verfolgten die religiöse Erziehung der Kinder ohne großes Interesse. Die Vorstellung von einem helfenden Gott geht weniger auf ihren Einfluß als auf Kindergottesdienst oder Religionsunterricht zurück, war aber nie sonderlich ausgeprägt und wurde später sogar abgelehnt. Lange Zeit war Rolf Atheist: "Es gibt keinen Gott, das ist Quatsch. Wir müssen aufpassen, daß wir da nicht auf ein Jenseits vertröstet werden." Er war damals politisch aktiv und bemühte sich um neue Lebensformen, um einen menschlichen Umgang. Die große Wende trat während des Studiums ein.

Rolf wechselte im dritten Semester von Geographie zu Religion, eigentlich in erster Linie aus Neugierde. Durch Theologie-Dozenten, die ihm glaubwürdig erschienen, entdeckte er, welche Konsequenzen sich aus dem christlichen Glauben für sein Leben ergeben könnten. Er begriff, daß er "im Grunde immer ein religiöser Mensch gewesen sein muß" und in seiner atheistischen Phase viele Grundannahmen des Christentums verwirklicht hatte, ohne es zu bemerken. "Suche nach neuen Lebensformen, alternativer Lebensstil, das beinhaltet ein menschlicheres Umgehen miteinander, ein besseres Verhältnis zur Natur, daß ich mich als Geschöpf fühle und in die Schöpfung nicht zerstörend eingreifen darf. – Ich sage mir jetzt: Das sind ethische Anforderungen, die mir vom Christentum auch gegeben worden sind, die ich aber vorher nicht wahrgenommen habe."

Im Rückblick auf sein Leben hat Rolf das Gefühl, mitunter von Gott geführt worden zu sein. Er betrachtet seine Religiosität als einen Weg, auf dem er sich befindet. Er ist noch lange nicht ans Ziel gelangt und versteht sich als "Suchenden". Für die Umwege, die er gemacht hat und die er immer noch macht, ist er selbst verantwortlich. Zu spüren, daß er seinen Weg nicht allein geht, sondern Gott ihn leitet, ist eine "erleichternde Erfahrung". "Das hat überhaupt nichts Bedrohendes für mich. Im Gegenteil, es hat etwas Befreiendes: Ich fühle mich geführt."

An der Entwicklung seines Glaubens sind sowohl Verstand als auch Gefühl beteiligt; eines ohne das andere hätte Rolf nicht befriedigt. "Also nur durch das Gefühl zum Glauben zu kommen, das wäre nicht mein Ding gewesen. Es ist für mich im Grunde der einzig mögliche Weg gewesen, über den Kopf wieder an das Gefühl zu kommen." Dabei war die Beschäftigung mit Religion in theologischen Seminaren, die rationale Verarbeitung Grundlage eines neuen Zugangs zu seiner Religiosität. Daß Verstand und Gefühl jetzt zusammenwirken, merkt Rolf u. a. daran, daß er eine positive Einstellung zu Weihnachten gewonnen hat. Manchmal kommen ihm Zweifel, die aber nur dem Verstand entspringen: "Ist das nicht doch Projektion menschlicher Sehnsüchte und Wünsche?" Diese Zweifel kann er überwinden aufgrund seiner bisherigen Erfahrungen mit dem Glauben. Dabei spielt sicherlich eine Rolle, daß Rolf des öfteren Gottes Existenz erfahren hat. So spürte er beispielsweise geradezu körperlich die Nähe Gottes, als er nach dem Genuß einer verdorbenen Pilzsuppe erkrankte. "Danach wurde mir sehr schlecht. Und ich bekam schon Panik, wußte nicht, was ich machen sollte. Dann habe ich mich hier an den Tisch gesetzt; es war abends und dunkel. Da habe ich mir eine Kerze angemacht, habe in die Kerze geguckt, die Augen zugemacht; und es war nicht direkt ein Gebet, es war mehr eine Meditation. Vielleicht doch schon eine Kontaktaufnahme zu Gott. Da habe ich mit geschlossenen Augen ein Licht gespürt, das so auf mich zugekommen ist. Und das hat mich richtig warm gemacht, hat mich erwärmt, und kurze Zeit später waren die Beschwerden vorbei. Und das hat mich von den Socken gehaun."

Lieder, Symbole oder Gebet sind für Rolf Möglichkeiten, Gottes Nähe zu erleben. In Krisenzeiten kann er durch ein Gebet von dem "ungeheuren Kraftpotential" Hilfe erlangen. "Ich erhalte eine indirekte Antwort in der Form, daß ich dann nachher ein bißchen klarer sehe. Es hat etwas Befreiendes, das Gebet. Es ist ähnlich wie eine Meditation. Das, was mich momentan beschäftigt, verliert dadurch an Gewicht, auch wenn es mich bedrückt. Während des Gebets schwindet es nicht direkt von mir, aber ich erfahre Erleichterung dadurch. Und es gibt mir die Kraft, wieder einen Anfang zu versuchen bzw. weiterzumachen."

Etwas, was Rolf sehr beschäftigt, ist seine derzeitige Situation als Referendar. Er fragt sich oft, wie er seine Glaubenserfahrungen den Schülern vermitteln und glaubhaft das Fach Religion unterrichten kann. Er fühlt sich verantwortlich, und zwar nicht nur als Religionslehrer. "Es ist so ein Gefühl, daß ich verantwortlich bin für diese Welt und damit auch für diesen Schulalltag und daß ich das, was ich dazu beitragen kann, auch beitragen muß." Verantwortlichkeit zu übernehmen, zu einem mitmenschlichen Umgang beizutragen, das sind ethische Konsequenzen, die Rolf aus seiner Religiosität zieht. Er hat dabei seinen Konfirmationsspruch vor Augen: " 'Dienet einander, ein jeglicher mit der Gabe, die er empfangen hat.' Das steht im Grunde vor mir. Wenn es nun einmal meine Gabe ist, Menschen zu erziehen, dann muß ich es versuchen. Und das ist wieder das Ding: 'Ich bin ein Geschöpf. Die Gaben, die mir gegeben sind, sind meine Aufgaben.' Ob es wirklich meine Gabe ist, weiß ich nicht. Ich muß es sehen." Zweifel, ob der Lehrerberuf wirklich seine Gabe ist, sind Rolf erst nach dem Examen gekommen. Der "Praxisschock" der ersten Schultage macht ihm noch sehr zu schaffen und konfrontiert ihn – auch das eine Erfahrung mit religiöser Komponente – mit seiner Begrenztheit[30] als Mensch. "Ich armer kleiner Mensch, der doch immer wieder weiter sein möchte, als er eigentlich ist. Und das wird mir im Referendariat schmerzhaft bewußt; im Studium war es noch ein Leben im Schonraum. Und jetzt, wo du allein dastehst, bist du wieder zurückgeworfen auf das, was du selbst verkörperst, wie weit du gekommen bist. Wie weit bin ich in meiner persönlichen Entwicklung gekommen? Bin ich eigentlich schon der, der unterrichten kann?" Der Glaube an Gott erweist sich bei all diesen Nöten als ein Trost. "Ich weiß mich im Grunde ja auch getragen dadurch, daß ich diesen Weg nicht allein gehe. Es gibt mir auch wieder den Mut und die Zuversicht, da etwas zu machen. Man fühlt sich nicht ganz so schwach."

Rolf hofft, daß es ihm gelingt, seinem Leben einen Sinn zu geben und daß er dabei nicht vergißt, auch für andere dazusein.

2.18 Stefan

Stefan, 60 Jahre, Lehrer, ist verheiratet. Er engagiert sich in den verschiedensten Bereichen (Politik, Jugendarbeit, Segelverein u. a.) und interessiert sich für Naturwissenschaften.

Der Ursprung seiner Religiosität geht auf elterliche Einflüsse zurück. "Als Kind habe ich ein Elternhaus kennengelernt, das sehr engen Kontakt mit der Kirche hielt aus beruflichen Gründen. Vater war nicht nur Lehrer, er war auch Organist. Die religiöse Erziehung wurde bei uns Kindern stark durchgeführt oder vorgenommen. Es war selbstverständlich, daß am Bett abends das Abendgebet gesprochen wurde. Das Abendgebet wurde meist mit der Mutter gesprochen. Ansonsten nahm sie, was religiöse Gespräche anbelangt, eher eine passive Rolle ein." Stefan zeigte schon früh die Neigung, sich mit religiösen Themen zu befassen. "Religion hat mich immer, auch im Unterricht, stark interessiert. Damals schon habe ich Religionsbücher gelesen, die Vater im Schrank stehen hatte, die Bibel natürlich, sehr viele Abschnitte. Mit Vater habe ich viele religiöse Gespräche geführt."

In der Zeit des Nationalsozialismus mußte der Elfjährige der Hitlerjugend beitreten, so daß er des öfteren an Schulungen teilnahm. Mit dem Vater, der "von Anfang an eine Antihaltung zum Nationalsozialismus hatte", diskutierte

30 Vgl. Ellerbrock: Angst vor Gott, S. 574; siehe auch das Kapitel über Tillich in dieser Arbeit, besonders den Abschnitt "Der Mensch – Wesen und Entfremdung".

er ausgiebig. Er berichtete dem Vater von der Einstellung der Nationalsozialisten zu Jesus Christus, "die mich überraschte, verblüffte, der ich aber keinen rechten Glauben schenken konnte", woraufhin der Vater jeweils die Gegenposition vertrat.

Zu einer endgültigen Abkehr von nationalsozialistischen Religionsauffassungen kam es bei Stefan, als ein Kreisschulungsredner, der die Jugendlichen auf die Jugendweihe vorbereiten sollte, die Christen als faule, resignierende, stupide Menschen darstellte. "Dem konterte ich dort öffentlich, indem ich sagte: 'Es ist ein alter Spruch aus der Kirche: Ora et labora.' Er guckte mich verständnislos an, und ich merkte, daß er kein Latein konnte. Dann übersetzte ich: 'Bete und arbeite!' Das wäre eine der Grundregeln der Kirche, schon seit vielen Jahrhunderten. Martin Luther wäre ein Beispiel dafür, daß man nicht zum stupiden, faulen Menschen würde, und er hätte in seinen Schriften gerade zu aktivem Einsatz aufgefordert. Darauf wußte er nichts zu antworten. Er wurde bös' in Verlegenheit gebracht und sagte: 'Darüber haben wir hier nicht zu befinden. Ich habe hier das weiterzugeben, was die nationalsozialistische Weltanschauung lehrt!' Ich hielt weiterhin den Mund, weil mir im selben Augenblick einfiel, daß ich durch mein Reden meine Eltern in Gefahr bringen könnte. Damals war ich fünfzehn."

Im Zweiten Weltkrieg erlebte er zum wiederholten Male, wie er mit dem Leben davonkam, während seine Kameraden getötet oder verletzt wurden. "So habe ich – und ich bin heute noch nicht frei davon – immer wieder das Gefühl gehabt, hier war irgendwie Gott, Christus oder wer auch immer am Werk und hat mich irgendwie vor dem Tod bewahrt." Von 68 Männern seiner Einheit kehrten 13 zurück, er als einziger unverletzt.

Nicht die Kriegserlebnisse waren es, die Stefans Gewissen jahrelang belasteten. "Das ist das Merkwürdige, das Gefährliche und Schaurige daran, daß man da eigentlich keine Gewissensskrupel hatte für das, was man im Krieg getan hat, daß die Granate, die ich in den Werfer reingeschoben habe, bestimmt war, andere Menschen zu töten. Merkwürdigerweise bereitet mir das keine großen Gewissensbisse. Jahrzehntelang hat mich beunruhigt, daß ich ein Fahrrad gestohlen habe. Das hat mich lange, lange intensiv beschäftigt, daß ich ein Rad gestohlen hatte (am Ende des Krieges, um nach Hause zu kommen) und keine Möglichkeit fand, das wieder gutzumachen. – Ich weiß nicht, ob Gott mir das verziehen hat, ich hoffe es."

Das Gefühl, Gott habe ihn in irgendeiner Weise im Krieg beschützt, wurde für Stefan zu einer Grundlage seines Glaubens. Als die Tochter lebensgefährlich erkrankte, half ihm dieses Gefühl: "Durch mein ganzes Leben hindurch, durch das, was ich vorher erlebt hatte, habe ich – wenn es auch manchmal sehr schwer wurde oder mir Zweifel kamen – nie geglaubt, sie schafft es nicht. Ich habe eigentlich immer geglaubt, sie schafft es. Und in irgendeiner Weise wird Gott uns helfen."

Der Glaube ist für Stefan heute, wo er weit jenseits der Lebensmitte steht, ein Thema, das ihn oft beschäftigt. "Es ist eigenartig, wenn man die Schwelle des fünfundfünfzigsten, des sechzigsten Lebensjahres überschritten hat, so muß ich die Erfahrung machen, die wahrscheinlich viele Menschen vor mir gemacht haben, daß die Gedanken nicht bloß zurückgeschickt, sondern auch nach vorn geschickt werden, wo man sehr bald an einen Punkt kommt, wo man sagt: Was wird dann sein, wenn die letzte Stunde schlägt?"

Religiosität ist die Grundlage seines vielfältigen Engagements außerhalb des Berufes. Den Glauben versteht Stefan als Aufforderung, sich "in der Welt zu bewähren". Im Rahmen seines Berufs setzt er sich immer wieder mit dem Thema Religion auseinander. "Später habe ich dann Religionsunterricht gegeben, eigentlich in meiner ganzen Schulzeit, und es immer als sehr schwer empfunden."

Trotz seiner positiven Erfahrungen mit dem Glauben tauchen immer wieder Zweifel bei ihm auf. Er ist sich beispielsweise unsicher über die Person Christi. Auch Schöpfung und Evolution beschäftigen ihn oft. Stefan fragt sich, ob der Mensch lediglich ein Spitzenprodukt der Evolution ist und wann der Mensch begonnen hat, sich der religiösen Dimension zu öffnen.

Fragen oder gar Zweifel führen jedoch nicht dazu, daß Stefan seinen Glauben aufgeben könnte. "Ich habe oftmals versucht, mich in die Mentalität eines solchen Menschen zu versetzen, der Gott verneint. Das hat etwas Verlockendes an sich, weil derjenige, der das tut, dann glaubt, völlig frei zu sein, in keiner Weise mehr gebunden, keinerlei Bindungen mehr zu haben. Das kommt für mich aufgrund meiner Lebenserfahrung nicht in Frage. Dann erhalte ich auch immer wieder eine Antwort darauf, ob ich ohne Gott leben könnte. Ich merke, es geht nicht. Zu viele Male habe ich in meinem Leben erlebt: Es gibt Gott!"

Das Verlockende an einer atheistischen Einstellung ist für Stefan die Freiheit, niemandem verantwortlich zu sein und niemandem gehorchen zu müssen. "Jede Verantwortung ist in irgendeiner Weise eine Bindung ... ja, wenn ich Gott nicht habe: an 'nichts', wenn ich Gott habe: schließlich und letztendlich an Gott. Aber wenn ich Gott ablehne, dann brauche ich keine Rechenschaft über mein Tun abzulegen. Ich kann zu einem skrupellosen Menschen werden, der rücksichtslos über seine Mitmenschen hinweggeht. Wem bin ich dann verantwortlich? Niemandem! – Aber eines der wichtigsten Gottesgebote ist das der Nächstenliebe. Und damit eine Bindung zu Gott, aus der wir nicht so leicht herauskommen. Wir sind für unsere Mitmenschen verantwortlich."

In ähnlicher Weise wie Stefan gegenüber Gott Rechenschaft ablegt, hält er Zwiesprache mit seinem verstorbenen Vater, unter dessen Tod er sehr gelitten hat. "Es geht mir noch heute so, daß ich im Stillen mit Vater diskutiere, im Stillen mit ihm spreche und diskutiere und manchmal beinahe plastisch direkt eine Antwort höre."

Eine weitere Möglichkeit der Auseinandersetzung mit sich selbst ist für Stefan das Gebet. Er ist sich nicht sicher, woher die Fragen und Antworten kommen, die im Gebet Gestalt gewinnen.

Der Glaube gibt Stefan immer wieder die Möglichkeit, auf vielfältige Weise sein Verhalten und seine Gedanken zu reflektieren. Verantwortung zu tragen, Aufgaben zu erfüllen und sich zu bewähren, begreift er als Anforderung, die der Glaube an ihn stellt. Einerseits ist es ihm wichtig, diesen Anforderungen gerecht zu werden und sich zu engagieren. Andererseits fühlt er sich gelegentlich dadurch überfordert. Die Konflikte, die daraus erwachsen, werden im Gebet oder im Zwiegespräch mit dem Vater überwunden. So ist der Glaube für Stefan integraler Bestandteil seines Lebens.

2.19 Thorsten

Thorsten, verheiratet, ist von Beruf Diakon und zusätzlich als Berufsschullehrer ausgebildet.

Als Jugendlicher hat Thorsten "die Kirche als eine Alternative benutzt, um in seiner pubertären Krise aus der Familie auszubrechen". Die Gemeinschaft, in der er "Halt fand", war ihm wichtig, weniger die Kirche als Vermittlerin religiöser Botschaften. Sein beruflicher Alltag stellte ihn nicht zufrieden; als er das Angebot erhielt, eine Diakonenschule zu besuchen, ergriff er die Chance.

In der Diakonenschule versetzte ihm die historisch-kritische Bibelanalyse zunächst einen Schock: "Und du kommst da erstmal ganz naiv an, und dann ist dein ganzes Glaubensbild zerbröselt, und dann bist du fertig mit der Welt und sagst: 'Mann, hätte ich bloß nicht Diakon gelernt! Die erzählen ja einen Müll.' " Heute versucht Thorsten, "den Sinn, den Geist" der biblischen Geschichten herauszufinden und auf die heutige Situation zu übertragen. Dabei hat er festgestellt, daß die Botschaft Jesu noch von großer Bedeutung ist. Allerdings hat er den Eindruck gewonnen, daß es kaum möglich ist, konsequent christlich zu leben.

Die Gemeinschaft spielt für Thorsten eine erhebliche Rolle. "Das ist keine Sache: 'Ich und Gott', sondern: 'Ich in der Gemeinschaft mit Gott'. Die Gemeinschaft soll dabei dem Einzelnen helfen, eine Beziehung zu Gott zu bekommen, da man zu Gott allein schwer Zugang findet!" Daher bevorzugt Thorsten das Gebet in der Gemeinschaft. "Und das ist für mich ganz wichtig, beim Beten ruhig zu werden und zu hören und mich selber mit meinen oberflächlichen Bedürfnissen zurückzunehmen und auf das eigentlich Wichtige zu besinnen. Wenn man dann auf einmal über sich rausguckt und die anderen sieht und das wirklich Wichtige sieht, dann ist es so richtig 'beten'. Dann ist es ein Über-sich-Hinausgehen."

Seinem Beruf steht er zwiespältig gegenüber. "Ich kann mich engagieren, und vor allen Dingen kann ich mich damit identifizieren. Obwohl ich mich sicher immer wieder ärgere. Die Schwierigkeit ist, wenn du so eine Art Hobby zum Beruf machst, dann wird diese Liebhaberei irgendwie hart, weil du immer wieder Punkte hast, die dir nicht schmecken." Zum einen ärgern ihn die "heuchlerischen", "unglaubwürdigen" Pastoren, zum anderen das mangelnde Interesse der Kirche an Jugendarbeit. Thorsten, der sich auf diesem Gebiet sehr engagiert – nicht zuletzt deswegen ist er Berufsschullehrer geworden – erhält wenig Anerkennung. "Und mir ist es aufgefallen im Berufsschulunterricht, daß wir in der kirchlichen Arbeit bestimmt an 80 bis 90 % der Leute vorbeigehen, die einfach nicht in unser soziales Bild passen, weil sie einfach zu laut sind oder Bier trinken. Und wenn dann ein junger Diakon kommt, der versucht, die zu packen, dann gibt es natürlich tierisch Ärger, weil die Klodeckel kaputtgehen oder das Gemeindehaus dreckig ist. Dann kommt der Küster, geht zum Pastor, der hört sich das dreimal an, und dann wird das unterbunden. Das war jetzt so der negative Teil der Kirche. Aber die Kirche muß man natürlich auch so sehen, daß sie Möglichkeiten und Freiräume gibt für Leute, die in der Kirche was tun wollen. Und diese Möglichkeiten und Freiräume muß man als kirchlicher Mitarbeiter nutzen. Und ich kann natürlich nicht aus dem System heraus, aber ich kann versuchen, innerhalb des Systems so viel zu tun, wie ich eben kann. Das ist oft unbefriedigend, aber es ist mehr als nichts. Das ist immer noch besser als ein Ausstieg, zumal ich für mich auch keine Alternative wüßte, weil der Beruf mir auch gefällt."

Die Berufsschularbeit stellt Thorsten vor hohe Anforderungen. Er muß sich täglich mit Jugendlichen auseinandersetzen, die Gott – und damit verbunden ihn als Religionslehrer – oft ablehnen. Sein Glaube unterliegt "kleineren Schwankungen", so daß er sich vorstellen kann, eines Tages seinen Beruf nicht mehr auszuüben, wenn er sich den frustrierenden Erfahrungen nicht mehr gewachsen sieht.

Thorsten zweifelt niemals an der Existenz Gottes. Was ihm manchmal Schwierigkeiten bereitet, ist die Theodizeefrage. "Man sucht dann oft für irgendwelche Dinge einen Verantwortlichen, obwohl mir rational klar ist, daß Gott nicht dafür verantwortlich ist, wenn z. B. ein Kind überfahren wird. Aber ich neige gefühlsmäßig dazu, einen Verantwortlichen zu suchen, der nicht ich bin. Dann schiebe ich es auf eine andere Ebene, und die Ebene kann eben Gott sein. Rational gesehen ist das Quatsch; das sind zwei Ebenen in mir selber."

Trotz gelegentlicher Anfechtungen gibt ihm der Glaube Halt und Orientierung. "Ein Mensch ohne Glaube ist wie eine Feder im Sturm, ziemlich allein gelassen und beziehungslos ... Das, was ich bin und was ich werde, warum ich meinetwegen nicht mehr so leben will: 'Nach mir die Sintflut', das ist für mich der Glaube."

Dritter Hauptteil: Auswertung

1 Religiöse Entwicklung

Viele der Interviewpartner haben zur Entstehung ihres Glaubens Stellung bezogen: Ein Entwicklungsprozeß, der noch nicht zum Abschluß gekommen ist, aber die Richtung weist. Dabei hat es sich in den meisten Fällen nicht um einen geradlinigen Prozeß gehandelt. Trotz aller Unterschiede lassen sich einige Gemeinsamkeiten erkennen. So wird der kindliche Glaube abgehoben vom Glauben der Jugendzeit und dieser wiederum dem jetzigen Glaubensstandpunkt entgegengesetzt. Die Glaubenserfahrungen der Kindheit spiegeln die Aneignung religiöser Normen und Inhalte wider. In der Jugend findet der Umbruch von einer naiven Übernahme des Glaubens zu kritisch reflektierender Auseinandersetzung statt. Altes und Neues werden zueinander in Beziehung gesetzt, nicht selten gegeneinander abgegrenzt. In den Berichten über die Kindheit klingen bei vielen ähnliche Themen an. Da kommt der Besuch des Kindergottesdienstes zur Sprache, das abendliche Gebet mit der Mutter (der Vater scheint hier keine Funktion zu haben), die Kinderbibel, die sich großer Beliebtheit erfreut. Mit etwa zwanzig Jahren hatte bei den meisten Gesprächspartnern das jugendliche Fragen und Suchen einen vorläufigen Abschluß erreicht. Es zeichneten sich die Konturen eines religiösen Standpunkts ab, der eine emotional und kognitiv befriedigende Basis für das eigene Leben zu bieten vermochte.

1.1 Religiöse Sozialisation in der Kindheit

Allen Gesprächspartnern ist in der Kindheit religiöse Erziehung zuteil geworden. Das gilt selbst in den Fällen, wo Eltern oder Großeltern eine ablehnende Haltung dem christlichen Glauben gegenüber eingenommen haben; im Religionsunterricht der Grundschule wurden die Kinder mit biblischen Themen konfrontiert. Von größerer Bedeutung für die Entstehung des kindlichen Glaubens war jedoch, was nahe Familienangehörige durch ihre Haltung, durch Worte oder durch ihr Tun vermittelten.

1.1.1 Einfluß von Erziehungspersonen

1.1.1.1 Familienmitglieder

Neun der Befragten führen ihren Glauben auf die Eltern zurück, die gläubig sind und durch ihre Haltung einen starken Einfluß auf die Kinder ausgeübt haben. Fünf der Gesprächspartner sagen über ihre Eltern aus, diese hätten durch Gebet, Anmeldung zum Kindergottesdienst oder Vorlesen aus der Kinderbibel versucht, sie religiös zu unterweisen. Von manchen wird diesen Bemühungen aus heutiger Sicht allerdings keine besondere Bedeutung beigemessen. Das gilt insbesondere für Corinna, die ihre Eltern im allgemeinen als religiös nicht sonderlich interessiert erlebt hat:

"Sie haben uns (Kindern) wohl mal Geschichten aus der Bibel erzählt, aber das hatte mehr Märchencharakter; man sollte mal von Jesus gehört haben."

Lediglich drei Personen (Erika, Hannes, Angelika) geben an, daß ihre Eltern nicht religiös waren und daß weder durch die Mutter noch durch den Vater der Glaube an Gott angeregt worden ist. Alle drei haben bei Eintritt in die Pubertät einen festen Glauben an die Existenz Gottes entwickelt.

Nicht immer waren es die Eltern, die ihrem Kind die Religion ans Herz gelegt haben. Bei Hannes, Pierre und Elke taten es eher die Großeltern.

"Wie es angefangen hat mit meinem Glauben, das weiß ich eigentlich nicht. Das ist von klein auf immer schon so gewesen, daß meine Eltern mich so erzogen haben. Aber an einem großen Teil hat wohl meine Oma Schuld daran, weil ich immer viel bei ihr gewesen bin, und sie ist ziemlich religiös." (Elke)

Die Großmutter ging mit Elke während der Schulferien in die Kirche und unterhielt sich mit der Enkelin über Glaubensfragen.

Selten wird die Art und Weise bewertet, wie die Eltern religiös zu erziehen versucht haben. Nur Jutta verurteilt ihre Erziehung.

"Ich habe die Religion mit der Muttermilch eingesogen. Meine Mutter ist pietistisch aufgewachsen und in der Methodistenkirche. Sie ist eine grundauf gläubige, fromme Frau. … Ich habe eine unheimliche Härte dadurch erfahren. Einerseits wurde der 'liebe Gott' gepredigt, aber das, was ich erfahren habe, war unwahrscheinlich hart. Das war: 'Lieber einen toten als einen ungeratenen Sohn.' Und: 'Wen Gott liebt, den züchtigt er.' Ich bin auch so erzogen worden, permanent mit Schlägen." (Jutta)

Jutta konnte später dieses Bild eines strafenden Gottes verstandesmäßig ablehnen. Nichtsdestoweniger leidet sie noch heute unter der Vorstellung, daß Gott sie mit einem Unfall strafen wollte.

Auch Knut hatte unter dem religiösen Eifer seiner Mutter zu leiden. Ursprünglich evangelisch wie sein Vater, wurde er mit sechs Jahren katholisch getauft; die Mutter gab dem hartnäckigen Drängen eines Priesters nach und folgte damit zugleich ihrem eigenen Wunsch. Über den Dienst als Ministrant kam der Junge in die katholische Jugendbewegung. Die Mutter hegte die Absicht, ihren Sohn Apotheker oder Priester werden zu lassen. Der aber litt unter dem "Schuld- und Sühnebewußtsein", in dem er aufgezogen wurde, konnte sich dem Beichtzwang jedoch nicht entziehen. Mit Hilfe eines Tricks konnte er die Gottesdienstbesuche umgehen, deren Teilnahme seine Mutter zu kontrollieren versuchte. Erst als Jugendlicher gelang es ihm, sich endgültig von der Kirche zu lösen.

Auch Rolf stand unter dem Druck, den Kindergottesdienst besuchen zu müssen.

Den übrigen sechzehn Interviewpartnern scheint in ihrer Kindheit eine überwiegend liberale, zwangfreie oder dem Religiösen gegenüber indifferente Erziehung zuteil geworden sein.

1.1.1.2 Das Gebet

... hatte für mich keinen großen Inhalt

"Ich weiß nur, daß die Mutter mit mir als Kind gebetet hat, wenn ich ins Bett gebracht wurde. Das war nicht ein Bedürfnis, sondern ein formales Ritual. Ich kann das Gebet auch noch: 'Lieber Gott, mach' mich fromm, daß ich in den Himmel-komm-amen.' Das 'Himmel-komm-amen' konnte ich nicht trennen, das hing für mich zusammen. Das habe ich nachgeplappert. Das hatte für mich keinen großen Inhalt." (Jürgen)

Jürgens Schilderung mag stellvertretend für viele stehen. Nicht wenige Eltern haben durch Einüben einer Gebetspraxis ihren Kindern den Glauben nahebringen wollen. Verstanden haben die Kinder wenig. Ob die Gebete in anderer Weise für die Kinder von Bedeutung gewesen sind, darüber haben die Interviewpartner keine Aussagen gemacht. Nur so viel läßt sich sagen: Entwickelte sich im Laufe der Zeit ein "starker Kinderglaube" (Ilka), dann wuchs auch die Bedeutung des Sprechens zu Gott. Erwies es sich als formaler Tagesabschluß ohne tieferen Inhalt, ging es, wie bei Bärbel, im Laufe der Kindheit verloren; es "hörte dann auch irgendwann auf".

Eine Kleinigkeit sei am Rande erwähnt. Was das Abendgebet anbelangt, so ist dafür stets eine weibliche Bezugsperson zuständig. Wenn es nicht – wie üblich – von der Mutter gesprochen wird, dann übernimmt die Tante oder die Großmutter diese Aufgabe. Das gilt nicht für das Tischgebet. In Stefans Familie sprach der Vater mittags ein Gebet. Wenn Stefans Mutter einmal verhindert war, das Nachtgebet zu sprechen, so tat dies nicht der Vater, sondern eine Schwester. Diesen Modalitäten liegt sicherlich die traditionelle Rollenverteilung zugrunde, derzufolge hauptsächlich der Mutter die Erziehung – insbesondere auch die religiöse Unterweisung – obliegt.

1.1.1.3 Religiöse Gespräche

Gespräche über den Glauben fanden mit den Eltern in der Regel nicht statt. Wo das jedoch der Fall war, besaßen die Erwachsenen spezifische Kompetenzen. Stefans Vater, von Beruf Lehrer und Organist, war in der Lage, auf die Fragen und Zweifel des Sohnes Antwort zu geben. Bärbels Vater war Bauingenieur; ihr wurden im Urlaub die verschiedenen Baustile der Kirchen erläutert. Dabei schilderten die Eltern ihre Empfindungen. Bärbel ist dadurch sensibilisiert worden für die Ausdruckskraft kirchlicher Bauwerke.

Es muß irgendwo eine Instanz geben

"Es muß irgendwo eine Instanz geben; das, was sie selber von ihren Eltern mitbekommen haben, daß man mit seinen Kindern abends vor dem Zubettgehen betet oder daß man sonntags mindestens alle vierzehn Tage oder alle drei Wochen in den Gottesdienst geht ... Mehr habe ich da eigentlich nicht mitgekriegt." (Jürgen)

Jürgens Eltern konnten ihrem Sohn nicht mehr vermitteln, als was sie selbst an "Diffusem" besaßen. Ausgestattet mit der vagen Ahnung einer "Instanz", hat Jürgen sich im Alter von 13 Jahren auf die Suche begeben.

1.1.2 Religionsunterricht in der Grundschule

Es waren halt spannende Märchen

"Naja, und in der Schule habe ich dann normalen Religionsunterricht gehört, habe die Geschichten aber eher als Märchen aufgenommen, nicht so für bare Münze genommen. Es waren halt spannende Märchen, zu denen man anschließend Bilder zeichnen konnte." (Nora)

Einen nachhaltigen Eindruck scheint der vierjährige Religionsunterricht in der Grundschule auf die Gesprächspartner nicht hinterlassen zu haben. Jürgen sieht seinen Religionslehrer als Erzähler von Geschichten, die – aus seiner heutigen Sicht – nicht sonderlich glaubwürdig waren. Pierre, der immerhin zu Hause vom Religionsunterricht und von der biblischen Schöpfungsgeschichte erzählte, bekam von seiner Mutter zu hören, das "sei doch alles Quatsch" (Pierre). Allein dem Großvater ist es zu verdanken, daß der Religionsunterricht für Pierre nicht an Wichtigkeit verlor. Nur die Zeugnisnoten in 'Religion' und 'Betragen' interessierten den alten Herren. "Pierre, aus dir wird noch mal ein guter Kerl", lautete sein Kommentar, wenn die Zensuren 'gut' oder besser waren.

Wenn die spärlichen Bemerkungen über den Religionsunterricht der Grundschule diesen als 'Märchenstunde' erscheinen lassen, so darf doch wohl nicht verkannt werden: Dieser Unterricht hat den Kindern – beispielsweise auf dem Weg über biblische Geschichten – konkrete Vorstellungen über Gott oder über Jesus vermittelt und das in der familiären religiösen Erziehung entwickelte Wissen vertieft.

1.1.3 Teilnahme an kirchlichen Aktivitäten

Freiwillig oder unter elterlichem Zwang

Mindestens fünf Interviewpartner haben in ihrer Kindheit den Kindergottesdienst, zwei weitere den Gottesdienst der Erwachsenen besucht. Da der Kirchgang nicht wie der Religionsunterricht die Regel darstellt, ist es Sache der Eltern, ihre Kinder dazu zu bewegen. Ob ein Kind zum Gottesdienst geht, hängt also weitgehend von der Einstellung der Eltern ab.

Pierre nahm zweimal teil; Rolf wurde "jahrelang zum Kindergottesdienst geschickt". Der Zwang verleidete ihm dort jeglichen Spaß, so daß ihn nur weniges ansprach und er später mit einer Abwehrhaltung gegen alles Kirchliche reagierte.

Gänzlich anders erlebte Jens seine Kindergottesdienstgruppe: "Und es gab so viele Kleinigkeiten, die einem das schmackhaft gemacht haben, weiter dahin zu gehen." Ob es biblische Geschichten, Bilder oder Spiele waren – Jens gefiel es in der "Sonntagsschule". Er machte mit, bis er zwölf Jahre alt war, und wechselte dann zur "Jungschar".

Ähnlich urteilt Helga, Tochter eines Pfarrers:

> "Als ich das erste Mal mit in einem Zeltlager war, war ich sechs Wochen alt. Insofern habe ich kirchliche Arbeit und das Umfeld von Anfang an mitgekriegt. Ich hatte da auch immer positive Erfahrungen gemacht und habe mich da wohlgefühlt. Ich bin nicht zwangsweise zum Kindergottesdienst getrieben worden; so etwas kenne ich nicht."

Bärbel hat niemals einen Kindergottesdienst besucht. Statt dessen ist sie mit acht Jahren den christlichen Pfadfindern beigetreten. Obwohl die Gruppe nicht kirchlich gebunden war, wurde sie von einer Pröpstin geleitet. Daß die Kinder und Jugendlichen hier Elemente christlicher Nächstenliebe praktizierten, kam Bärbel erst mit sechzehn Jahren zu Bewußtsein.

Kirchliche Aktivitäten übten, insgesamt gesehen, einen wesentlich stärkeren Einfluß auf die Kinder aus als der Religionsunterricht in der Grundschule. Dabei war ausschlaggebend, ob die Teilnahme auf freiwilliger Basis erfolgte. Wurde seitens der Eltern Druck ausgeübt, war die Begeisterung schnell dahin, so daß das Gegenteil der erzieherischen Absicht erreicht wurde.

1.1.4 Die Bibel / Kinderbibel

... fürchterlich geheult, als Jesus starb

"Ich habe aus der Bibel Geschichten gehört und hatte die Kinderbibel von Anne de Fries. Ich habe fürchterlich geheult, als Jesus da am Ende starb, das konnte ich überhaupt nicht einsehen." (Nora)

Der emotionale Ausbruch der siebenjährigen Nora zeigt, welche Identifikationsmöglichkeiten biblische Geschichten bieten.

Elke hat ihre Kinderbibel immer wieder gelesen.

Erika begeisterte sich schon mit fünf Jahren in erster Linie an alttestamentlichen Erzählungen: "Gott als der Rächende, Starke, der da wirklich Macht ausübt." Jesus hingegen fand sie damals "völlig uninteressant". Kaum daß sie in der Schule war, begann sie zum Erstaunen ihrer Eltern die Lutherbibel zu lesen.

1.1.5 Kindlicher Glaube

1.1.5.1 Gottesvorstellungen

Nur wenige haben wie Erika eine Erinnerung, wie sie sich mit fünf oder sechs Jahren Gott vorgestellt haben: "Gott als der Starke, die Übervater-Figur".

... daß dieser alte Mann mir zuguckt und mich behütet

"Da konnte ich aus dem Fenster sehen, und überm Dach vom Nachbarhaus war immer ein Stück Himmel zu sehen, und das Dach war sehr schön. Da konnte ich mir immer vorstellen, daß dieser alte Mann mir zuguckt und mich behütet, während ich Mittagsschlaf mache." (Jürgen)

Die meisten Gesprächspartner hatten als Kinder die Vorstellung eines guten, liebenden Gottes. Jutta, die mit dem Bild eines strafenden züchtigenden Gottes aufwächst, bildet eine Ausnahme.

Für das Böse – wenn es überhaupt von den Eltern in die religiöse Erziehung eingebracht wurde – stand der Teufel oder eine ähnliche Schreckfigur.

Für das Böse gab's den Wullewux

"Ich habe nie wie andere Leute das Bild eines strafenden Gottes aus meiner Erziehung mitgekriegt. Da gab's bei mir was anderes. Das war so irgendwie getrennt nach Gut und

Böse, obwohl ich nicht viel von meinen Eltern mitgekriegt habe. Gott war eher das Gute, und für das Böse gab's den Wullewux. Der war überall da, wo es dunkel und böse und gefährlich war und wo ich nicht hin wollte. Da saß dann der Wullewux drin, vor dem ich auch ordentlich Respekt hatte." (Jürgen)

So sollte der Wullewux den Jungen davon abhalten, den baufälligen Weinkeller zu betreten. In der Tat fürchtete Jürgen den Wullewux, "ein richtiges Gespenst, mit einem weißen Laken", so sehr, daß er das gefährliche Gewölbe nie betrat.

Die Angst, der Teufel könnte erscheinen, hatte der kleine Stefan. Die Seite des Märchenbuches, auf der der Teufel abgebildet war, überblätterte er immer rasch.

1.1.5.2 Funktionen des Kinderglaubens

Da ist einer, der sieht alles, und den kann man auch um Hilfe bitten

Die Funktion, die der Glaube im Kindesalter hat, ist unmittelbar mit der kindlichen Gottesvorstellung verknüpft. Rolf hatte als Kind ein positives Bild von Gott. An diesen Gott konnte man sich mit der Bitte um Hilfe wenden.

"Mein Gottesbild war von Anfang an ein Positives. Ich hatte doch eher den helfenden Gott im Hinterköpfchen. Sofern es mir überhaupt als Kind bewußt gewesen ist. ... da ist einer, der sieht alles, und den kann man auch um Hilfe bitten. Und wenn man Glück hat, dann hilft er einem auch. Was er auch hin und wieder getan hat." (Rolf)

Der neunjährigen Erika verhalf der Glaube dazu, über den Tod ihres Vaters hinwegzukommen. Sie hatte die Vorstellung, ihr Vater sei bei Gott. Eine Zeitlang fiel es ihr sogar schwer, das Bild Gottes und das ihres Vaters voneinander zu trennen. Sie ist sich sicher, daß das Vaterbild in erheblichem Maße ihre Religiosität geprägt hat.

Viel besser, wenn es keinen gäbe, der einen beobachtet

Nicht immer läßt sich die Funktionalität des Glaubens so bruchlos verrechnen. An einen liebenden, allgegenwärtigen Gott zu glauben, kann durchaus auch unangenehme Folgen haben. Dieser Gott nimmt einen in die Pflicht.

"Manchmal habe ich mir gewünscht, es gäbe keinen Gott. Dann habe ich versucht, den zu verdrängen, von wegen 'schlechtes Gewissen' und so etwas. Es wäre viel besser, wenn es keinen gäbe, der einen beobachten kann." (Erika)

Ähnlich wie Erika ist es Elke ergangen. Sie ist überzeugt, daß die Eltern Gott nicht als pädagogisches Druckmittel mißbraucht haben. "Die Eltern haben nie damit gedroht: 'Paß auf, Gott sieht, was du tust!' " (Elke) Ein strafendes Gottesbild war dem Mädchen fremd. Dennoch hat sich bei ihr – trotz vielfältiger Verdrängungsversuche – die Erkenntnis durchgesetzt, daß es einen Gott gibt, dem sie mit schlechtem Gewissen gegenübersteht, wenn sie nicht in seinem Sinne gehandelt hat.

1.2 Religiöse Erfahrungen von der Jugend bis zur beginnenden Adoleszenz

In einigen Gesprächen über die Phase der Pubertät bzw. Adoleszenz klingt so etwas wie ein religiöser Umbruch an, in anderen gewinnt man den Eindruck, als habe sich der Glaube der Kinderzeit kontinuierlich fortgesetzt und dem fortschreitenden Alter entsprechend weiterentwickelt. Die Eltern scheinen in diesem Lebensabschnitt wenig Einfluß auf die Religiosität der Heranwachsenden genommen zu haben. Wo Eltern jedoch die Initiative ergriffen haben, führte das zu verstärktem Autonomiestreben der Jugendlichen und zu negativer Einstellung gegenüber Kirche und religiösen Fragen. Manche Interviewpartner haben sich, teilweise bedingt durch engeren Kontakt zu kirchlichen Gruppen, verstärkt mit persönlichen, gesellschaftlichen und religiösen Problemstellungen auseinandergesetzt. Häufig bildete sich dabei eine Stellungnahme zum Glauben heraus, die – sofern sie eine Bejahung des Glaubens enthielt – bei vielen über die Berufswahl mitentschieden hat.

1.2.1 Jugend im Nationalsozialismus

Von allen Befragten haben nur Carla und Stefan ihre Jugend in der Zeit des Nationalsozialismus verbracht. Das hat bei beiden die Religiosität und ihre persönliche Entwicklung entscheidend mitgeprägt. Dieses Unterkapitel fällt, da es sich nur auf zwei der neunzehn Interviewpartner bezieht, aus der Untersuchung heraus. Doch ist dieses spezifisch deutsche Thema wichtig genug, als daß es nicht aufgrund formaler Erwägungen fortgelassen werden sollte. Interessant dürfte zudem auch sein, daß die Elternhäuser von Carla und Stefan sich hinsichtlich religiöser und politischer Einstellungen extrem unterschieden.

Carla – Aufgewachsen in einer nationalsozialistischen Familie

Carlas Eltern bejahten den Nationalsozialismus. Wohl glaubten sie an Gott, der Kirche jedoch standen sie ablehnend gegenüber. Infolgedessen war die

Familie aus der Kirche ausgetreten. Carla wurde nicht konfirmiert, sondern nahm an der Jugendweihe teil.

Um ihren Mann kirchlich heiraten zu können, ließ sie sich nachkonfirmieren. Das "Wichtigste" wurde in "ein paar Stunden Konfirmandenunterricht" nachgeholt. Aufgrund ihrer geringen Vertrautheit mit dem kirchlichen Leben fühlte sie sich viele Jahre lang unsicher, wenn es um Glaubensfragen ging. Hinzu kam, daß ihr Ehemann im religiösen wie auch im intellektuellen Bereich anspruchsvoll war. Erst im Verlauf eines langwierigen Prozesses, bei dem sich neben anderen Faktoren die Mitarbeit im Kirchenvorstand als förderlich erwies, konnte Carla die Unsicherheit überwinden.

Stefan – Aufgewachsen in einer das NS-Regime ablehnenden Familie

Stefan wuchs in einer christlich orientierten Familie auf. Der Vater, Lehrer und Organist, lehnte die Nationalsozialisten mit aller Entschiedenheit ab. Mit ihm führte der Junge, nicht zuletzt aufgrund der Eindrücke bei der Hitlerjugend, intensive Gespräche über religiöse und politische Fragen. So gewann Stefan ein recht fundiertes Wissen über das Christentum, und der Glaube wurde ihm ein Anliegen. Anläßlich der Vorbereitung auf die Jugendweihe bezeichnete der von der NSDAP bestellte Schulungsleiter die Christen als "faule, stupide" Menschen. Solche Diffamierung führte Stefan die Unvereinbarkeit seines Glaubens mit der Ideologie der Nazis vor Augen. Er wandte sich endgültig vom Nationalsozialismus ab.

Mit 18 Jahren Frontsoldat, erlebte Stefan, wie er – im Gegensatz zu vielen seiner Kameraden – immer wieder gefährliche Situationen unversehrt überstand. Dadurch wuchs trotz mancher Zweifel der Glaube an Gott; dieser habe seine Hand über ihn gehalten und ihn beschützt.

Als wichtige ethische Forderung gilt für Stefan, sich in der Welt zu engagieren und für andere einzusetzen. Auch wenn er sich dadurch zeitweise überfordert fühlt, ist es ihm unmöglich, ein "fauler" Christ zu werden und seine Aktivitäten einzuschränken.

1.2.2 Die Institution Kirche

Im Jugendalter machen sich ähnliche Tendenzen bemerkbar, wie sie sich schon in der Kindheit gezeigt haben, wenn es um die Teilnahme an kirchlichen Aktivitäten ging. So wird z. B. der Konfirmandenunterricht als Pflichtveranstaltung ganz anders bewertet als kirchliche Jugendgruppen, an denen man aus Interesse teilgenommen hat. Dementsprechend reagierten Jugendliche, die sich nur mit Mühe dem kirchlichen Umfeld entziehen konnten, mit innerlicher Distanz zur Kirche oder sogar mit Ablehnung all dessen, was mit Religiosität zu tun hat.

1.2.2.1 Konfirmandenunterricht und Konfirmation

Weil jeder das tut

"Ich kann mich erinnern, bis zur Konfirmation hat Gott oder Jesus oder überhaupt das, was daran bimmelt und bammelt, für mich ziemlich wenig bedeutet. Konfirmieren lassen habe ich mich wegen des Geldes; weil jeder das tut und weil man sich nicht ausschließen kann." (Corinna)

Die Anmeldung zum Konfirmandenunterricht erfolgt freiwillig. Keiner der Befragten mochte sich dieser Gepflogenheit entziehen, allein schon aus finanziellen Gründen. Dementsprechend sah es mit dem Interesse am Konfirmandenunterricht aus.

"Der Konfirmandenunterricht war ganz normal. Ich habe zwar damals gesagt, ich mache es nicht wegen des Geldes, sondern wegen des Glaubens, das war für mich also schon wichtig; aber trotzdem hatte ich eigentlich eine recht naive Vorstellung davon, wozu Konfirmandenunterricht da sein sollte. Man kann also nicht sagen, daß ich eine sehr fromme Konfirmandin war. Ich war auch nicht überdurchschnittlich interessiert und habe den Konfirmandenunterricht genau wie alle anderen mehr oder weniger abgerissen." (Nora)

Mir fehlte mit 13 ein wenig Ernsthaftigkeit

Der Konfirmandenunterricht fand in der Regel zwischen dem elften und dreizehnten Lebensjahr statt. Mit vierzehn Jahren waren die meisten konfirmiert. In diesem Alter haben sich die Interviewpartner noch nicht mit jenen Fragen beschäftigt, die für sie ein paar Jahre später von grundlegender Bedeutung geworden sind und religiöse Entscheidungen bewirkt haben.

"Mir fehlte mit dreizehn Jahren ein wenig Ernsthaftigkeit. Der Konfirmandenunterricht war in meinem damaligen Nachmittagsplan ein Punkt von Reiten, Volkstanz, Flötenunterricht und Gitarrenunterricht und ging irgendwo in der Hektik und im Trubel mit unter. Dieses Mitspracherecht in der Gemeinde, Kirche habe ich nie so empfunden. Vielleicht liegt das in dem Alter auch daran, daß, wenn man irgendwo Mitglied ist, man sich auch regelmäßig dort trifft. Beziehungsweise, wenn man in einem Verein ist, gibt es feste Termine für einen. Und ist man Kirchenmitglied, dann muß man von sich aus einen Schritt tun, um zur Gemeinde zu gehören. Und im Alter von fünfzehn oder sechzehn Jahren gibt es nicht in jeder Gemeinde eine solche Gruppe. – Tja, und nach der Konfirmation war ich ja erst dreizehn." (Bärbel)

Bärbel, die sich insgeheim von ihrer Konfirmation auch eine innerliche Veränderung erhofft hatte, war enttäuscht, als sie ein Gefühl von Bekehrung oder derlei nicht verspürte. Sie fühlte sich geradezu betrogen. Als Konsequenz daraus wählte sie in der Oberstufe des Gymnasiums nicht das Fach Religion, sondern Psychologie. An einem Schülergottesdienst nahm sie allerdings teil.

Das war nicht lebendig

Nicht allein entwicklungspsychologische Gründe scheinen zu dem geringen Interesse am Konfirmandenunterricht geführt zu haben. Offenbar liegen auch didaktische Versäumnisse vor. Das folgende Zitat markiert nicht einen seltenen Einzelfall:

> "Der Konfirmandenunterricht lief auf der Ebene ab, daß uns eine Stunde lang etwas diktiert wurde und daß wir eine Viertelstunde am Anfang abgehört wurden. Wir mußten Bibelverse und Liedverse auswendig lernen. Er hat uns stundenlang diktiert. Das war nicht lebendig." (Jürgen)

Von acht Gesprächspartnern, die sich über den Konfirmandenunterricht bzw. über die Konfirmation äußern, konnte nur einer etwas Positives berichten. Hannes nahm gerne daran teil, da dort eine gute Gemeinschaft herrschte; die Inhalte des Unterrichts waren ihm weniger wichtig.

1.2.2.2 Teilnahme an kirchlichen Jugendgruppen und deren Folgewirkungen

Eine Gemeinschaft, in der ich Halt fand

Einen gänzlich anderen Zuspruch als der Konfirmandenunterricht fanden die kirchlichen Jugendgruppen. Für Thorsten wurde die kirchliche Jugendarbeit wichtig, um in seiner "pubertären Krise aus der Familie auszubrechen".

> "Ich habe da mit meinen Freunden meine Freizeit verbracht. Die Kirche war zu dem Zeitpunkt für mich als Kirche, als Botschaft von Gott gar nicht so wichtig, sondern vielmehr die Gemeinschaft, in der ich Halt fand." (Thorsten)

Ein starkes Gefühl von Gemeinschaft und Zugehörigkeit war es auch, was Gerda, Jens, Bärbel und Pierre an eine kirchliche Jugendgruppe band. Jens erlebte dort auf einmal, daß er "Jemand" war. Pierre gefiel es, weil ihn in der Gruppe niemand kritisierte. Auf einer Urlaubsfahrt merkte er: "Mensch, hier gehöre ich hin, in diese Gruppe von Leuten!" Sehnsucht nach Liebe und Geborgenheit, das war es, was Gerda in der Jugendgruppe gesucht hatte. Als sie ihren Freund kennenlernte, nahm das Interesse an den Gruppenveranstaltungen rasch ab.

Daß Veranstaltungen aus dem Bereich kirchlicher Jugendarbeit – ganz im Gegensatz zum Konfirmandenunterricht – gern besucht wurden, lag sicherlich auch an den andersartigen Angeboten. Hier wurde gespielt, Theater aufgeführt. Freizeiten wurden gestaltet, interessante Themen besprochen, Urlaubsfahrten unternommen und vieles andere mehr, wofür Jugendliche sich begeistern. Wer in einer Jugendgruppe mitmachte, hatte ein echtes Interesse daran. Mancher blieb jahrelang dabei.

Damals habe ich nicht gewußt, daß eine bestimmte Glaubensrichtung dahintersteckt

In manchen dieser Jugendgruppen sind die Interviewpartner, ohne daß es ihnen recht zu Bewußtsein gekommen ist, stark geprägt worden. Jens hat dies im nachhinein als belastend empfunden.

"Und das alles stand unter dem Zeichen der Kirche, alles sehr positiv besetzt. Damals habe ich nicht gewußt, daß da eine bestimmte Glaubensrichtung dahintersteckt, nämlich die pietistische, eine sehr fromme Richtung. Das war mir gar nicht so klar."

"Das ging immer so: 'Als Christ tut man das oder das, und das tut man nicht.' Es ging nach einer bestimmten Theologie, die ich durch die Jungscharzeit und die Sonntagsschule verinnerlicht hatte. Immer weiter wurde der Glaube in einem bestimmten Stil geprägt. Man mußte als Christ 'stille Zeit' haben, d. h., sich hinsetzen und seine Bibel lesen. Oder es gab ' Termine mit Gott', das war ein kleiner Kalender, in dem für jeden Tag zehn Zeilen Meditation über einen Text standen. Und dann sollte man möglichst aus diesem Text herausfinden, was Gott für mich heute zu sagen hat. Das habe ich natürlich auch alles versucht, es klappte aber nicht immer. – Und die Leute hielten einen." (Jens)

Als Jens, bedingt durch den Zivildienst, aus dieser Gruppe ausscheiden mußte, erkannte er, was er im Laufe der Zeit an pietistischer Theologie aufgenommen hatte. Erst im Theologiestudium gelang es ihm, sich von diesen Fesseln zu befreien und sich eine Religiosität aufzubauen, insbesondere eine Ethik, die er innerlich bejahen konnte. Wie intensiv die Beeinflussung gewesen ist, wird daran ersichtlich, daß Jens sich auch heute noch nicht gänzlich von seiner pietistischen Sozialisation freimachen kann.

Bärbel merkte mit sechzehn Jahren, welch großes Vorbild die Leiterin der Pfadfindergruppe, eine Pröpstin, für sie war und wieviel christliches Gedankengut, beispielsweise das Gebot der Nächstenliebe, sie verinnerlicht hatte. Im Gegensatz zu Jens beurteilt sie die christliche Erziehung positiv. Ähnliches gilt für Pierre.

1.2.2.3 Versuche, dem Kontakt mit der Kirche zu entgehen

Beständig dem kirchlichen Umfeld ausgesetzt, begann Helga, eine Pastorentochter, sich mit vierzehn Jahren innerlich von der Kirche und kirchlichen

Aktivitäten zu distanzieren. In dem Pastorat, in dem sie heranwuchs, fehlte ihr die Privatatmosphäre und die Möglichkeit, einmal abzuschalten. Da sie in der Kindheit gute Erfahrungen mit dem christlichen Glauben gemacht hatte, führte ihre bewußte Distanz gegenüber dem kirchlichen Geschehen nicht zu einer gänzlichen Ablehnung des Religiösen.

Anders bei Knut. Er wurde von seiner Mutter regelmäßig zur Kirche geschickt. Der mütterlichen Kontrolle entzog er sich durch einen Trick. Er ging in die Kirche, prägte sich die Farben der Altartücher und die Liednummern ein und verschwand durch die Hintertür zum Sportplatz. So konnte er daheim die Fragen der Mutter, die in der Liturgie gut bewandert war, stets hinreichend beantworten.

1.2.3 Beginnende Auseinandersetzung mit dem Glauben

1.2.3.1 Ablösungsprozesse und Glaubenszweifel

Bei vielen Gesprächspartnern begann im Alter von zwölf bis vierzehn Jahren die religiöse Naivität der Kindheit einer kritischen Haltung zu weichen, die in erheblichem Maße als Auseinandersetzung mit und als Ablösung von den bisherigen Bezugspersonen zu verstehen ist.

Es brach für mich alles zusammen

"Es brach für mich alles zusammen. Das fing an, daß ich merkte: Die Eltern lügen und betrügen, und der Pastor lügt und betrügt, und es gibt nur noch Heuchelei und doppelte Moral, und diejenigen, die in die Kirche rennen, sind die Schlimmsten. Und dann noch diese Philosophie (Camus) dazu, daß Gott gar nicht selbstverständlich ist, ... sondern daß die Menschen sich Gott gemacht haben können, weil sie das gerne haben wollen und weil sie das brauchen. Und das war zuviel für meinen Gemütszustand." (Ilka)

Erschüttert darüber, daß es ihren "lieben Gott, Gottvater, Beschützer" nicht mehr gab, versuchte sich Ilka mit vierzehn Jahren das Leben zu nehmen.

In weniger dramatischer Form hat Gerda diese Phase erlebt. Auch bei ihr geht entschiedene Distanzierung von Menschen einher mit der Distanzierung von Gott. Der Blick hinter die "Kulissen" der Kirche, der ihr den Eindruck gab, daß die Pastoren "falsch und heuchlerisch" lebten, führte bei Gerda zu Glaubenszweifeln. Zudem wurde ihr die eigene religiöse Sozialisation im höchstem Maße fraglich.

"Dann kam es immer mehr dazu, daß ich darüber nachgedacht habe, wie das eigentlich in der Kindheit war und auch in der Zeit, wo ich mich engagiert habe, was da so dahintergesteckt hat. Ob es mir wirklich etwas gegeben hat oder ob ich mir das nur eingeredet habe, dieses Gefühl von Gottesnähe. Ich habe auch aufgehört zu beten, weil ich gedacht habe, daß es einseitig ist: 'Das bin nur ich, die etwas sagt, da kommt nichts wieder.' " (Gerda)

Die historisch-kritische Methode der Bibelauslegung, mit der sie im Studium konfrontiert wurde, verunsicherte sie vollends.

Beide, Gerda wie auch Ilka, haben vorübergehend eine agnostische Haltung eingenommen, weil sie für ihre Glaubenskrise keine Lösung finden konnten.

Ich hasse ihn!

Jutta setzte sich gegenüber den frömmelnden Behauptungen und Forderungen ihrer Eltern vehement zur Wehr. Diese waren der Meinung, nur ein Christ könne sozial und gut handeln. Das starre Gottesbild, das sie vertraten, führte bei der Tochter zu heftigen emotionalen Reaktionen.

"Die letzten zwei Jahre, als ich zu Hause war, habe ich sie schon total gehaßt. Und das war eine Zeit, wo ich anfing, Gott zu hassen, so richtig: 'Ich hasse ihn, ich hasse ihn, daß er sowas zulassen kann! Sowas nennt sich Gott der Liebe!' Ich habe ihn nur gehaßt. Eltern und Gott, das gehörte alles zusammen und vermengte sich alles." (Jutta)

Erst nachdem Jutta von zu Hause ausgezogen war, konnte sie Eltern- und Gottesbeziehung voneinander trennen. Der geistig-religiösen Enge des Elternhauses entronnen, begann sie, sich für außerchristliche Richtungen zu interessieren, insbesondere für östliche Spiritualität.

Auch Erika lehnte in der "rebellischen Zeit" ihrer Jugend Gott ab, da sie "sowieso sämtliche Autoritäten in Frage stellte". Nicht Gottes Existenz wurde von Jutta und Erika bestritten, sondern Gott als vereintes Vater- und Muttersymbol[1] abgelehnt, da die Eltern oder andere "Autoritäten" ihrem Streben nach Unabhängigkeit und Autonomie im Wege standen.

1.2.3.2 Glaube als Selbstbehauptung

Ich habe immer wieder für mein bißchen Glauben kämpfen müssen

Corinna, aufgewachsen in einem Elternhaus, das ihre religiöse Entwicklung nicht sonderlich gefördert hatte, fand gleichwohl als Jugendliche eine eigene Form von Religiosität und fühlte sich herausgefordert, diese immer wieder zu verteidigen.

1 Vgl. Bartholomäus: Mutter und Vater in "Gott". Zur Vorstrukturierung des Symbols "Gott" in früher Erfahrung, in: Katechetische Blätter 106, 1981, S. 456 - 464.

"Eigentlich hatte ich immer Freundschaften und Beziehungen zu Männern – oder damals noch zu Jungs –, die keinen Glauben hatten. Ich glaube, daß dadurch eine Art Trotzreaktion entstanden ist. Ich weiß, daß ich also immer wieder für mein bißchen Glauben habe kämpfen müssen. Also so, daß ich immer wieder gegen diese Negation angehen mußte: 'Es gibt keinen Gott!' 'Ich glaube nur an meine eigene Kraft' und so weiter. Das kam von meinen Bekannten. Das kann nicht alles sein, dachte ich. Es kann nicht so sein, daß jeder Mensch mit seiner Kraft auf sich gestellt den Lebensweg sieht, sondern es muß schon mehr dahinter stecken, hinter dem Ganzen, das es auf der Welt gibt – hinter dem ganzen Schönen und dem ganzen Grausamen." (Corinna)

Das Bedürfnis, die Welt nicht nur naturwissenschaftlich, etwa in den Kategorien der Evolutionstheorie, zu erklären, bestand für Corinna schon zuvor. Ohne die Herausforderung durch ihre atheistisch gesinnten Freunde hätte sie ihren Glauben wohl nicht so entschieden zur Geltung gebracht und sich seiner vergewissert. Heute ist ihre damalige "Trotzreaktion" einer behütenden Inschutznahme gewichen; sie bemüht sich, das in ihr lebendige starke Gefühl – den Glauben – vor verletzenden Attacken anderer zu schützen.

1.2.3.3 Begegnung mit dem Tod

Eine wahnsinnige Bewußtseinserweiterung

Bei einigen Frauen klingt ein Thema an, das die Romane des Schweizer Schriftstellers Max Frisch durchzieht. Die Erfahrung der Todesnähe läßt seine Figuren hellsichtig werden für die Abgründe des Daseins, aber auch für die Schönheit des Lebens, für die Gewalt der Gefühle, für all das, was unter der Oberfläche verborgen liegt und, wenn man seiner ansichtig geworden ist, dem Leben Tiefe und Gewicht verleiht.[2]

Mit vierzehn Jahren erkrankte Nora an Krebs. Der psychische und physische Kampf gegen die Geschwüre sowie ein Gefühl, Gott würde ihr helfen, bewirkten eine rasche Heilung.

"Danach, da wurde mir praktisch das Leben neu geschenkt … Ich habe eine wahnsinnige Bewußtseinserweiterung gehabt, hab' also wirklich oft dagesessen und habe das Leben gespürt. Jedes Blatt und jeden Sonnenstrahl und alles. Ich wußte genau, das habe ich Gott zu verdanken. Das war die Basis, überhaupt über Glauben neu nachzudenken." (Nora)

Diese Erfahrung hatte zur Folge, daß Noras Jugend unter dem Vorzeichen eines bewußten Umgangs mit dem Leben in all seinen verschiedenen Dimensionen stand. So hat sie beispielsweise dem Religionsunterricht in der Ober-

2 Vgl. dazu Ellerbrock: Identität und Rechtfertigung. Max Frischs Romane unter besonderer Berücksichtigung des theologischen Aspekts, 1985.

stufe des Gymnasiums mehr Aufmerksamkeit gewidmet als ihre Mitschüler. Nora ist der Auffassung, daß dieses Erlebnis ihre Persönlichkeit in erheblichem Maße bestimmt hat.

Letzteres gilt auch für Elke. Mit vierzehn Jahren versuchte sie, sich das Leben zu nehmen. Veranlaßt wurde diese Verzweiflungstat, weil sie das Gefühl quälte, von den Eltern und der Freundin nicht genug geliebt zu werden. Die dem Selbstmordversuch vorangegangene Auseinandersetzung mit dem Tod, das innerliche Abschiednehmen von Familie und Umwelt und das Scheitern des Suizidversuchs führten zu einem intensiven Gespür für die schönen Seiten des Lebens. Elke fühlte sich wieder von Gott angenommen. In der Folge gewann sie Lebensfreude und Selbstbewußtsein, so daß sie heute in dieser Erfahrung einen Sinn erblicken kann.

"Es war einfach ein Lernprozeß, der mich auch wieder etwas reifer gemacht hat, widerstandsfähiger. Ich könnte mir heute gar nicht vorstellen, wie ich ohne dieses Erlebnis geworden wäre. Es hat mein ganzes Leben umgekrempelt." (Elke)

1.2.3.4 Der Religionsunterricht in der gymnasialen Oberstufe

Da hatte ich einen Lehrer, der tolle Themen machte

"Ab der zehnten Klasse hatten wir in der Oberstufe wieder Religionsunterricht. Da hatte ich einen Lehrer, der tolle Themen machte: Christentum und Marxismus. ... Das war gut. Da hatte ich das Gefühl, mit dem Christentum kann ich in der Gesellschaft etwas verändern. Und da war mein Entschluß gefaßt: Ich wollte Lehrer werden, für Deutsch und Religion." (Nora)

Wie Nora beschlossen auch Angelika und Pierre, aufgrund guter Erfahrungen mit dem Religionsunterricht in der gymnasialen Oberstufe Religionslehrer zu werden.

Bärbel hatte in der Oberstufe keinen Religionsunterricht gewählt, da sie sich durch ihre Konfirmation enttäuscht sah. Sie nahm jedoch an einem Schülergottesdienst teil. Hier spürte sie zum ersten Male, daß sie Schwierigkeiten mit der Gebetsanrede "Gott" und "Jesus Christus" hatte, während sie als Kind diese Namen ohne weiteres hatte aussprechen können. Sie vermochte die Gebete im Schülergottesdienst nur teilweise mitzusprechen, weil sie das Empfinden hatte, anders zu glauben als ihre Mitschüler. Noch heute praktiziert sie ihre Religiosität in der Weise, daß sie beispielsweise versucht, zusammen mit anderen die Gebetstexte zu sprechen, sich aber insgeheim ihre eigene Auslegung dazu macht.

1.2.4 Glaubensbedingte Berufswahl

Im Alter von 18 bis 20 Jahren konnte sich knapp die Hälfte der Befragten für einen Beruf entscheiden, der einen Bezug zur Religion aufweist. Die Mehrzahl ergriff zunächst einen anderen Beruf, um später zu einem Theologie- oder Lehramtsstudium mit dem Fach Religion zu wechseln.

Vier Männer verweigerten nach dem Abitur sofort, einer nachträglich den Wehrdienst.

1.2.4.1 Zivildienst

"Wenn ich ein Mann wäre, dann würde ich bestimmt Zivildienst machen, ganz klar. Das habe ich mir mit sechzehn überlegt." (Nora, A 240)

Noras Äußerung, die religiös motiviert ist, scheint einer gängigen Vorstellung Ausdruck zu verleihen: Glaube ist mit dem Dienst in der Bundeswehr nicht vereinbar. Von acht Männern haben fünf den Wehrdienst verweigert, und zwei haben keine Angaben darüber gemacht. Stefan, der unter dem nationalsozialistischen Regime aufgewachsen ist, hätte einen Antrag auf Kriegsdienstverweigerung nicht stellen können, ohne sich und seine Familie in große Gefahr zu bringen.

1.2.4.2 Wahl eines Theologiestudiums nach vorangegangener nicht-theologischer Ausbildung

Von den neunzehn Befragten haben achtzehn Theologie studiert (Volltheologie oder Lehramt). Für lediglich acht Personen war das Studium die erste berufliche Entscheidung. Zehn der Studenten haben vorher einen oder mehrere andere Berufe ausgeübt oder zumindest eine Berufsausbildung begonnen. Für die Wahl eines derartigen Studiums gab es verschiedene Gründe. Interessanter sind hier die persönlichen Wege, die die Berufswechsler zuvor eingeschlagen haben.

Jens ursprüngliche Absicht, Diakon zu werden, zerschlug sich im Zivildienst, als er in eine Glaubenskrise geriet. So wählte er zunächst einen "sicheren" Beruf. Er entschied sich für die Verwaltungslaufbahn. Diesen Weg brach er ab, indem er sich auf ein gewagtes Experiment einließ. Er sagte sich: Wenn es einen Gott gibt – und daran hatte er bis zum Ausbruch seiner Glaubenskrise nicht gezweifelt –, dann könne er das Risiko eingehen und sich auf diesen Gott verlassen. Trotz finanziell und beruflich ungewisser Zukunft kündigte er und gab den Beruf auf, der ihn nicht befriedigte. Im selben Jahr wurde ihm alles zuteil, was er sich erhofft hatte. Er erhielt einen Studienplatz an der Universität Y-Stadt. In der Folge dieses Glaubensexperiments fühlte er sich in seinem Gottvertrauen bestätigt. Heute hat Jens das Empfinden, in einer intensiven Gottesbeziehung zu leben.

Pierre hatte zunächst ein Lehramtsstudium mit den Fächern Deutsch und Religion ergriffen. Er wechselte zum Volltheologie-Studium, weil das Leistungssystem der Schule seinem Verständnis von Glaube zuwiderläuft.

Helga stellte sich mit achtzehn Jahren im Blick auf ihre Zukunft die Sinnfrage. Im Germanistikstudium merkte sie rasch, daß ihr die wissenschaftliche Arbeit zu lebensfern war. Beim gelegentlichen Besuch theologischer Lehrveranstaltungen gewann sie den Eindruck, daß sie sich hier weit stärker angesprochen fühlte. Noch im ersten Semester wechselte sie zur Theologie. Damit hatte sie wieder Anschluß an jene Fragen gefunden, die sie in der Kindheit bewegt hatten.

Für Jürgen und Rolf begann mit dem Lehramtsstudium die Ausbildung für einen zweiten Beruf, nachdem der erste Beruf ihnen nicht genügend Befriedigung geboten hatte. In der Begegnung mit "glaubwürdigen" Christen an der Universität wuchs bei beiden die Überzeugung, das Studienfach Religion könne ihnen eine neue persönliche Perspektive bieten. So wechselten sie von den Fächern Musik bzw. Technik zum Fach Religion.

Auch Corinna, Erika und Thorsten waren mit ihrem ersten Beruf unzufrieden. Für Thorsten "ergab" es sich, daß er das Angebot erhielt, eine Diakonenschule zu besuchen. Corinna und Erika wählten das Lehramtsstudium, um aus ihrem langweiligen Alltagstrott herauszukommen. Daß sie sich dabei für das Fach Religion entschieden, war kein Zufall.

1.3 Einzelaspekte religiöser Entwicklung

1.3.1 Glaubenskrisen

Ursachen und Folgen einer Glaubenskrise waren bei jedem Gesprächspartner verschieden. Keine Krise wurde bereits in der Kindheit erlebt. Allerdings ist die Art der Glaubenskrise eng verzahnt mit der religiösen Sozialisation. Dabei wird vor allem das in der religiösen Sphäre, was der Persönlichkeit hinderlich scheint, was ihrem Weg scheinbar oder auch wirklich als Störung begegnet, aufs heftigste angezweifelt und bekämpft. Das mag ein starres, strafendes Gottesbild, die Rigorosität einer pietistischen Theologie oder die vermeintliche Kindlichkeit des Glaubens sein.

Da habe ich Gott angeschrien

Mit vierzehn Jahren unternimmt Ilka einen Suizidversuch. Er ist großenteils zu verstehen als eine äußerst heftige Reaktion auf die Verunsicherung, die ihre Religiosität erfahren hat.

In einer Phase von Glaubenszweifeln wird Gerda im Studium mit der historisch-kritischen Analyse der Bibel konfrontiert. Dadurch wird ihr vollends der Boden unter den Füßen weggezogen. Sie gewinnt den Eindruck, sie sei bislang in Glaubensfragen total naiv gewesen. In der Folge dieser bibelwissenschaftlichen Erkenntnisse meint sie, sich mit aller Entschiedenheit vom Glauben ihrer Kindheit trennen zu müssen.

Für Corinna hat die Beendigung einer Partnerbeziehung, die ihr sehr wichtig gewesen ist, Konsequenzen im Hinblick auf ihre Religiosität. Zwar zweifelt sie nicht an der Existenz Gottes. Doch ihr bisher positives Bild von Gott zerbricht.

> "Da habe ich richtig Gott angeschrien. Da habe ich laut geschrien: 'Wie kannst du mir das antun! Wie kannst du mich vor solche Aufgaben stellen! Wie kannst du mich so bestrafen! Was habe ich bloß getan!' – Da war ich so kaputt, daß ich echt wütend war auf Gott und auf alles, auf Gott, das Schicksal, was die Welt mit mir vorhat, daß ich gedacht habe: Wie kann man das nur machen?" (Corinna)

Nachdem sie schließlich den Schmerz, den die Trennung in ihr ausgelöst hat, überwunden hatte, konnte sie sich mit Gott wieder aussöhnen.

Jens schied aus dem pietistischen Kreis aus, dem er als Jugendlicher angehört und der ihn stark geprägt hatte. Erst danach war es ihm möglich, Bedenken und Zweifel, die seinen Glauben betrafen, zuzulassen. Sie gingen zwar nicht so weit, daß sie seinen Glauben an Gott grundsätzlich in Frage stellten. Gleichwohl waren die früheren Gewißheiten dahin, die ihm Halt gegeben hatten. Wer Gott ist und was dieser Gott von ihm verlangte, darauf konnte Jens keine Antwort mehr geben. Einen Weg aus der Krise fand Jens durch ein Wagnis. Er probierte aus, was passieren würde, wenn er sein Vertrauen völlig auf Gott setzte. Konkret hieß das für ihn, den unbefriedigenden Beruf aufzugeben, der ihm soziale und finanzielle Sicherheit bot. Das Experiment gelang. Neue Lebensperspektiven eröffneten sich, und Jens fand, wenn auch unter modifizierten Bedingungen, zu seinem Gottvertrauen zurück.

Gott ein strafender Richter?

Durch die Begegnung mit einem Kommilitonen wurde Nora in ihrer bisherigen Gottesvorstellung verunsichert. Sie hatte während der Schulzeit erlebt, wie das Bild eines gütigen Gottes ihr in ihrem Krebsleiden Trost und Hilfe verliehen hatte, so daß sie ihre Krankheit psychisch und physisch durchstehen konnte. Gespräche mit dem Studenten, der mit einem missionarischen Anspruch auftrat, hinterließen in ihr das Gefühl, ihr eigener Glaube tauge wenig.

"Ich habe gemerkt, daß ich mit diesem Bild von Gott nicht klarkam, mit diesem strafenden Richter, der sich alles anguckt, was du machst, abrechnet, einen Schlußstrich zieht und sagt: 'Himmel oder Hölle.' Diese Vorstellung hat mich während meiner Kindheit und Jugend sicherlich verfolgt ... unbewußt ..., vielleicht auch manchmal bewußt. Aber ich merkte eben, daß ich damit nicht klarkam. Ich wollte Gott aber auch nicht verlieren. Ich wollte nicht sagen: 'Ich kann dieses strafende Gottesbild nicht akzeptieren, also gibt es für mich keinen Gott.' Für mich mußte es irgendeinen anderen Gott geben, es mußte einen Gott geben, den ich akzeptieren könnte und der auch mich so akzeptieren könnte, wie ich bin. Das ist eben heute mein Gott." (Nora)

1.3.2 Atheismus und Agnostizismus

Wo die Teilnahme am Kindergottesdienst erzwungen und der Konfirmandenunterricht als wenig ansprechend erlebt wurde, da deutete sich eine Entwicklung an, die zu einer ablehnenden Haltung gegenüber der Institution Kirche führte. Nicht selten war damit auch die Ablehnung der von der Kirche verkündigten Botschaft verbunden.

Aufpassen, daß wir nicht auf ein Jenseits vertröstet werden

Rolf wurde für einige Jahre überzeugter Atheist. Politische Motive spielten dabei eine nicht unerhebliche Rolle.

"Es gibt überhaupt keinen Gott. Das ist Quatsch. Wir müssen aufpassen, daß wir da nicht auf ein Jenseits vertröstet werden. Und da waren schon atheistische Ideen bei mir im Kopf: 'Projektion des Menschen'. Ich war auch politisch motiviert zu sagen: 'So etwas geht ja nicht, was die Kirche im Laufe der Jahre gemacht hat. Sie hat sich auf die Seite der Unterdrücker gestellt, gegen das Volk. So etwas kann ich nicht teilen.' Das war für mich überhaupt kein Thema viele Jahre." (Rolf)

Weil ich damit nicht weiterkam, habe ich nicht mehr gebetet

Nicht zu einer atheistischen, wohl aber zu einer agnostischen Haltung gelangten Ilka und Gerda. Nachdem sie in Kindheit und Jugend Frömmigkeit intensiv praktiziert hatten, gerieten sie in eine Phase großer Zweifel. Skepsis gegenüber der bürgerlichen Moral und kritische Reserve gegenüber der eigenen religiösen Sozialisation trugen das ihre dazu bei. Die Erschütterung des Gottesbildes, die Infragestellung all dessen, was ihnen bis dahin Halt, Sicherheit und Orientierung geboten hatte, waren bei beiden derart heftig, daß sie sich existentiell bedroht fühlten. Ilka unternahm sogar einen Suizidversuch. Mit ihren unerträglichen Spannungen konnte Gerda nur noch auf die Weise fertigwerden, daß sie eine gleichgültige Haltung einzunehmen versuchte.

" 'Was ist denn Glauben überhaupt noch?' Und weil ich damit auch nicht weiterkam, habe ich nicht mehr gebetet und mich nicht weiter für die Kirche interessiert." (Gerda)

Irgendwo ist man dann doch ein bißchen angedätscht

Beide Frauen konnten in dieser Zeit die Existenz Gottes weder bejahen noch verneinen. So bemühte sich Ilka, existentialistisch zu leben.

"Und als Existentialistin habe ich eigentlich ganz gut gelebt. Aber irgendwo ist man dann doch ein bißchen angedätscht. Der Sinn des Lebens ist das Leben. Übergeordnete Ziele hatte ich gar nicht. Ich lebe jetzt und heute, und was morgen ist, interessiert mich gar nicht. Ich will frei sein und sonst gar nix. Ich konnte mein Leben gar nicht planen, wollte ich auch nicht; irgendwie war alles zufällig, so fatalistisch. Wie es kommt, so habe ich das übernommen. Ich war ein bißchen kaputt. – Ja dann schlich sich auf einmal wieder bei mir – ich merkte es kaum – so eine Religiosität ein." (Ilka)

Sobald Ilka sich eingestehen mußte, daß ihr Glaube an Gott und ihr Bedürfnis nach einem Sinn des Lebens sich nicht gänzlich verdrängen ließen, begann sie sich damit auseinanderzusetzen. Und zwar widmete sie ihr Interesse außerchristlichen Religionen. Insbesondere der Zen-Buddhismus – und hier war es vor allem die Idee der Vollkommenheit – zog sie an. Wenn Ilka heute, wo sie sich wieder christlichen Anschauungen verpflichtet weiß, Schwierigkeiten mit den Begriffen "Sünde" und "Gnade" hat, dann rührt das aus dieser Vorstellungswelt her.

Die Beziehung nach oben wollte ich mir immer noch ein bißchen warmhalten

Auch Gerda vermißte in jener Zeit einen übergeordneten Sinn in ihrem Leben. Sie ist heute überzeugt, daß sie diesen Sinn nur im Glauben finden kann. Da ihr der Glaube früher viel an Kraft und Sicherheit gegeben hat, bemüht sie sich jetzt, daß ihre Beziehung zu Gott wieder mit Leben erfüllt wird. Gänzlich loslassen konnte sie Gott nie.

"Immer wenn mich jemand gefragt hat, habe ich gesagt: 'Ich glaube an Gott.' Aber ich weiß nicht, ob das ein schlechtes Gewissen ist, von meinen Eltern und meiner Erziehung her. Dieses: 'Wenn du nicht an Gott glaubst, dann bist du verdammt und verloren.' Das wollte ich mir immer noch ein bißchen warmhalten, diese Beziehung nach oben. So konkret zu sagen: 'Ich glaube nicht mehr', das konnte ich nicht." (Gerda)

1.3.3 Erfahrungen mit außerchristlichen Religionen

Unzufriedenheit mit dem, was die religiöse Erziehung erbracht hat, führte bei vier Personen zu dem Bedürfnis, andere Glaubensrichtungen näher kennenzulernen. Im Rückblick werden diese Erfahrungen von allen insgesamt positiv bewertet als wichtiger Beitrag zur persönlichen Entwicklung.

Über Ilkas Begegnung mit dem Zen-Buddhismus ist im vorigen Abschnitt berichtet worden.

Knut ist aktives Mitglied bei den Zeugen Jehovas geworden. Als er sich schließlich von dieser Gemeinschaft trennt, benötigt er länger als ein halbes Jahr, um wieder Fuß zu fassen. Mit dem Austritt war ihm ein Stück Lebensgrundlage entzogen.

– Von heute auf morgen verlor er seinen Freundeskreis.

– Er war genötigt, seiner Freizeit, die er sonst im "Königssaal" verbracht hatte, neue Inhalte zu verleihen.

– Seine gesamte Lebens- und Denkweise, die 'Jehova-orientiert' war, mußte er umstellen.

Nach der Zeit bei den Zeugen Jehovas mußte Knut sich völlig neu darauf besinnen, was er nicht mehr glauben konnte und was er künftig glauben wollte. Es ist bezeichnend, daß Knut heute eine allen Religionen gegenüber offene Einstellung vertritt. Die Beschränkung auf eine Glaubensrichtung – sei es die der Zeugen Jehovas oder die der katholischen Kirche – erlebt er als einengend und "kastrierend". Dieses Anliegen findet er in theosophischen Vorstellungen gewahrt, denen er sich jetzt verbunden weiß.

Hannes, der heute einen kompromißlosen christlichen Standpunkt vertritt – etwa im Sinne einer pietistisch getönten Erweckungsfrömmigkeit –, war als Jugendlicher ein Anhänger der Transzendentalen Meditation. Von ihr grenzt er sich entschieden ab.

"Das waren ja nicht nur Gedanken. Es hat mein Leben in dem Sinn geprägt, daß ich sehr selbstbezogen war. Religiös ja, aber sehr selbst- und ich-bezogen. Es ging also darum, daß *ich* mich weiterentwickle, und andere haben mich nur in zweiter Instanz interessiert. Und immer wenn andere Probleme hatten, dann konnte ich denen eigentlich nichts anderes sagen als: 'Fang du doch auch an zu meditieren, dann findest du schon Frieden.' " (Hannes)

Durch zwei lange Reisen nach Asien hat Jutta zahlreiche Fremdreligionen kennengelernt. Es hat sie beeindruckt, daß sie sich mit einer ihr sprachlich unverständlichen Gebetsformel intuitiv identifizieren konnte. Doch kam ihr gerade durch die intime Kenntnis östlicher Spiritualität auch die Distanz zu Bewußtsein. So spürte sie besonders nach einem Unfall, daß sie z. B. mit der Vorstellung von Karma wenig anfangen konnte. Der Karma-Gedanke half ihr bei der Bewältigung ihrer damaligen Probleme nicht. Derartige Erfahrung führte dazu, daß Jutta heute ihre christlichen Wurzeln wieder bejahen kann – und das trotz aller Reserve gegenüber ihrer eigenen Erziehung, die – vermeintlich aus dem Geiste Christi – das Kind und die Jugendliche fast zur Verzweiflung getrieben hatte.

1.3.4 Einflüsse des Theologiestudiums

Die Gründe, die zur Wahl eines Lehramtsstudiums mit dem Fach Religion, zum Besuch einer Diakonenschule oder zum Theologiestudium geführt haben, sind teilweise schon angeführt worden.

Nur drei Gesprächspartner – Angelika, Nora und Pierre – begannen das Studium mit dem Ziel, später guten Religionsunterricht zu erteilen.

Erika wollte für sich selbst weiterkommen, mehr über sich erfahren. Sie erhoffte sich besonders von dem Fach Religion einen tieferen Einblick in ihr Ich, zumal sie sich bereits als kleines Mädchen durch biblische Geschichten eigentümlich angezogen gefühlt hatte.

Gerda wählte das Fach Religion, um anhand der damit verbundenen Studieninhalte an ihrer Religiosität, insbesondere an ihrem Weg zurück zu Gott, weiterarbeiten zu können.

Für Jens bedeutete die Wahl des Faches Religion die Möglichkeit, sich von den Zwängen seiner pietistischen Sozialisation zu befreien und zu einem 'eigenen' Glauben zu gelangen.

Elke wollte ursprünglich Theologie studieren mit dem Ziel einer pfarramtlichen Tätigkeit. Sie sah sich aber den Ansprüchen, die sie an sich selbst stellt, nicht gewachsen. Daher wich sie auf das Lehramtsstudium aus. Daß sie das Fach Religion wählte, war bei ihrer Ausgangslage von vornherein selbstverständlich.

Ähnlich wie Gerda entschied sich auch Jutta für das Religionsstudium, weil sie ihre Vergangenheit, vor allem ihre Gottesbeziehung, gründlich klären wollte.

Das theoretische Wissen bringt einem überhaupt nichts

Nur zwei Personen gaben an, daß das Studium sie in ihrer religiösen Entwicklung nicht gefördert hat. So war für Elke das Studium kein Ort, wo sie hätte Erfahrungen machen können, die ihr weiterhelfen.

> "Aber irgendwie hat mein Glaube sich durch das Studium überhaupt nicht verändert. Das sind immer andere Sachen gewesen, die den Glauben verändert haben. Eben diese Er-

lebnisse (Suizidversuch und Trennung vom Freund), aber dieses theoretische Wissen und Besprechen, das bringt einem überhaupt nichts. Das verändert nichts. Höchstens mal: 'Das ist genau das, was du denkst, aber nicht ausdrücken kannst.' " (Elke)

Noch ungünstiger sind die Eindrücke, die Stefan in Lehrveranstaltungen des Faches Religion an der Universität in der Nachkriegszeit gewonnen hat.

"Vielleicht lag es am Dozenten, vielleicht war es ein Niveau, das meinem nicht entsprach. ... Es war so, es gab die Vorlesungen in Religion, das waren mehr oder weniger technische Dinge, die ich bereits beherrschte – dadurch daß ich schon vorher anderthalb Jahre Schulhelfer gewesen bin und in meinem Vater ja im Religionsunterricht ein gutes Vorbild hatte. Mein Prüfungsthema in Religionsfakultas war das Germanentum ..." (Stefan)

Theologiestudium befreiend und befruchtend

Andere haben ihr Studium als "befreiend und befruchtend" (Helga) erlebt, in dem sich "massenhaft" (Thorsten) verändert hat. Ob sie nun mit einer "naiven" Einstellung (Nora, Thorsten) oder mit großen "Minderwertigkeitsgefühlen" (Jürgen) begonnen haben, das Studium war ein "Schonraum" (Rolf), in dem sich jeder um seine eigene Entwicklung kümmern konnte. So bekundet Jens:

"Ich habe dann mein Studium damit verbracht, mich davon (sc. pietistische Theologie) zu emanzipieren, zu lösen und das, was ich Glaube nannte, auf eigene Füße zu stellen." (Jens)

Unter dem Begriff "Schonraum" ist durchaus nicht zu verstehen, daß das Studium in Harmonie und behutsamer Entfaltung durchlebt wurde. Auch hier hat es Krisen und Zweifel gegeben. So wirkte die Konfrontation mit der historisch-kritischen Exegese der Bibel wie ein Schock auf Gerda. Aber die Möglichkeit, die eigene Religiosität von Ballast zu reinigen, sie zu vertiefen und weiterzuentwickeln – wie Jens das getan hat –, beruhte darauf, daß das Studium freigehalten war von den Belastungen der Berufspraxis. Die Studenten brauchten sich noch nicht dem Berufsalltag mit seinen dauernden Anforderungen zu stellen, sondern konnten sich weitgehend ihren eigenen Interessen widmen.

Bei Pierre liegen die Dinge ein wenig anders. Er wird erst im Vikariat gewahr, daß das Studium nicht nur aus theologischer Fachwissenschaft bestanden, sondern in seinem Leben etwas bewirkt und deutliche Spuren hinterlassen hat.

1.4 Rückschau und Ausblick

Die in der Kindheit durch aktive Einflußnahme der Eltern oder durch bloße Übernahme von Vorhandenem gelegte Grundtendenz des Glaubens wurde in der Pubertät und Adoleszenz neu strukturiert. An die Stelle kindlicher Gläubigkeit trat im Alter von ca. zwölf Jahren eine wachsende Auseinandersetzung mit der eigenen Religiosität, und zwar sowohl kognitiv als auch affektiv. Dies führte in der Zeit zwischen dem vierzehnten und siebzehnten Lebensjahr zu mehr oder minder starken Zweifeln, zur Überprüfung der religiösen Sozialisation und zu dem lebhaften Wunsch nach Wertmaßstäben, die nicht wie vordem übernommen, sondern aufgrund persönlicher Erfahrungen und Einsichten gewonnen worden sind. Verschiedenartige Möglichkeiten – von Jugendgruppen über Religionsunterricht, Auseinandersetzung mit Gleichaltrigen oder Eltern bis hin zur Begegnung mit nichtchristlichen Religionen – haben die Heranwachsenden genutzt, um für ihren Glauben eine tragfähige Basis zu gewinnen.

Meine Religiosität – ein Weg, auf dem ich bin

Mit ca. 20 Jahren hatten die meisten einen Standpunkt gefunden, der sie bei aller Vorläufigkeit und Unabgeschlossenheit befriedigte. Über die Hälfte der Gesprächspartner konnte einen Beruf wählen, der ihnen Gelegenheit gab, sich in ihrem Glauben zu betätigen. Spätestens mit 26 Jahren hatten alle bis auf Carla, Ilka und Knut eine derartige Berufswahl getroffen. Im Religionsstudium fand eine weitere Vertiefung und Überprüfung des Glaubens statt, so daß man davon ausgehen kann: Alle Befragten besitzen heute eine relativ stabile und gereifte Religiosität. Sie hat einen ausgeprägten individuellen, wenngleich noch keineswegs endgültigen Charakter.

"Ich sehe meine Religiosität als einen Weg, auf dem ich bin. Ganz zufrieden sein kann ich nicht, dann wäre es abgeschlossen. Es würde dann keine Weiterentwicklung bedeuten. Ich glaube nicht, daß es den Punkt geben würde, wo ich sage, ich lege meine Religiosität ab. Das Unzufriedensein mit meiner Religiosität bedeutet für mich immer nur, daß ich mich weiterentwickeln muß, mich von den frühen Kindheitsbildern zu lösen, obwohl die wichtig sind. Die haben mein heutiges Glaubensbild auch grundlegend bestimmt. Das sind Mosaiksteinchen, die sich zusammensetzen. Schön wäre es irgendwann, wenn man stirbt, sagen zu können: Jetzt ist das Mosaik fertig. Grundsätzlich bedeutet für mich Religiosität eher Zufriedenheit als Unzufriedenheit, weil sie mir Wege und Möglichkeiten zeigt." (Erika)

"Wenn ich so meine Religiosität insgesamt betrachte, dann kann ich schon sagen, daß ich mit ihr ganz gut leben kann. Nach vielen Zweifeln und Hin- und Herfragen habe ich einen Standpunkt erreicht, der sich in nächster Zeit wohl auch halten wird. Dieses Gottesbild wird sich wahrscheinlich auch halten. Vielleicht wird es sich eines Tages ändern, das weiß man ja nie. Aber ich habe jetzt eine gute Grundlage in mir; von der kann ich weitergehen. Daher kann ich andere Sachen erfragen." (Nora)

Die Mehrzahl der Befragten rechnet damit, daß sich ihr Glaube nicht nur vertiefen und erweitern wird. Sie sehen auch schon mögliche Richtungen, in die sich der einzelne entwickeln wird. Die Wünsche in bezug auf eine Weiterentwicklung sagen aus, daß die Interviewpartner sich mehr Zufriedenheit und Sicherheit erhoffen. Die Ängste, die durch einen etwaigen Verlust der Religiosität hervorgerufen werden sind von entsprechender Art. Es wird befürchtet, die mit dem Glauben verbundene Orientierung und Sicherheit einzubüßen.

An der Schwelle – ist dein Glaube so gefestigt, daß du ohne Furcht hinübergehen kannst?

Beim älteren Menschen sind es andere Fragen. Stefan, 60 Jahre, beschäftigt die Auseinandersetzung mit dem Tod.

"Es ist eigenartig, wenn man die Schwelle des fünfundfünfzigsten, des sechzigsten Lebensjahres überschritten hat, so muß ich die Erfahrung machen, die wahrscheinlich sehr, sehr viele Menschen vor mir gemacht haben, daß die Gedanken nicht bloß zurückgeschickt, sondern auch nach vorn geschickt werden, wo man sehr bald an einen Punkt kommt, wo man sagt: 'Was wird dann sein, wenn die letzte Stunde schlägt? Ist dein Glaube so gefestigt, daß du ohne Angst, ohne Furcht, ohne Zweifel hinübergehst, hinübergehen kannst in dem festen Glauben, es gibt irgendwie ein Jenseits?' " (Stefan)

2 Glaube

Im vorigen Kapitel ist beschrieben worden, wie der Kinderglaube, der überwiegend aufgrund von Einflüssen der Umwelt entstanden ist, sich in mehreren Phasen zu einer dem Erwachsenen gemäßen Religiosität entwickelt hat. Diese konnte – in eins mit der Zunahme der geistigen Fähigkeiten – das von außen Kommende aufnehmen, es umgestalten, es gegebenenfalls verwerfen oder gar nicht erst ernst nehmen, wenn es das Individuum in keiner Weise ansprach. Basierend auf eigenen Erfahrungen, wurde die Struktur dessen, was Religiosität heute für die Gesprächspartner bedeutet, Zug um Zug ausgestaltet. In diesem Kapitel geht es nun um den Glauben. Hier kommen allgemeine Aussagen über den Glauben zur Sprache wie auch existentielle Aussagen. Hier geht es ferner um die Funktionen, die der Glaube für die Gesprächspartner hat, sowie um Abgrenzung des Glaubens und Übereinstimmung in der Begegnung mit anderen Menschen.

2.1 Allgemeine Glaubensaussagen

Die Überschrift könnte zu Mißverständnissen Anlaß geben. Auch wenn die Äußerungen, die hier angeführt werden, sich generell auf den Glauben, die Religion oder auf den Menschen im allgemeinen beziehen, so sind sie doch Ausdruck einer individuellen Einstellung.

2.1.1 Intellektuelle Fragen

Die Schöpfung – eine Tat Gottes oder lediglich Naturgesetz?

Besonders bei Hannes und Stefan begegnet der Wunsch, die Evolutionstheorie, die den Glauben an Gott als Schöpfer zu bedrohen scheint, intellektuell mit der Gottesvorstellung zu versöhnen. Die Klärung dieser Fragen ist für beide Männer deshalb so dringlich, weil dabei ihre spezifische Sicht Gottes betroffen ist. Beide vertreten die Auffassung eines aktiven, führenden, in irgendeiner Weise in das Leben eingreifenden Gottes. Hinzu kommt, daß beide sich genötigt sehen, mit ihren Ideen in der Öffentlichkeit Stellung zu beziehen – Stefan als Lehrer und Hannes infolge seines Anspruchs, anderen Leuten zum Glauben zu verhelfen.

"Warum bin ich da? Warum ist diese Welt da? Wo kommt sie her? Wo komme ich als Mensch her? Woher kommt Ordnung in diese Welt? Überall ist Struktur, in der Natur, in Pflanzen. Wenn ich Schöpfung sehe, dann kann ich sehen, wie perfekt alles aufgebaut ist. Das bringt mich auch dahin zu glauben, daß es einen Gott gibt, der dies geschaffen hat, der eine wunderbare Idee hatte, und daß diese Welt nicht aus einem Zufall heraus existiert. 'Zufall + Zeit + Selektionen = geordnetes Ganzes.' Das ist für mich unlogisch." (Hannes)

"War die Schaffung der Erde wirklich eine Gottestat? Oder war es lediglich ein Naturgesetz, das zu anderen Gesetzen gehört und eingebettet ist in irgendein Urgesetz, das im Mittelpunkt die Energie hat? Wobei man sagen kann: Was ist diese Energie eigentlich? Ist das vielleicht Gott? Ist der Mensch nur ein Spitzenprodukt einer Evolution? ... Das sind Fragen, die mich dazu bringen zu überlegen: Inwieweit passen diese Fragen eigentlich zu Gott? Inwieweit könnte hinter all diesen Naturgesetzen doch wieder ein Gott stehen, der alles so in irgendeiner Weise gewollt und eingerichtet hat, mit der wir Menschen zu leben haben?" (Stefan)

Im vollen Bewußtsein der Brisanz solcher theoretischen Fragen ist aber auch eine Haltung möglich, die allein dem Gefühl vertraut und die Existenz Gottes für lebensnotwendig hält.

"Für mich persönlich existiert mein Gegenüber, selbst wenn es nichts gibt, und mit dem muß und will ich reden und damit basta." (Jutta)

2.1.2 Anthropologische Aussagen und theologische Behauptungen

Das Menschsein wird von den Gesprächspartnern aus der Sicht des Glaubens gedeutet. Von daher sind theologische und anthropologische Aussagen miteinander verbunden.

Was den Menschen antreibt, ist Suche nach Gott

"In gewisser Weise ist es für mich eine Suche nach Gott, das, was die Menschen antreibt. Es gibt von Augustin einen Spruch: 'Du schufst uns zu dir hin, unser Herz ist unruhig, bis es Ruhe findet in dir.' So ungefähr. Und irgendwo denke ich schon, daß da eine Menge dran ist. Auch wenn man als Atheist oder als moderner Mensch mit Religiosität und solchen Geschichten nicht viel am Hut hat. Aus meiner heutigen Sicht ist da eine Menge dran." (Rolf)

Wir brauchen eine höhere Macht, weil wir sonst maßlos werden

"Ich weiß, daß es eine höhere Macht gibt. Und das ist gut; denn wir Menschen brauchen eine höhere Macht, weil wir sonst maßlos in unseren Entscheidungen werden, in unserem Tun und Handeln. Wir brauchen auch etwas 'Über-uns-Stehendes', woran man einfach eben nur glauben kann. Wir können Gott nicht beweisen, man kann einfach nur an ihn glauben. Es gibt ein höheres Wesen!" (Carla)

Zu der Überzeugung, daß den Menschen Grenzen gesetzt werden müssen und sie infolgedessen einen Gott benötigen, ist Carla dadurch gekommen, daß ihr der Glaube sehr viel an Sicherheit und Orientierung verleiht.

Christ bin ich, weil mich das überzeugt, was in Kreuz und Totenauferstehung passiert ist

Hannes findet seine persönliche Lebenserfahrung in quasi dogmatischen Aussagen des Glaubens bestätigt. Für ihn, der mit geradezu missionarischem Eifer auftritt, gehört beides untrennbar zusammen.

"Aber Christ bin ich deshalb, weil mich das überzeugt, was da am Kreuz und Totenauferstehung passiert ist. Gott hat sich in der Liebe offenbart, das ist für mich glaubwürdig. Jesus ist von den Toten auferstanden. Das ist ein Fundament, weshalb ich Christ bin. Oh, meine Erfahrung ist ganz wichtig. Ohne meine Erfahrung, mein persönliches Dabeisein, was ich erlebt habe, wäre das Ganze für mich vielleicht anders. Aber so, so ist erst einmal die Erfahrung wichtig – und dann die Totenauferstehung Jesu. Eigentlich müßte es andersherum sein." (Hannes)

Da ist eine Sperre

Wo es auf Fragen, die für den Glauben eine starke Anfechtung darstellen, keine Antwort gibt, da werden diese Fragen mitunter energisch beiseite geschoben. Angelika, für die Gott als ein strafender Richter erscheint, fühlt sich in ihrem Glauben durch eine besondere Form der Theodizeefrage bedroht: Wie kann Gott, wenn er ein gerecht strafender Richter ist, den Hunger in der Dritten Welt zulassen?

"Das kann ich mir auch nicht erklären, da ist eine Sperre, das ist ganz klar." (Angelika)

2.2 Existentielle Glaubensaussagen

2.2.1 Auf der Suche

Irgendwo hatte ich Sehnsucht, mehr zu erfahren

Seit dem Konfirmandenalter befindet sich Jürgen auf der Suche. Das war so in seinen Jahren als Aushilfsorganist und während des Zivildienstes, den er in einer Kirchengemeinde ableistet. Weder hier noch dort fühlt er sich angesprochen. Erst als er im Rahmen des Studiums mit Leuten aus der Evangelischen Studentengemeinde zusammentrifft, die, ohne viele Worte zu machen, ihren

Glauben in überzeugender Weise leben, tritt bei Jürgen eine Veränderung ein. Über diese Menschen erfährt er eine "religiöse Berührung".

"Ich habe acht bis neun Jahre lang als Organist in der Kirche ganz oft dagesessen auf meiner Empore und der Predigt zugehört, und es hatte sich eigentlich nie etwas geändert. Irgendwo hatte ich schon Sehnsucht, mehr zu erfahren, aber es hat mich nie wirklich berührt. Und ich dachte immer, das müßte mich eigentlich berühren. Irgendwie würde ich was falsch machen. Ich wäre daran schuld, daß mich das nicht trifft oder daß ich damit nichts anfangen kann. Aber es ist nie was geschehen. Dann bin ich, als ich weggegangen bin ... Das sind eigentlich immer Sachen, die mit meinem religiösen Suchen zu tun hatten ... Ganz bewußt habe ich mir dann eine Kirchengemeinde gesucht, bei der ich Zivildienst gemacht habe. Ich habe gehofft, das dann während meiner Zivildienstzeit zu erfahren. Ich hatte den Pastor an einem Wochenende kennengelernt und irgendwo den Eindruck gehabt, daß da was passieren könnte. Vielleicht war das nur meine Sehnsucht und Illusion, daß ich die Realität nicht wahrgenommen habe. Es ist jedenfalls während des Zivildienstes so gelaufen, daß ich dann von der Kirche völlig enttäuscht worden bin und das auch nicht trennen konnte vom Glauben." (Jürgen)

Wir sind alle auf der Suche nach etwas

Auch für Rolf, der sich als einen Suchenden bezeichnet, bedeuten Menschen viel, die in ihrem Glauben voll integriert leben.

"Ich denke, daß z. B. Frau F. so ganz anders im Glauben lebt, daß für sie alles viel selbstverständlicher ist, während ich noch immer gucken muß. Bei ihr ist es im Grunde viel lebendiger. Und ich denke, daß das auch eher andere Leute ansprechen kann und daß das doch irgendwie glaubhafter ist. Weil ich im Grunde immer noch nicht angekommen bin, ein Suchender bin, noch nicht fertig." (Rolf)

Knut neigt zu Formulierungen, die eigentlich theoretisch klingen. Aber wenn er, dessen gesamtes Leben eine einzige Suchbewegung ist, von der Suche spricht, dann geschieht das aus existentieller Betroffenheit.

"Wir sind alle auf der Suche nach etwas, es kann auch ein Gott sein, und wenn wir es ins Negative verkehren, dann wird es zu einer Sucht." (Knut)

2.2.2 Glaube und Leben

Das Spannungsfeld von Glaube und Leben wird von den Interviewpartnern unter verschiedenen Aspekten betrachtet: Was heißt Leben aus der Sicht des Glaubens? Kann ich einzelne Momente meines Lebens aus der Perspektive des Glaubens deuten? Wie wäre ich und was würde aus mir, wenn ich nicht glaubte?

2.2.2.1 Leben im Glauben

Allein aus mir heraus kann ich nicht existieren

Für Jürgen ist der Glaube eine Antwort auf die "Unvollkommenheit", die Gebrochenheit seines Lebens. Zwar mag es so scheinen, als sei Glaube ein Tribut, den er an seine Schwäche zu zahlen hat, doch sieht Jürgen das anders. Sich seine Abhängigkeit von Gott einzugestehen, empfindet er als Stärke – und zwar deshalb, weil er seine Schwäche akzeptiert, ohne Gott nicht leben zu können.

"Ich habe für mich als Mensch die Erfahrung gemacht, daß ich allein aus mir heraus oder aus anderen Menschen heraus und mir zusammen nicht existieren kann. Daß da immer Brüche im Leben sind, Abhängigkeit und Krisen und alles mögliche. Kurz und gut – ich habe für mich erfahren und akzeptiert, daß ich unvollkommen bin als Mensch! Und diese Unvollkommenheit bedingt es eben, daß ich nicht aus mir heraus oder anderen Menschen, die genauso unvollkommen sind, leben kann. Aus dieser Unvollkommenheit resultiert eine Abhängigkeit. Schleiermacher würde das nennen: Die schlechthinige Abhängigkeit des Menschen. – Ich glaube daran, daß diese Unvollkommenheit, die jetzt im Leben ist, aufgelöst wird durch eine Vollkommenheit, die hinter der Welt steht, hinter diesem Leben auch. Diese Vollkommenheit würde ich Gott nennen. Auf die fühle ich mich irgendwo auch bezogen oder daraufhin ausgerichtet." (Jürgen)

Pierre fühlt sich ebenfalls in seiner Unvollkommenheit auf Gott bezogen. Er deutet seine Existenz als nicht gänzlich auslebbar; er weiß, daß da immer ein "Rest" bleiben wird.

An Gott glauben genügt nicht, es braucht eine innere Veränderung

Hannes ist von pietistischen Gedanken beeinflußt. Die "Wiedergeburt" zu erleben, ist für ihn wichtig. Hannes betont dies, weil er in seiner eigenen Lebensgeschichte ein Bekehrungserlebnis erfahren hat, das ihn seitdem grundlegend bestimmt.

"Im Pietismus geht es unter anderem darum, eine ganz persönliche Aneignung des Heils zu erlangen. Durch die Bekehrung eine persönliche Beziehung mit Gott zu finden, Frieden zu finden durch das, was Jesus Christus getan hat. 'Die Wiedergeburt erleben'. Die Wiedergeburt ist eine Lehre des Pietismus, die ich auch voll unterstütze. Der Mensch muß von neuem geboren werden, um in das Reich Gottes hineinzukommen. Es genügt nicht, an einen Gott zu glauben, sondern es braucht eine innere Veränderung. Eine Veränderung seiner Natur, seines Wesens, das verdorben und sündig ist, hin zu einem Wesen, das Gottes Liebe, Gottes Heiligkeit entspricht. Und diese Veränderung kann nur Gott bewirken, und diese Veränderung ist notwendig." (Hannes)

2.2.2.2 Hilfe durch Lektüre

Im Rahmen ihrer Arbeit im Kirchenvorstand hat Carla bemerkt, wie die Episteln und Andachten sie in ihrer religiösen Einstellung gefestigt haben.

Nach ihrem Suizidversuch als Schülerin hat Elke des öfteren Bücher gelesen, in denen Probleme behandelt werden, von denen sie selbst betroffen ist.

Knut und Pierre sagen von sich, daß sie "Verspannungen" durch Lektüre, die ihnen weiterhilft, beseitigen.

Jens bezieht die täglichen Losungen der Herrnhuter Brüdergemeinde auf seine Lebenssituation, ebenso die den Losungen beigefügten Erläuterungen, Gebete, Meditationstexte u. dgl.

Das heißt also: Einigen Gesprächspartnern dienen Texte, die christliche, psychologische, philosophische und andere Themen zum Inhalt haben, zur Hilfe in Glaubens- und Lebensfragen. Probleme, die sich ihnen im Alltag stellen, versuchen sie, im Lichte ihres Glaubens zu klären, und ziehen zur Vertiefung religiös-erbauliche und theoretische Schriften zu Rate.

2.2.2.3 Das eigene Leben aus der Perspektive des Glaubens deuten

Alle Gesprächspartner können Situationen ihres Lebens mit Gottes Wirken in Verbindung sehen. Dabei zeigen die vorsichtigen Äußerungen etwa von Bärbel, Helga und Jens, wie ungern sie Gott mit menschlichen Attributen und Handlungsweisen belegen. Sie fürchten, Gott könnte dadurch in seiner dem menschlichen Denken und Erfassen unzugänglichen Wesenheit berührt, ja beeinträchtigt werden. Zugleich ist das Bemühen zu beobachten, sich gerade durch äußerst sparsame und behutsame Aussagen über Gott und sein Handeln abzugrenzen von frömmelnden Zeitgenossen.

> "Ich bin immer so vorsichtig mit Worten und Formulierungen. Deshalb stottere und druckse ich auch hier so herum. Ich finde es dann auch wieder kitschig zu sagen: 'Gott hat uns wieder ein Kind geschenkt.' So etwas würde ich nicht sagen." (Helga)

Die Beziehung zu Gott kann wahrgenommen werden im Leiden, aber auch in besonderen Momenten von Glück. Auch in einer Besinnung auf den bisherigen Gang des Lebens kann die Anwesenheit Gottes gespürt werden. Dabei fragen sich die Gesprächspartner, inwiefern Gott überhaupt in ihr Leben eingreift.

Den Sinn von Leid verstehen

Für Knut ist der östliche Karma-Gedanke eine Hilfe, mit Erfahrungen von Leid besser umgehen zu können.

"Ich habe festgestellt, daß ich mit meinem Schicksal leichter fertig werde, weil ich weiß, daß, wenn ich jetzt leide, dann muß es aus meinem Vorleben entstanden sein. Ich konnte es nicht ganz begreifen: 'Ich habe doch in diesem Leben gar nichts gemacht. Was habe ich denn Großes getan? Habe ich irgendjemandem soviel Böses zugefügt, daß ich jetzt schon gleich die Folgen zu spüren bekomme?' " (Knut)

Carla begreift schwierige Situationen ihres Lebens als Prüfungen, die ihr auferlegt werden.

"Wenn er nun nicht geholfen hätte, dann hätte man auch damit fertig werden müssen. Nur hätte man gesagt: 'Der liebe Gott will es so. Nur er weiß warum. Wir wissen es nicht.' Die Menschen werden immer innerhalb ihres Lebens einigen Prüfungen unterzogen." (Carla)

Für Elke, die als Jugendliche einen Suizidversuch begangen hat und im nachhinein ihren eigenen Weg in einem anderen Licht zu sehen vermochte, bedeutet das Leiden einen Lernprozeß, den sie bejaht, auch wenn sie daran jeweils schwer zu tragen hat.

"Ich muß sagen, ich bin jetzt sehr froh darüber. Ich sehe jetzt einen Sinn darin, weil ich mir nämlich sonst vor einem Jahr das Leben genommen hätte, wenn ich das nicht schon einmal erlebt hätte. Ich verstehe es als Hilfe von Gott, um mich vor dieser anderen Situation zu retten." (Elke)

Auf dem Wege dahin befindet sich Ilka.

"Das weiß ich noch nicht so lange, das ist mir noch nicht so lange klar, daß hinter allem, was passiert, dahinter das Positive steht, auch wenn ich es im Augenblick als negativ empfinde. Das ist auch eine tolle Erfahrung. So nehme ich das jetzt schon leichter an, wenn es mir mal dreckig geht. Ich weiß, jetzt sehe ich das noch nicht so, aber irgendwann werde ich es kapieren." (Ilka)

In Momenten des Glücks Dankbarkeit empfinden

Carlas Tochter ist als Schülerin lebensgefährlich erkrankt und wieder genesen. Über ihre Gefühle angesichts der Gesundung der Tochter sagt Carla:

"Und das war das Schönste, was es geben konnte. Danach empfindet man eine große Dankbarkeit, von der man gar nicht weiß, wie man sie wieder gutmachen kann." (Carla)

Corinna weiß sich "in ganz schönen Momenten" ihres Lebens auf Gott bezogen.

"Ja, das merke ich eben gerade in ganz schönen Momenten, wo ich denke, das muß von irgendwoher kommen. Das kann nicht einfach aus dem kommen, was da ist. Das kann sich nicht so aus dem entwickeln." (Corinna)

Die Auffassung, daß leidvolle Erfahrungen einen Sinn haben, geht aus 75 % aller Interviews hervor. Inwieweit dieser Sinn auf Gott zu beziehen ist, läßt sich nicht in allen Fällen eindeutig bestimmen. Die Sichtweise, in Momenten von Glück Gottes Nähe zu verspüren, wird in den Gesprächen seltener geäußert.

Daß ich den Weg, den ich gegangen bin, nicht ohne Gott gegangen bin

Alle Gesprächspartner sind in der Lage, in machen Situationen des Lebens das Wirken einer göttlichen Macht zu erblicken. Bei 25 % der Befragten bleibt eine Unsicherheit, wie die Erlebnisse letztlich zu deuten sind: ob Gott wirklich eingegriffen hat, ob den Situationen eine kosmische Vernetzung oder ein mathematisches Prinzip von Unzufälligkeit zugrunde lag, ob menschliche Verhaltensweisen bestimmte Folgen nach sich gezogen haben.

Rolf, der eine Zeitlang überzeugter Atheist war, begreift sein Leben als einen Weg unter Gottes Führung.

"Aber ich glaube wirklich, daß dieser Weg, den ich gegangen bin, daß ich den nicht ohne Gott gegangen bin. Letzten Endes war das auch ein Weg unter Gottes Führung. Das ist sicherlich kein Zufall. Im Grunde war ich immer ein Suchender, und jetzt habe ich das Gefühl, auf dem richtigen Weg zu sein. Es ist nicht allein mein Weg. Es ist noch jemand daran beteiligt. Das ist eine schöne Erfahrung, auch eine erleichternde Erfahrung." (Rolf)

Immer wieder erleben zu müssen, wie Kameraden neben ihm verwundet wurden oder gefallen sind, während er selber unverletzt blieb, hat in Stefan die Überzeugung geweckt, Gott beschützt ihn.

"Davon bin ich überzeugt, daß Gott in irgendeiner Weise mich – und ich kann es ja nur von mir sagen – beschützt hat, bewahrt hat. Das ist eine der Grundlagen meines Glaubens, meine Erfahrung. Insofern bin ich in einer glücklichen Lage." (Stefan)

Hannes hat eine Bekehrung erlebt, eine "Wiedergeburt". Er ist dessen gewiß, daß Gott einen Plan mit ihm hat.

"Ja, also das glaube ich bestimmt, daß Gott einen Plan hat mit mir, überhaupt mit jedem Gläubigen. Und daß er mich in meinem Leben führt, daran glaube ich. Ich habe ihm mein Leben anvertraut, und er hat versprochen, wenn ich das tu', dann wird er für mich sorgen. Ich sehe nach vorne in die Zukunft nicht klar und deutlich, aber im Rückblick sehe ich die Hand Gottes, die da geführt hat." (Hannes)

Andere betonen, daß das eigene Verhalten den Lebenslauf bestimmt. In diese Richtung scheint Gerda zu tendieren. Sie befindet sich in einer Phase, wo sie nach einer Zeit heftiger Glaubenszweifel behutsam den Versuch wagen will, sich Gott erneut zu nähern. Elke nimmt bei allem Schwanken eine sehr differenzierte Haltung ein.

"Aber was heißt 'vorherbestimmt'? Das ist so eine Wechselbeziehung mit deinem Verhalten. Es ist nicht das Gefühl eines Marionettengottes, der uns führt, so daß jeder Weg uns vorbestimmt ist. Aber ich glaube, es kommt schon auf dich an, was dir passiert und welche Richtung du einschlägst. Ich denke, daß das, was dir zustößt, im Grunde auf dich selber zurückzuführen ist und von daher nicht zufällig ist." (Gerda)

"Ja, ich schwanke immer zwischen einer gewissen Art von Fatalismus ... Manchmal denke ich, das Erlebnis ist von Gott geschickt oder so etwas. Andererseits sage ich mir, daß nicht alles, was mit diesem Erlebnis zusammenhängt, von Gott bestimmt ist. Sondern dieses Erlebnis ist da, und es liegt dann an mir, ob ich mit Gottes Hilfe etwas daraus machen möchte. Und es ist nicht bestimmt, wie es nach diesem Erlebnis für mich weitergeht." (Elke)

2.2.2.4 Ohne meinen Glauben wäre ich ...

... eines Teils meiner Persönlichkeit beraubt

"Ich glaube nicht, daß der Glaube und überhaupt so alles, was mit Christentum zu tun hat, so ein Teil von mir ist, daß ich den rausnehmen und reinsetzen könnte. Das ist einfach auch in mir drin, so in der Art, wie ich lebe und wie ich bin. Eine Corinna ohne Glauben, die gibt es eben nicht. Und die kann ich mir auch nicht vorstellen." (Corinna)

... arm dran

"Ich glaube, dann wäre ich arm dran. Dann lebt man einfach nur so dahin, nicht so bewußt. Das könnte ich mir nicht vorstellen, daß ich ohne den Glauben leben könnte." (Carla)

... unreflektierter und verdammt einsam

"Unbewußter, unreflektierter, ich würde ganz bestimmt weniger über mich nachdenken. Wenn er nicht da wäre und mir würde es dreckig gehen, würde ich mich wahrscheinlich verdammt einsam fühlen. Das kann ich mir wirklich nicht vorstellen." (Nora)

... ohne Sinn und wesentlich rücksichtsloser

"Ich glaube, ich wäre wesentlich rücksichtsloser, nur auf meinen Vorteil bedacht, wenn ich nur mich sehen würde. Es ist schon so etwas wie Sinn ... was meinem Leben Sinn gibt. Was mir ebenfalls immer wieder Richtungen zeigt oder auch falsche Wege vor Augen führt. Ich glaube, daß es meine ganze Art bestimmt, wie ich bin. Die wäre völlig anders, wenn ich Gott nicht hätte. Wenn ich da überhaupt nicht nachdenken würde. In dem Sinn ist Gott schon eine Autorität, an der ich mich selber messe." (Erika)

... resigniert und hoffnungslos

"Es gibt so eine schöne Karikatur von Waechter, da kommen zwei junge Missionare an eine Tür und klingeln. Dann macht ein richtiger Fettsack auf. Und die beiden Jungs strahlen über das ganze Gesicht und sagen: 'Auch für Sie ist Jesus Christus gestorben!' Und der sagt: 'Da kommt ihr zu spät, der ist für mich schon lange gestorben.' Das heißt für mich Resignation. Ich glaube, ohne Gott würde ich resignieren. Dann würde ich warten, bis der achtzigste Geburtstag kommt, und dann wartet man, bis man gestorben ist. Das ist mir zu wenig." (Pierre)

Eine zunehmende Gleichgültigkeit gegenüber der Umwelt und den Mitmenschen vermuten achtzehn Gesprächspartner als Folge, wenn sie den Glauben aufgeben würden. Sie gestehen zwar jedem Menschen die Freiheit zu, nicht zu glauben, können sich aber nicht mehr vorstellen, selbst Atheist zu werden. Zu sehr fühlen sie sich in ihrem Glauben gebunden. Der Glaube wird als integraler Bestandteil der Persönlichkeit, so wie sie sich jetzt darstellt, empfunden. Keinen Glauben mehr zu haben, würde einem Verlust an Persönlichkeit gleichkommen. Immerhin können sich zwei der Befragten vorstellen, als Atheisten eine humanistische Einstellung zu vertreten. Sie ziehen ihre christliche Lebenshaltung aber entschieden vor.

... ein anderer und hätte andere Fähigkeiten

Eine Ausnahme bildet Thorsten. Er als einziger kann sich vorstellen, ohne seinen Glauben zu leben. In Anbetracht der vielfältigen Enttäuschungen, die er beruflich als Diakon erfährt, spielt er mit dem Gedanken, seinen Beruf aufzugeben. Von dieser Überlegung mag es dann nur ein verhältnismäßig kleiner Schritt sein, sich auch das andere vorzustellen – nämlich das aufzugeben, was dem Beruf eines Diakons Sinn und Inhalt verleiht.

"Ja, kann ich mir vorstellen, kann ich mir echt vorstellen. Das (gemeint ist die eigene Person) könnte auch genauso gut ein Computertechniker sein und ganz atheistisch leben. Ich wäre ein anderer, hätte auch andere Fähigkeiten. Man legt ja bestimmte Fähigkeiten an, da übst du dich drin und baust sie aus, und bestimmte Fähigkeiten vernachlässigst du. Und wenn du andere Grundlagen des Lebens hast ... Es kann ja nochmal sein, daß das so kommt, daß ich auf andere Fähigkeiten zurückgreifen muß, die ich habe." (Thorsten)

2.2.3 Funktionen des Glaubens

Der Glaube kann im Lebensentwurf eines Menschen unterschiedliche Funktionen haben. Die Funktionalität des eigenen Glaubens zu erkennen, bedeutet mitunter ein nicht geringes Erschrecken: Das also ist der Grund meines Glaubens?! In Wahrheit aber geht der Glaube in seiner Funktionalität nicht auf. Allerdings mag es durchaus heilsam sein, die Funktionen wahrzunehmen, die der Glaube im eigenen Leben hat. Das weist auf die Bedingtheit hin, die der Glaube durch die Lebensgeschichte und durch die Persönlichkeitsstruktur erfährt.[3] Darüber hinaus mag Einsicht in die Funktionalität des Glaubens dazu beitragen, den Glauben zu vertiefen und ihn die vorgegebenen Bedingtheiten transzendieren zu lassen.

Die im folgenden wiedergegebenen Äußerungen sind insgesamt Antworten auf die Frage, warum die Gesprächspartner glauben.

2.2.3.1 Umgehen können mit Schwierigkeiten und Scheitern

Nicht die Macherin sein müssen, die alles schafft

"Ich glaube, was mir wichtig ist, ist dieses Gefühl, ich muß nicht die Macherin sein, die alles schafft. Ich kann scheitern. Das ist vielleicht eine der wichtigsten Sachen, mit negativen Dingen und Scheitern im Leben umzugehen. Es hängt nicht alles von mir ab. Das ist etwas sehr Befreiendes." (Helga)

Das hat mir Kraft gegeben, wieder anzufangen

"Zum Beispiel hing ich gestern abend durch – nach einer Unterrichtsstunde, die wohl ein wenig danebengegangen ist, die mir überhaupt nicht gefallen hat. Und am Nachmittag bei der Unterrichtsvorbereitung für den nächsten Tag war ich wie gelähmt. Ich konnte überhaupt keinen klaren Gedanken mehr fassen. Mir fiel überhaupt nichts mehr ein, wie ich den Unterricht weitermachen konnte. – Da habe ich gebetet, und das hat mir tatsächlich Kraft gegeben, wieder anzufangen. Das sind so Erfahrungen, wo sich das im Alltag zeigt. Ich bete nicht regelmäßig. Es ist häufig dann, wenn so ein Punkt erreicht ist, wo ich nicht recht weiter weiß. Ich bitte dann auch um Hilfe." (Rolf)

Daß ich es annehmen kann, wie es kommt

"So verstehe ich im Moment auch Gebet und Umgang mit Gott als etwas, was mir Klarheit verschafft für das, was um mich herum geschieht und was mir Kraft gibt, das anzunehmen, wie es geschieht. Damit umgehen zu können, so eine Selbstvergewisserung.

3 Vgl. Ellerbrock: Glaube und Persönlichkeitsstruktur, in: Rh 3, 1984; ders.: Seine Bibel schafft man sich. Interferenz von Symbolverständnis und Erlebnisstruktur, in: Rh 8, 1989.

Selbstvergewisserung nicht im Sinne von Gerechtigkeit oder in dem Sinne, wie ich es haben möchte, sondern daß es so kommt, daß ich damit umgehen kann, daß ich es annehmen kann, wie es kommt oder wie es gekommen ist." (Jens)

2.2.3.2 Sich angenommen wissen

Dann hat man immer noch jemanden, der einen auffängt

"Wenn's einem schlecht geht, ist man wirklich ... dabei ..., um Hilfe zu bitten. Dann ist es auch beruhigend, man weiß, er ist da. Das ist wirklich noch die letzte Zuflucht. Von der kriegt man auch Hilfe. So versucht man das immer noch alleine, wenn das nicht klappt, dann hat man immer noch jemanden, der einen auffängt. Dann ist es auch dieses Gefühl des Angenommenseins. Wenn mich sonst schon keiner liebt – er tut's." (Nora)

Jemanden haben, der einen im Elend aufnimmt – und wenn man noch so weit unten ist

"Ich kann auf dieser Grundlage leben. Ich kann mich daran orientieren. Ich weiß genau, irgendwann werde ich vielleicht mal erfahren, warum ich versagt habe und warum ich Enttäuschungen hinnehmen mußte. Jemand, der nicht glaubt, hat keine Orientierung in der Richtung. Der denkt natürlich gleich, er hätte selber versagt, nun sei alles kaputt, und er hat keinen, von dem er weiß, daß er ihn im Elend doch noch aufnimmt, und wenn er noch so weit unten ist. Diese Gewißheit, die habe ich. Das ist mir eine große Erleichterung." (Angelika)

2.2.3.3 Auf Sinn bezogen sein

Mein Leben nur ein Rest - da bleibt immer was nach, was nicht gelebt wurde

"Allgemein gesprochen: Sinn. Ich kann mir ganz schwer vorstellen, wie Menschen ohne Glauben oder ohne die Gewißheit, daß es Gott gibt oder daß Gott für sie da ist, leben können, wofür sie dann leben. Was ist dann ihre Triebfeder oder ihre Leitlinie oder wie auch immer? Das kann doch nicht des Lebens Sinn sein! Für mich gibt es Vollendung. Mein Leben kann nur ein Rest sein. Da bleibt immer was nach, was nicht gelebt wurde, was angefangen ist, was nie gedacht wurde." (Pierre)

2.2.3.4 Im Tief nicht allein sein

Daß man nicht mehr in so tiefe Löcher fällt

"Also der Glaube hilft mir, daß es nicht mehr so extrem ist, daß man nicht mehr in so tiefe Löcher fällt, wo eben kein Ausstieg mehr sichtbar ist. Sondern daß eben selbst in einer so tiefen dunklen Phase noch ein Halt ist, eben so ein Urvertrauen, was einem hilft, da wieder herauszukommen." (Jutta)

Er läßt mich nicht allein, wenn ich in einem tiefen Loch sitze

"Also andersherum: Ich kann mir nicht vorstellen, daß er nicht in mein Leben eingreift. Er läßt mich so leben, wie ich bin. Und er läßt mich auch meine Fehler machen. Aber er läßt mich dann auch nicht allein, wenn ich in einem tiefen Loch sitze. Jedenfalls habe ich das noch nicht so erlebt, daß ich mich verraten und verkauft gefühlt habe. (Pierre)

Es ist einfach ein Halt, ein Boden

"Ich falle sicherlich auch mal tief, aber ich komme immer wieder hoch. Das ist eine Beruhigung. Man wird so sicher, daß man nie den Mut verliert. Es ist einfach ein Halt, ein Boden, auf den man sich immer wieder berufen kann. Das haben viele Menschen nicht." (Angelika)

2.2.3.5 Orientierung und Perspektive haben

In Gesetzmäßigkeiten geborgen sein

"Vielleicht ist es auch das Bedürfnis, in einer gewissen Geborgenheit zu sein; zu wissen, daß es Gesetzmäßigkeiten gibt, nach denen ich mich an und für sich richten kann. Und wenn ich mich dagegen stelle, dann falle ich auf den Bauch. Dann muß ich die Folgen tragen." (Knut)

Eine Richtschnur für mein Handeln

"Ein Halt in Zeiten, wo ich ein bißchen durchhänge. Eine Perspektive, eine Richtschnur, in der ich mein Handeln irgendwie einordnen kann. Und es ist eine Möglichkeit, anderen Leuten zu helfen, indem ich sie mit meinem Glauben konfrontieren kann und ihnen helfen oder sie trösten kann." (Thorsten)

Daß man sich auf geistigem Gebiet irgendwo festhalten kann

"Ich brauche das für mich selbst. Wenn ich an nichts glauben könnte – was ist dann mit mir? Dann bin ich ein Nichts! Dann bin ich ein loses Wesen. Jedenfalls glaube ich das für mich selbst, daß ich nichts bin, wenn ich nicht glaube. Weil der Glaube mir viel gibt. Ich kann mich an ihm halten. Ich kann mich an ihm festhalten. Und das ist wichtig, daß man sich auf geistigem Gebiet irgendwo festhalten kann. Man kann nicht einfach so dahintreiben. Man muß wissen, wohin man will. Der Glaube gibt mir Orientierung, wie ich leben will." (Carla)

Sich geführt fühlen hat etwas Befreiendes

"Aber es ist schon so, daß ich weiß: Jemand lenkt mich auch. Und mir sind gewisse Wege vorgegeben. Das hat überhaupt nichts Bedrohendes für mich. Ich fühle mich überhaupt nicht als Marionette. Im Gegenteil, es hat etwas Befreiendes; ich fühle mich geführt. Das ist eine Sache, die hätte ich früher niemals so begriffen. Aber ich sehe es so. Es ist nicht mein Weg allein, es ist mehr beteiligt." (Rolf)

Die Funktionen der Religiosität sind mannigfaltig.
– Einen Sinn im Leben sehen.
– Eine Lebensperspektive haben.
– Sich im Tun und Lassen orientieren können.
– Wissen, daß man nicht ins Bodenlose fällt.
– Sich in einem extremen Tief nicht gänzlich allein fühlen.
– Angenommen sein.
– Mit dem eigenen Versagen umgehen können.

So und anders lauten die Äußerungen. Die tiefen Bedürfnisse, die sich in solchen Äußerungen kundtun, werden vom Glauben erfüllt. Die Interviewpartner bringen das in Worten wie "Sicherheit", "Erleichterung", "Beruhigung" zum Ausdruck. Daß der Glaube hier ganz konkrete Hilfe zum Leben, zum Durchstehen, zum Überleben bietet, ist einer der Gründe, weshalb Religiosität für die Befragten so etwas unendlich Kostbares ist, dessen Verlust geradezu unvorstellbar erscheint. Solche Dimension menschlicher Wirklichkeit wird in den abstrakten theologischen Fachtermini wie Hoffnung, Gnade, Sinn kaum noch spürbar.

2.2.4 Aspekte des Glaubens

2.2.4.1 Gefühl und Verstand

Bei mir ist Glaube so ein zärtliches Gefühl

"Glauben ist ja immer eine Gefühlssache. Ich fühle mich angenommen, ich bin angenommen, ich nehme an. Ich glaube an etwas Überirdisches, an eine Macht, die uns leitet und lenkt; das ist eine gefühlsmäßige Ader. Man ist allgemein nicht so leicht im Äußern von Gefühlen, allgemein heute nicht so sehr, vielleicht früher mehr, ich weiß nicht. Gefühle, das ist immer etwas Privates, irgendwas, wo man auch verletzt werden kann. Bei mir ist das so ein weiches, so ein zärtliches Gefühl, daß ich mich nicht in einer Menschenmasse hinsetzen und beten könnte. Würden dann irgendwelche scharfen Bemerkungen kommen, würde ich total zusammenzucken. Das Gefühl wäre weg, und es wäre nur noch Schmerz da." (Corinna)

Keiner der Befragten bestreitet, daß Glaube viel mit Gefühl zu tun hat. Aber manchen – es sind 25 % – reicht es nicht aus, sich allein auf die Gefühle zu stützen. Diese Gesprächspartner wünschen sich eine Untermauerung des Glaubens auf der rationalen Ebene. Ihnen ist es wichtig, daß Gefühl und Verstand miteinander in Einklang sind. Sie wollen verstehen, was sie glauben.

Ein Weg, der zunächst über den Kopf gelaufen ist, aber dann meine Gefühle angesprochen hat

"Meine Hinwendung zum christlichen Glauben ist ausgegangen vom Kopf, durch Bewußtmachung, durch theologische Seminare, wo diskutiert wurde, was kann das sein, was kann das bedeuten. Da ist erst der Zugang eröffnet worden zu einer neuen bewußteren Religiosität. So würde ich das nennen. Es ist mir erst später bewußt geworden, daß ich im Grunde immer ein religiöser Mensch war. Es ist ein Weg, der zunächst über den Kopf gelaufen ist, aber dann meine Gefühle angesprochen hat." (Rolf)

"Man hat immer gleich seine entsprechenden Dogmen parat, wo man sagen kann: 'Ich glaube aus dem und dem Grunde.' Weil sich kein Mensch damit zufrieden gibt, wenn man sich mit Wischi-Waschi-Sachen abgibt, die nicht greifbar sind, und dann merkt man sofort, da ist nichts." (Angelika)

2.2.4.2 Vertrauen und Zweifel

Ich habe im Moment keine Zweifel und wundere mich darüber

Zehn der Befragten betonen ausdrücklich, daß sie keine Zweifel an der Existenz Gottes haben.

"Ich habe im Moment keine Zweifel, und ich wundere mich darüber. Kopfmäßig weiß ich, daß zum Glauben Zweifel dazugehören. Aber ich habe sie für mich im Moment nicht. Ich habe auch Zeiten gehabt, wo ich gedacht habe: Vielleicht ist es ja wirklich alles nur eine Illusion. Aber das schiebe ich dann immer so weg. Wenn es nun eine Illusion wäre, dann wäre das zwar schade, aber erstmal würde die mir beim Leben ganz gut helfen." (Jürgen)

Vier Personen – Corinna, Ilka, Jürgen und Rolf – beschäftigt gelegentlich der Gedanke, Religion könnte Illusion sein, die menschlicher Existenzangst oder Wunschdenken entspringt. Solche aufkeimenden Zweifel überwinden sie beispielsweise damit, daß sie sich auf ihre eigenen positiven Glaubenserfahrungen besinnen (etwa: Kraft schöpfen können), oder auch mittels rationaler Überlegungen: Die Ordnung in der Natur könne nicht auf purem Zufall beruhen.

Gerda, die aus ihrer Glaubenskrise noch nicht herausgefunden hat, ist die einzige, die Gott weder bejahen noch verneinen kann. Ihre Zweifel beunruhigen sie jedoch nicht. Sie ist vielmehr der Auffassung, dadurch werde sie vor einem Rückfall in frühere einengende Normen und Dogmen bewahrt.

Um meine Existenz in Spannung zu halten, muß etwas da sein, was sich nicht kalkulieren läßt

Jens würde sich – hätte er einen Wunsch frei – von einer Fee nichts erbitten, was endgültig wäre. Gerade die mit den Zweifeln verbundene Dynamik im Glauben empfindet er als wertvoll.

"Und ich denke, das wäre für mich auch etwas, was mit Zweifeln zusammenhängt, daß, um eine Spannung zu erhalten, einfach etwas da sein muß – wie das große X für unbekannt. Etwas, was nicht ausrechenbar ist, was nicht in meinen Möglichkeiten liegt, was sich nicht kalkulieren läßt, um meine Existenz, mein Leben interessant zu halten. Und so ist es auch mit Zweifel und mit Zweifeln am christlichen Glauben und an Gott." (Jens)

Man darf keine Zweifel haben; dann hilft Gott

Aus drei Interviews gewinnt man den Eindruck, daß keine Zweifel bestehen dürfen, wenn Gott helfen soll.

"Es gibt einen Gott, der einem hilft, wenn man an ihn glaubt. Das war aber auch meine Einstellung: Man muß an ihn glauben! Man darf keine Zweifel haben. Man muß ganz fest an ihn glauben. Dann hilft er einem auch." (Carla)

Inwieweit ich Vertrauen zu mir habe, kann ich auch Vertrauen zu Gott haben

Daß Glaube sehr viel mit Vertrauen zu tun hat, geht aus 30 % aller Interviews hervor.

"Was diese Kausalität verursacht und wo sie endet, darüber gibt es irgendwo kein Wissen mehr. Ich kann daran glauben, kann mich dem anvertrauen, und das ist das, was ich mehr und mehr versuche, inwieweit ich Vertrauen haben kann. Das ist auch etwas, was mit meiner Selbsterkenntnis oder meinem Wissen über mich selbst auch wieder zu tun hat: Inwieweit ich Vertrauen zum Leben und zu mir haben kann, kann ich auch Vertrauen zu Gott haben. Und ich denke mir, da hapert's eigentlich oft. Da bin ich auch oft am Würgen und Kämpfen, daß ich da manchmal abgrundtief erschüttert bin. Das könnte man dann wieder 'depressive Phase' nennen, in dem Moment, wo du kein Vertrauen in nichts hast, einschließlich Gott. Da sinkst du halt in ein tiefes Loch. Da denkst du, du schaffst es nicht, und das kann alles nur fürchterlich böse enden und weiter nichts. Solche Phasen habe ich schon. Genauso auch wieder die anderen, wo ich das Gefühl habe, ja, einfach so ein Vertrauen, daß es unheimlich viel Schönes gibt. Und dann spüre ich wieder diese Dankbarkeit, die Dankbarkeit zu leben." (Jutta)

Bei Jutta wie auch bei Knut stehen Selbstvertrauen und Gottvertrauen in einem Verhältnis wechselseitiger Abhängigkeit. Sobald sie an sich und ihren

Fähigkeiten zweifeln, tauchen auch Glaubenszweifel auf. Ansonsten scheint es eher der Fall zu sein, daß bei mangelndem Selbstvertrauen viel Hoffnung auf Gott gesetzt und an seiner Hilfe nicht gezweifelt wird.

Eine besondere Haltung nimmt Elke ein. Einerseits ist sie sich sicher, daß es einen Gott gibt, dessen Existenz sie niemals bestreiten könnte. Andererseits hegt sie Befürchtungen – und hier mögen die bedrohlichen Erinnerungen an die Zeit hereinspielen, als sie ihr Leben zu beenden versuchte –, sie könnte in so furchtbare Situationen geraten, daß ihre Zuneigung zu Gott umschlägt in Haß.

"Irgendwie habe ich davor auch Angst, daß ich irgendwann mal in eine Situation gerate, die ich mit meinem Glauben nicht mehr bewältigen kann, die mich so verändert, daß ich anfange, Gott zu hassen." (Elke)

Dieses Urvertrauen hat auch was damit zu tun, welches Vertrauen man zu seinen Eltern hatte

In vier Gesprächen wird eine Beziehung hergestellt zwischen dem Vertrauen zu Gott und dem einstigen kindlichen Vertrauen gegenüber den Eltern.

"Bildlich gesprochen habe ich meinen Glauben, wie ich das empfinde, fühle, als etwas mit starken Wurzeln, als einen Baum mit sehr starken Wurzeln empfunden. Der Stamm war auch recht kräftig. Aber die Wurzeln waren nicht von der Erziehung her gelegt, sondern sie waren halt da. Aber dieses Urvertrauen hat auch was damit zu tun, welche Vertrauensrolle man zu seinen Eltern hatte. So erlebe ich es jedenfalls." (Bärbel)

2.2.4.3 Die Verletzlichkeit des Glaubens

Ich möchte meinen Kern schützen und ihn nicht zerpflücken lassen

Der Glaube ist vielfältigen Gefährdungen ausgesetzt – so sehen es Angelika und Corinna. Zweifel bedrohen ihn. Er ist mit dem eigenen Gefühlsleben untrennbar verbunden und damit dessen Schwankungen unterworfen. Angriffen, die mit rationalen Argumenten geführt werden, ist er oft wehrlos ausgeliefert. Zugleich ist er etwas unendlich Kostbares, ein weiches zärtliches Gefühl, wie Corinna sagt, zu bedeutsam als "Kern" der Person (Angelika), als daß man es sich leisten könnte, ihn mutwilligen Attacken auszuliefern. Um ihren Glauben – und damit sich selbst, ihr Innerstes – vor Verletzung zu schützen, sind beide Frauen zu dem Punkt gelangt, daß sie ihre Religiosität verschließen. Sie sprechen darüber nur noch, wenn sie den Eindruck gewonnen haben, dem Gegenüber ist wirklich an einer Aussage gelegen.

"Das Entscheidende – glaube ich – ist, daß man versucht, seinen Glauben zu verteidigen, daß man durch die Gesellschaft in eine Verteidigungsposition gedrängt wird, weil der Glaube heute eben etwas Besonderes ist. Ich will es nicht kaputtreden. Man schützt sich dann auch selbst. Das Thema ist für mich abgeschlossen. Wer von mir was wissen will, dem erzähle ich was. Aber im großen und ganzen möchte ich meinen Kern, meinen Glauben, für mich behalten und ihn nicht jedes Mal wieder zerpflücken lassen." (Angelika)

2.2.4.4 Autonomie oder Heteronomie

Die Freiheit, zu tun oder zu lassen, was man für richtig erachtet, halten die meisten Gesprächspartner für unabdingbar. Hannes bezieht in dieser Hinsicht eine Ausnahmeposition. Das Streben nach Selbstverwirklichung ist in seinen Augen Sünde. Seinen theologischen Überzeugungen gemäß ist es Aufgabe des Menschen, sich in eine "freiwillige Abhängigkeit" von Gott zu begeben. Hannes sagt von sich, daß er dies gerne tut. Bei den anderen Gesprächspartnern läßt sich beobachten, daß ihre Gottesbeziehung durch mehr oder minder starkes Autonomiestreben gekennzeichnet ist. Der aus einer Bejahung Gottes resultierenden Abhängigkeit – etwa dergestalt, daß man sich Geboten verpflichtet – begegnen viele mit zwiespältigen Gefühlen.

Es hat etwas Verlockendes, in keiner Weise gebunden zu sein

So erscheint Stefan die religiöse Gebundenheit des Menschen zwar manchmal als Zwang. Doch möchte er sich nicht aus dieser Verpflichtung lösen. Zu oft hat sich ihm die Gewißheit bestätigt, daß Gott eine Realität in seinem Leben ist.

"Ich habe oftmals versucht, mich in die Mentalität eines solchen Menschen zu versetzen, der Gott verneint. Das hat etwas Verlockendes an sich, weil derjenige, der das tut, dann glaubt, völlig frei zu sein, in keiner Weise mehr gebunden, keinerlei Bindungen mehr zu haben. Das kommt für mich aufgrund meiner Lebenserfahrung nicht in Frage. Und dann erhalte ich auch immer wieder eine Antwort darauf, ob ich ohne Gott leben könnte. Ich merke, es geht nicht. Ich habe zu viele Male in meinem Leben erlebt: Es gibt Gott!" (Stefan)

Etwas mir sehr Nahegehendes bespreche ich nicht mit Gott, sondern mit meinem Teddy

"Ich habe darüber nachgedacht, warum ich mir sehr nahegehende Sachen selten – eigentlich kaum – mit Gott bespreche, sondern mit meinem Teddy. Ich habe da eine Art Stolz, jemand anderes, von mir nicht Bestimmbares oder nicht in meiner Macht Stehendes zu befragen, um Antwort zu bitten.Wenn ich mit meinem Teddy spreche, spreche ich ja eher mit meinem eigenen Gewissen, meinem Spiegelbild. Und die Antwort, die ich mir da gebe, ist zwar sehr kritisch und hart, aber das bin ja immer noch *ich*, die antwortet. Und wenn nun ein Zeichen à la Don Camillo und Peppone kommen würde, so eine dröhnende Stimme von außen ... – Ja, vielleicht habe ich Angst davor, daß ich so ein Zeichen sehen könnte. Oder allein darauf angewiesen zu sein, nach einem Zeichen zu suchen, das würde mir Unruhe bringen. – Wenn ich bei meinen eigenen Lebensproblemen auf die Antworten oder Regungen anderer angewiesen bin, die dann nicht mehr in meiner Macht sind, das würde mir – glaube ich – Unruhe bringen. Ich versuche, mir durch das strenge, strenge Reden mit meinem Gewissen über meinen Teddy selbst zu helfen." (Bärbel)

Aus Angst, in Abhängigkeit zu geraten, betet Bärbel nur dann zu Gott, wenn sie Hilfe für *andere* erbitten möchte.

2.2.4.5. Sünde und Gnade

Nur vier Interviewpartner äußern sich über ihr Verständnis der Begriffe Sünde und Gnade. Ohne das Wort Gnade zu benutzen, sprechen allerdings viele über das, was damit gemeint ist. Sie verwenden dann Ausdrücke wie "angenommen sein" oder "Annahme". Formulierungen dieser Art kommen an anderen Stellen der Untersuchung zur Sprache; sie werden hier nicht aufgegriffen, wo es um den Gebrauch der theologischen Fachtermini geht.

Sünde heißt, sein eigener Herr sein wollen

Im Zusammenhang der Frage von Autonomie oder Heteronomie ist Hannes bereits kurz erwähnt worden. Der Grund dafür, daß er das menschliche Autonomiestreben so entschieden ablehnt, liegt in seiner Auffassung von Sünde, die von pietistischen Traditionen beeinflußt ist.

"Für mich ist das eigentlich Sünde ... D. h., was ist Sünde? Sünde ist für mich das Streben danach, unabhängig zu werden von Gott. Nicht in erster Linie moralische Sünde – die moralische Sünde folgt meines Erachtens darauf – in erster Linie sein wollen wie Gott, selbst alles in die Hand nehmen wollen, sein eigener Herr sein wollen, obwohl der Mensch darauf nicht angelegt ist. Deshalb ist für mich 'unabhängig sein wollen' Sünde." (Hannes)

Ganz anders ist Pierres Sicht. Für ihn bedeutet es Sünde, wenn der Mensch sich nicht bemüht, jeden Tag intensiv und bewußt wahrzunehmen, sondern beispielsweise nur auf das Wochenende wartet.

Gnade? Je länger ich studiere, desto weniger blicke ich durch

Ilka hat Schwierigkeiten mit dem Begriff Gnade. Das rührt zu einem guten Teil von der Faszination her, die durch die Beschäftigung mit dem Zen-Buddhismus, besonders durch die Idee der Vollkommenheit, bei dieser Frau ausgelöst worden ist. Und in der Tat ist der Gedanke, es könne dem Menschen möglich sein, Vollkommenheit zu erlangen, nur schwer oder gar nicht mit dem Evangelium zu vereinbaren: Gott ist es, der den Menschen erlöst; der Mensch ist und bleibt angewiesen auf Gnade – aber gerade so gewinnt er Freiheit, nicht immer und immer wieder um seine Vollendung ringen zu müssen.

"Man kann die Gnade nicht erarbeiten oder durch Wohlverhalten erwerben. Man kann sie nicht beeinflussen. Man weiß nicht, wird mir die Gnade zuteil oder nicht. Das weiß man vorher nicht. Also das sind so viele Sachen; je länger ich studiere, desto weniger blicke ich durch." (Ilka)

Gnade – das wäre für mich Handel betreiben

Eine entschieden ablehnende Haltung gegenüber der Botschaft von der Gnade nimmt Angelika ein. Ihr erscheint es unredlich, auf Gnade zu spekulieren. Der Mensch soll selbst geradestehen für das, was er tut, oder für das, was er versäumt.

"Aber ich sehe nicht ein, daß ich Handel betreiben soll, indem ich sage – das wäre für mich Handel betreiben – indem ich also sage: 'Ich glaube jetzt an Gott, und jetzt habe ich etwas Böses getan, aber Gott verzeiht mir ja.' Es stimmt einfach nicht, daß Gott mir die Sünden abnimmt. Ich muß irgendwann doch wieder dafür geradestehen, sei es mit meinem Gewissen." (Angelika)

Den Hintergrund dieser Aussage bildet bei Angelika die Vorstellung, sie werde im Endgericht mit allen Sünden konfrontiert. Je mehr sie im Vorwege bereinigt, um so gefaßter kann sie sich dem eschatologischen Gericht stellen.

2.3 Glaube in Begegnung

In Begegnung mit anderen Menschen wird Glaube erlebt und gelebt. Gerade solche zwischenmenschlichen Begegnungen scheinen für Entwicklung und Vertiefung, für Infragestellung wie auch Festigung des Glaubens von großer Bedeutung zu sein. Um solche Erfahrungen des Glaubens, die im Mit- und Gegeneinander gewonnen werden, soll es im folgenden gehen.

2.3.1 Begegnungen mit Christen

Was Christsein heißt,

"... ist schwer in Worte zu fassen, weil ich Phasen habe, wo mich das unzufrieden macht, wo ich denke: 'Mein Gott, was bist du eigentlich für ein Christ!' Weil ich da der allgemeinen Vorstellung, was man so unter Christen versteht oder unter einer christlichen Lebensweise, weil ich dem dann gehorchen will auf Deubel komm raus." (Corinna)

Was Corinna hier aus der Innenperspektive der Selbstwahrnehmung des eigenen Christseins formuliert, wirkt noch schärfer, wenn es von außen betrachtet wird. Dann wird derjenige, der Christ sein möchte, an seinem Maßstab gemessen. Und dann erscheint der eine als ein glaubwürdiger Christ, der andere nicht.

2.3.1.1 Glaubwürdige und weniger Glaubwürdige

Was mich nicht anspricht: Wenn die Leute vom Glauben reden, ihn aber wenig leben

"Ich kann erstmal nur sagen, was mich nicht anspricht. Zum Beispiel, wenn die Leute vom Glauben reden, aber ihn wenig leben. Wenn ich da spüre, daß da keine Glaubwürdigkeit ist, daß das nicht zusammenpaßt. Die erzählen ganz toll, wie man leben soll, aber verwirklichen wenig davon." (Jürgen)

Ähnlich wie Jürgen urteilen 58 % der Befragten über Christen, die Worte zu machen verstehen, aber nicht entsprechend handeln.

Da kommt rüber, welche Konsequenzen Christentum für das Miteinander haben kann

Die Gesprächspartner wissen – gottlob! – auch über gute Erfahrungen zu berichten. Daß bei der Frage der Glaubwürdigkeit subjektive Wertungen mit hineinspielen, zeigen die Äußerungen von Angelika und Rolf. Beide beziehen sich z. T. wohl auf dieselben Dozenten, kommen aber zu gegensätzlichen Einschätzungen.

"Es ist immer wieder beeindruckend, solche Leute kennenzulernen. Häufig siehst du solche Leute an der Universität doch nicht. Da gibt es zwar Leute, die auf ihrem Gebiet kompetent sind oder so dogmatische Typen. Aber bei allen hast du das Gefühl, daß sie ihre Ideologie nicht wirklich leben." (Angelika)

"Das verdanke ich auch mit den Dozenten des Religionsseminars. Die leben imgrunde, besonders X., das ist so mein Empfinden, was sie vertreten. An ihnen, an ihrem Umgang mit anderen Menschen kommt ein Stück davon auch rüber, was denn für Konsequenzen das Christentum für das menschliche Miteinander haben kann. Und das schien mir eine sehr wichtige Sache. Das war auch glaubhaft." (Rolf)

Die Menschen, von denen Angelika sich beeindruckt zeigt, sind ihre Chorleiterin und ihre Religionslehrerin. Diese Frauen nahm sie sich zum Vorbild. Nach eigenen Angaben haben 26 % der Befragten solche Vorbilder erlebt.[4] Von deren Religiosität haben sie sich anstecken lassen, so daß sie sich zum Ziel gesetzt haben, in irgendeiner Weise ein Leben aus dem Glauben zu führen.

Hannes hat die Begegnung mit engagierten Christen dazu veranlaßt, sich zu bekehren und ein "neuer Mensch" zu werden. Heute versucht er, die Erfahrung, die er als befreiend erlebt hat, an andere weiterzuvermitteln.

"Da habe ich Christen kennengelernt, die mir erzählt haben, was sie mit Gott erlebt haben. Sie haben eigentlich erst zu einer Beziehung zu Gott gefunden, nachdem sie sich persönlich entschieden haben, Gott in ihr Leben aufzunehmen. Eigentlich hörte ich da das erste Mal, daß es darum geht, sich zu entscheiden, sich zu bekehren, umzukehren zu Jesus, und daß eine Gotteserfahrung nicht einfach so da ist, daß christlicher Glaube nicht 'natürliche Religiosität' bedeutet." (Hannes)

Totale Wut auf Leute, die sich Christen schimpfen und nicht so handeln

Gerade wo christlicher Frömmigkeit ein hoher Stellenwert eingeräumt wird, sind heftige Emotionen im Spiel, wenn Menschen sich unglaubwürdig verhalten. So ist Knut empört über die Zeugen Jehovas – nicht zuletzt, weil sie sich, nachdem er aus der Gemeinschaft ausgetreten war, durch ihre Reaktionen desavouiert haben. Jutta, die in Kindheit und Jugend sehr gelitten hat unter den Auswüchsen einer vermeintlich an christlichen Grundsätzen orientierten Erziehung, gerät in Wut, sobald sie merkt, wie Christen durch ihre Handlungsweise den Glauben verraten.

"Dieser Haß und die totale Wut kommt auch noch manchmal hoch, nicht Gott gegenüber, sondern auf die Leute, die sich Christen schimpfen und nicht so handeln. Da kommt ganz viel hoch, wenn ich solchen Leuten begegne, die für mich fies reagieren, ob das nun ein Pastor ist oder sonst jemand. – Bei einem Moslem, einem Buddhisten oder einem Hinduisten, da ist es mir egal, wenn der etwas sagt und nicht so handelt. Aber bei den Leuten, die sich Christen nennen, da betrifft mich das total, und da kommt wahnsinnig viel hoch." (Jutta)

2.3.1.2 Sich mit anderen bezüglich des Glaubens vergleichen

Der ist mit Gott viel enger befreundet als ich

Aus einigen Interviews geht hervor, daß insgeheim andere Christen als Maßstab genommen werden, um die eigene Religiosität zu überprüfen. Das Ergebnis fällt nicht unbedingt zur eigenen Zufriedenheit aus.

4 Wo Eltern Vorbild gewesen sind, wurde das bei der Prozentzahl nicht berücksichtigt.

"Ich bewundere Leute, die so ganz viel von ihrer Beziehung zu Gott reden. Da hab' ich den Eindruck: Der ist mit Gott viel enger befreundet als ich." (Jürgen)

Zu erleben, mit welcher Sicherheit andere Menschen in ihrem Glauben auftreten, läßt Zweifel am eigenen Glaubensweg aufkommen. Das gilt besonders dann, wenn jemand das Gefühl hat: Meine Religiosität ist noch nicht gefestigt; ich bin noch auf der Suche; ich habe meinen Standpunkt noch nicht endgültig gefunden.

"Die Zweifel kamen bei mir dann erst sehr viel später. Unter anderem, weil ich mich da mit den verschiedenen Einstellungen zum Glauben auseinandersetzen mußte. Mit den sehr Engagierten à la D. und mit Leuten, die so eher meine Einstellung hatten, die eben noch ein bißchen auf der Suche sind, die noch nicht so richtig wußten, was sie vom Glauben halten sollen. Ich weiß, daß ich manchmal gedacht habe, ich müßte auch so glauben wie D., so besonders fromm; den Glauben so wirklich zu leben, das sei doch die wahre Religiosität." (Nora)

Anfechtungen solcher Art stürzten Nora in eine Glaubenskrise. Erst als ihr bewußt wurde, daß D.s Weg nicht der ihre ist, daß seine Glaubensvorstellungen kaum zu vereinbaren sind mit ihrer Persönlichkeit, da gelang es Nora, die Krise zu überwinden.

Wie glauben und studieren Frauen?

In gänzlich anderer Weise vergleicht sich Helga. An einer Frau, einer Dozentin für Theologie, geht ihr auf, daß Frauen möglicherweise nicht denselben Zugang zum Glauben und zur Theologie als Wissenschaft haben wie Männer. Seitdem ist Helga bemüht, den ihr als Frau gemäßen Weg zum Glauben und zur theologischen Wissenschaft zu finden und auszuprobieren.

"Dann gab es noch einen zweiten sehr, sehr wichtigen Einschnitt. Als ich angefangen hatte, Theologie zu studieren, war auch gerade eine Frau im Fachbereich. Da habe ich den zweiten Unterschied bemerkt, nicht nur zwischen einem Fach wie Germanistik und Theologie – und: Wie betreibt diese Frau Theologie? Und das war von Anfang an immer eine sehr wichtige Frage für mich. Wie glauben und studieren Frauen, wie machen sie Wissenschaft? Das hat mich durch das Studium begleitet bis heute." (Helga)

2.3.2 Begegnungen mit Menschen, die auf Distanz gegangen sind

Daß jeder Mensch in gewisser Weise religiös ist

Tillichs Religionsbegriff – darauf angelegt, den Dialog mit Kirchenfernen aufzunehmen – hat in der Theologie der vergangenen dreißig Jahre zunehmend eine Schlüsselstellung erlangt. Diesem theologischen Denkansatz mag es zuzuschreiben sein, daß einige Interviewpartner den Unterschied zwischen Gläubigen und solchen Menschen, die sich vom Glauben distanziert haben, entschieden relativieren. So kann Pierre zwischen sich und seinem aus der Kirche ausgetretenen Freund kaum Divergenzen ausmachen und ist sich manchmal der Glaubwürdigkeit seiner eigenen Religiosität nicht ganz sicher. Rolf bezieht sich ausdrücklich auf Tillich, wenn er – selbst jahrelang Atheist aus Überzeugung – postuliert, jeder sei quasi religiös.

"Ich denke, daß jeder Mensch auch in gewisser Weise religiös ist. Sehr fasziniert hat mich eigentlich der Tillichsche Religionsbegriff, wo er sagt: 'Religion ist das Ergriffensein von dem, was uns unbedingt angeht.' Das ist viel mehr als nur der allsonntägliche Gang in die Kirche. Imgrunde umfaßt das jede Dimension des Menschseins. Von daher ist auch der suchende Atheist für mich ein religiöser Mensch." (Rolf)

Er hat nichts, das ihn auffängt

Bei der überwiegenden Mehrheit (zwei Drittel) herrscht Bedauern darüber vor, daß viele Menschen nicht im Glauben verwurzelt sind. Es wird u. a. darauf verwiesen, solche Personen seien widrigen Umständen schutzloser ausgeliefert.

"Bei meinem früheren Freund, da ist es so, er glaubt nicht an Gott. Er ist in eine Waldorfschule gegangen und hat es da nicht mitgekriegt, auch nicht von seinen Eltern, und er ist immer völlig hoffnungslos. Er ist auch traurig, wenn ihn irgendetwas trifft, aber da ist keine Hoffnung in ihm. Die strahlt er einfach nicht aus. Er ist dann immer am Boden und noch weiter zerstört. Weil er nichts hat, wovon er das Gefühl spürt, daß es ihn auffängt. Während ich immer das Gefühl habe: Es gibt noch jemanden, und ich bin nie ganz allein." (Elke)

Daneben wird behauptet: Menschen ohne Glauben seien gleichgültiger gegenüber Mitmenschen. Ihre Wertvorstellungen seien die Ursache ihres oftmals egoistischen oder sogar zerstörerischen Verhaltens. In Disharmonien solcher Art erblickt Angelika den Grund dafür, daß sie den Atheismus ihres Partners nicht mehr tolerieren zu können meint.

Zu erkennen, was anderen Menschen – wie sie meinen – infolge von Glaubenslosigkeit entgeht, führt bei einigen Gesprächspartnern zur Verstärkung der eigenen Überzeugung.

2.3.3. Auseinandersetzung mit Fremdreligionen

Vier der Befragten haben sich intensiv mit Fremdreligionen beschäftigt und sind auf diesem Wege zu einer bewußteren persönlichen Frömmigkeit gelangt. Und zwar haben sie – mit Ausnahme von Knut – gerade in der Begegnung mit der fremden Frömmigkeit die Eigenart christlichen Glaubens schätzen gelernt.

Nach einer Phase, in der sie existentialistisch zu leben versuchte, hat Ilka sich mit buddhistischen Vorstellungen befaßt. Das lag darin begründet, daß letzte Fragen nach Grund und Ziel menschlichen Daseins sich auf Dauer nicht abweisen ließen; zugleich lehnte Ilka es ab, einfach aus dem Existentialismus heimzukehren in vertrautes christliches Terrain. So fiel ihre Wahl auf eine fernöstliche Religion. Angesprochen fühlte sie sich von Gedanken des Zen-Buddhismus. Dessen Idee der Vollkommenheit macht es ihr heute noch schwer, den christlichen Gnaden-Gedanken fraglos zu akzeptieren. Bei aller grundsätzlichen Bejahung des Christentums hat Ilka sich eine liberale Einstellung bewahrt.

"Solange eine Religion nicht fordert 'hasse deinen Nächsten' oder sowas, solange imgrunde diese Religion auch die gleichen Gebote haben kann – das haben sie ja, denke ich –, da haben sie irgendwo einen gemeinsamen Gott." (Ilka)

Knut, auf dessen lange und wechselvolle Auseinandersetzung mit anderen Religionen hier nicht eingegangen werden soll, hat das Fazit gezogen: Alle Religionen – sofern sie humanistischen Überzeugungen verpflichtet sind – sind in ihrem Bemühen um letzte Wahrheit zu respektieren. Kritisch werde es erst da, wo eine Religion aufgrund ihres Anspruchs, im Besitz der Wahrheit zu sein, sich radikal gegen andere Religionen abgrenzt und diese abzuwerten versucht.

Eine konträre Position bezieht Hannes. Als Jugendlicher hat er längere Zeit Transzendentale Meditation geübt. Durch die Begegnung mit Christen, deren Botschaft lautet, es sei notwendig, sich für Jesus zu entscheiden, hat Hannes eine Bekehrung erlebt. Seitdem wertet er seine Hingabe an die Transzendentale Meditation als zu 'ich-bezogen'. Der einzige und wahre Weg sei entschiedene Hinwendung zu Jesus Christus; alles andere sei in höchstem Maße fragwürdig.

Jutta hat zwei lange Reisen unternommen, die sie nach Indien führten. Dort haben Begegnungen mit Hindus, Buddhisten, Moslems und Sikhs sie sehr beeindruckt.

"In Indien hat mich der Sikhtempel in Amritsa unheimlich fasziniert, das ganze Areal. Die ganzen sozialen Maßnahmen waren etwas mit Hand und Fuß. Zum Beispiel durften im Tempel selbst so zwei- bis dreitausend Leute umsonst eine Mahlzeit zweimal am Tag essen, die von den Reichen gespendet wurden. Um den Tempel herum sind riesengroße Gebäude, wo alle Pilger umsonst untergebracht werden. Das hat mich unwahrscheinlich beeindruckt, daß Glaube in konkretes Handeln umgesetzt wurde, sich einfach in sozialem Handeln äußert." (Jutta)

Ein Unfall wurde zum Auslöser dafür, daß Jutta Abstand gewann von östlicher Spiritualität. Sie spürte, wie sie in der Vorstellung von Karma keine Hilfe fand, die sie bedrängenden Probleme zu lösen. Heute bekennt Jutta sich – bei allem Verständnis für Andersgläubige – zu ihrem christlich geprägten Glauben. Aufgrund bitterer Erfahrungen mit den Auswüchsen christlicher Frömmigkeit, unter denen sie als Kind und Jugendliche zu leiden hatte, ist sie sensibel geworden für Fehlformen christlicher Religiosität.

3 Gott

3.1 Gottesvorstellungen

3.1.1 Kein Bildnis machen

Bedenkt man, welche zentrale Bedeutung der Gestalt Gottes im Glaubensleben zukommt, so fällt die Zurückhaltung der Gesprächspartner auf, wenn es um ihre Vorstellungen von Gott geht. Vier Personen möchten gerne "naiv" bleiben und weigern sich, Spekulationen und Vermutungen über die Existenzweise Gottes anzustellen.

Wir können von Gott immer nur einen Zipfel erhaschen

Nicht Denkfaulheit ist hier im Spiel, sondern Einsicht in die Grenzen menschlicher Möglichkeiten, Gott kognitiv zu erfassen.

> "Und Zweifel, daß es Gott gibt, habe ich sowieso nicht. Gott existiert. Wie, das kann ich nicht sagen. Das interessiert mich auch nicht. Da bin ich einfach naiv. Warum er existiert, das interessiert mich eigentlich auch nicht." (Pierre)
>
> "Das geht über jede menschliche Vorstellungskraft hinaus, was Gott ist. Wir können von Gott immer nur so einen Zipfel erhaschen. In Bildern kann man sich einen Teil vorstellen. Was er nun ist, das ist nicht einmal in unseren kühnsten Phantasien vorstellbar. Andererseits kann sich Gott wieder manifestieren in einer Blume, im Feuer oder was weiß ich. Aber das sind alles so kleine ... Also wenn man 'Mosaiksteine' sagen würde, dann hieße das, daß, wenn man alles zusammensetzt, daß man Gott dann hat; aber das ist er ja auch noch nicht. Ach, das wird mir zu schwer. Ich bin glücklich, wenn ich mir Gott ganz naiv vorstellen kann, wenn ich bei ihm in der Hand liegen kann." (Ilka)

Metaphorische Redeweise

Um von Gott nicht gänzlich schweigen zu müssen, benutzen einige der Gesprächspartner Metaphern, mit deren Hilfe sie Aspekte Gottes, die ihnen bedeutsam sind, bildlich ausdrücken:

- Licht (einmal)
- Wärme (zweimal)
- ungeheures Kraftpotential (zweimal)
- Energie (einmal)

Gottesvorstellung aufgrund von Selbsterfahrung

Erika, Gerda und Jutta sind der Meinung, Vorstellungen über Gott entwickeln sich im Zusammenhang mit dem Gewahrwerden und tieferen Erfassen der eigenen Person.

"Ich glaube, bevor man überhaupt begreifen kann, was Gott ist, muß man sich selber erst einmal begriffen haben. Und da ich so weit noch gar nicht bin, fällt mir das vielleicht auch so schwer. Auch wenn man davon ausgeht, daß der Mensch schon irgendwo nach dem Bilde Gottes geschaffen ist, dann finde ich, ist es völlig unmöglich, Gott zu verstehen, ohne sich selbst zu verstehen." (Gerda)

"Das ist ja inzwischen ein Erfahrungswert, daß ich, je mehr ich über mich erfahre, um so mehr auch über Gott erfahre. Das geht nur über die Selbsterfahrung, wie man Gott auffaßt und begreift. Und das wandelt sich und entwickelt sich, wie auch ich mich entwickle." (Jutta)

3.1.2 Gott ist für mich ...

So zurückhaltend die Interviewpartner sich geben, wenn es um ihre Gottesvorstellung als solche geht, so bereitwillig erteilen sie Auskunft, sobald ihr persönliches Verhältnis zu Gott angesprochen wird. Daß in diesem Zusammenhang metaphorische Redeweise gehäuft auftritt, ist sicherlich kein Zufall. Worüber die Interviewpartner sich äußern, das entzieht sich dem direkten sprachlichen Zugriff und wird am ehesten in bildlicher Rede faßbar – so wie auch Jesus, wenn er Aussagen über Gott machte, in Metaphern und Gleichnissen sprach.

... ein Freund

"Mein Gott ist ein Freund. Einer, der sich um mich kümmert, der Zeit für mich hat, überhaupt für einzelne. Es geht ihm nicht um die Massen, sondern aus hundert Leuten spricht er einen an und meint diesen auch. Und er meint mich. Er hat mir persönlich etwas zu sagen, und das finde ich toll." (Hannes)

... ein Aufpasser

"Ich sehe ganz besonders auch den strafenden Gott, die Vaterfigur. Im Gegensatz zur Mutterfigur nimmt sie in vielen Familien die Richterposition ein. Zu dem geht man hin und holt sich seinen Hinternvoll ab. Nach dem Motto: Vater wird es dir heute abend schon zeigen, wenn er nach Hause kommt – so im übertragenen Sinne. Gott vereint allerdings auch die Mutterfigur, die trösten kann. Weil ich aber nicht so große Sünden begehe, weil ich mich auch selber schon z. B. durch Vorwürfe strafe und mir selber oft ins eigene Fleisch schneide, brauche ich ihn auch seltener als liebenden als den strafenden Gott. Ich brauche ihn als Aufpasser, damit ich ja auf dem Wege bleibe und nicht irgendwie abklinke und dann vielleicht noch das Böse zulasse." (Angelika)

... der, der mich aus dem Keller geholt hat

"Du kannst ja tausend Bilder dafür finden. Schön, daß man da immer wieder Bilder findet – und keins trifft es, alle bilden nur einen Ausschnitt. Man trifft Gott als Person, wie er vielleicht in dem Moment für dich wichtig geworden ist oder in einer anderen Situation für dich wichtig geworden ist. – Gott ist der, der mich aus dem Keller geholt hat und nach Y-Stadt begleitet hat. Das war mein kleiner Exodus." (Jens)

... jemand, der alles versteht

"Irgendwie ist das auch ein Verhältnis ... Also dieses 'Gott fürchten', das kenne ich überhaupt nicht. Das ist für mich so ein Vertrauensverhältnis, daß da jemand ist, der mich annimmt, der alles versteht, vor dem ich keine Angst zu haben brauche. Diese strafende Seite von Gott ist mir völlig fremd." (Elke)

... ein gleichgestellter Gesprächspartner (Nora)

... Autorität (Knut)

... Vollender, Beweger und Erhalter (Pierre)

3.2 Gottes-Erfahrungen

3.2.1 Herausragende einmalige Widerfahrnisse

Eine Offenbarung Gottes erlebt zu haben, heißt nicht, des brennenden Dornbuschs ansichtig geworden zu sein. Bis auf Ilka – sie hat anhand mehrerer übereinstimmender Begebenheiten die Namenswahl ihrer Tochter durch Zeichen bestätigt gesehen – berichtet keiner von Begebenheiten quasi wunderhafter Art. Offenbarung Gottes ist allen Berichten zufolge etwas, das sich im Innern des Menschen vollzieht. Von außen ist da nichts zu beobachten oder zu bestaunen. Aber für die Betroffenen handelt es sich um ein Widerfahrnis, dessen Bedeutung völlig außer Frage steht. Und selbst wo rationale Gegenargumente zumindest erwogen werden (vgl. Jürgen), da halten sie der überwältigenden Klarheit, mit der die Gefühle sprechen, nicht stand.

Teil eines ganz großen Ganzen sein

"An einem Silvesterabend bin ich mit meiner Frau am Strand spazieren gegangen in Dänemark. Es war klarer Frost, das alte Meer war da, jeder Stern am Himmel. Wir haben nicht darüber gesprochen, aber wir wußten beide, was wir empfinden konnten. Das war das Gefühl, eingebettet zu sein, Teil eines ganz großen Ganzen zu sein, eines Universums, in dem jeder Platz hat und jeder bekannt ist, jeder einen Namen hat. 'Weißt du wieviel Sternlein stehen ..., er hat sie gezählet, er kennt sie bei seinem Namen.' Das weiß ich noch nachhaltig." (Pierre)

Diese Schilderung nennt Pierre ein klassisch religiöses Gefühl. Es darf nicht verwechselt werden mit Staunen oder Ergriffenheit, wie es manch einen beim Erleben von Natur befallen kann. In Pierres Strandspaziergang ist Natur vielmehr symbolischer Ausdruck für eine andere Dimension der Wirklichkeit, für die Wirklichkeit jenseits aller Wirklichkeit.

Ich war wie von einer Faust getroffen und habe das Gefühl gehabt: Das ist Gott!

Nachdem eine Liebesbeziehung zerbrochen war, ist Jürgen frühmorgens zum Hafen gegangen, um dort innerlich zur Ruhe zu kommen. Was ihm an diesem Morgen widerfährt, hat nichts mit dem zu tun, worauf er sich eingerichtet hatte. Mehr noch, es sprengt seine bisherigen Erlebnis-Kategorien.

"Ich war wie von einer Faust getroffen und habe das Gefühl gehabt: Das ist Gott! Das war mir auch völlig klar. Darüber brauche ich nicht zu diskutieren. Das ist einfach für mich so. Ich kann das nicht begründen. Und dann diese Gefühle! Ich war in Tränen aufgelöst. Von denen kann ich nicht sagen, ob das Trauer oder Freude war. Es war eine intensive Mischung von beidem. Ebenfalls Gefühle von Angst und Freude, aber alles durcheinander und wahnsinnig intensiv. Das habe ich nur einmal so extrem erlebt. Aber das hilft mir eben, leichtere Situationen in dieser Art wahrzunehmen. – Ich scheu' mich da immer noch, das zu erzählen; denn in gewisser Weise empfinde ich das nach wie vor als verrückt. Obwohl es für mich Realität ist. Das kann genausogut neurotisch sein, denke ich mir oft, obwohl ich genau weiß, es ist nicht neurotisch." (Jürgen)

Ähnlich wie Jürgen haben auch Nora und Rolf Hemmungen, über ein religiöses Erlebnis zu sprechen, das sie tief bewegt hat.

Auslöser war bei Rolf eine Vergiftung, die er sich durch eine Pilzsuppe zugezogen hatte. Dann, nachdem er eine Weile gebetet hatte, spürte er, wie sein Körper von Licht und Wärme durchflutet wurde.

Nora war als Schülerin an Krebs erkrankt. Nach einem Gebet hatte sie das Gefühl, Gott sei in ihr und würde ihr bei der Überwindung der Krankheit helfen.

Als ob ein schwerer Mantel von mir wegfiel

Ebenfalls mit einem Gebet verbunden ist Hannes' Erlebnis seiner "Wiedergeburt", seiner Bekehrung zu Christus, das bei ihm den Beginn eines neuen Lebens markiert.

"Ja, das ist natürlich jetzt schwer zu erklären, aber es war so, als ob ein schwerer Mantel von mir wegfiel, der mich bis dahin immer irgendwie bedrückt, belastet hat. Es war, als wenn eine große Befreiung da war. Frei sein, wissen, da ist ein persönlicher Gott, der mich liebt, der da ist, ein Vater, der mich angenommen hat. Und das war ein ganz starkes Erlebnis." (Hannes)

Die Geburt – da ist etwas von Weitergabe des Lebens zu spüren, was mit Gott zu tun hat

Daß die Geburt eines Kindes als Gotteserfahrung erlebt werden kann, geht aus den Schilderungen von Carla, Helga und Rolf hervor.

"Ein ganz eindrückliches Erlebnis ist da eben die Geburt eines Kindes. Da merke ich, das ist nicht meine Leistung, daß ich ein Kind geboren habe. Auch nicht die Leistung der Ärzte oder der Hebamme. Bei einer Geburt, da geschieht etwas, das kann man nicht einfach in menschliche Worte und Kategorien fassen. Da ist etwas von Weitergabe des Lebens zu spüren, was mit Gott zu tun hat." (Helga)

Jessica oder: Die Geschichte eines Wunders

Wie bereits erwähnt, erlebt Ilka eine Art Wunder, als sie für ihre Tochter einen passenden Namen sucht. Die Begebenheiten, von denen die junge Frau berichtet, mögen einen Außenstehenden seltsam anmuten, Ilka selbst kann nicht anders, als darin einen Fingerzeig Gottes zu erblicken.

"Und dann mußte ich immer an den Fotoapparat meines Mannes denken, der hieß 'Yashica'. Und von 'Yashica' bin ich dann auf 'Jessica' gekommen. Das war genau der Name. Am nächsten Morgen wachte ich auf, griff zum Heine-Gesamtwerk, 1300 Seiten in einem Band, neu, klappte es auf und mittendrin das erste Wort, was ich las, war 'Jessica'. Das ging mir natürlich unheimlich durch und durch. Dieses Wort gibt es im gesamten Buch nur einmal, ein Gedicht über Jessica. Dann habe ich nachgeforscht, was der Name heißt, und er kommt aus dem Hebräischen und heißt: 'Gott sieht an'. Von da an wußte ich: Alles klar! Dann gibt es diesen Namen ebenfalls bei Shakespeare, im 'Kaufmann von Venedig'. Da ist Jessica die Tochter des Juden Shylock, die vom jüdischen zum christlichen Glauben konvertiert." (Ilka)

Ilka schließt ihren Bericht mit den Worten: "Da hatte ich echt das Gefühl, da hat der liebe Gott die Finger drin." Trotz aller Schwierigkeiten, mit denen Ilka zu kämpfen hatte – gleich nach der Geburt der Tochter trennte sie sich von ihrem Mann –, kann sie die Entwicklung ihres Kindes mit großer Gelassenheit betrachten.

3.2.2 Lebenssituationen als Gotteserfahrung begreifen

Neben Widerfahrnissen, die den Rahmen des Üblichen sprengen und die Betroffenen völlig überwältigen, gibt es auch eine Form der Gotteserfahrung, die ganz leise ist. Da geschieht nichts Großartiges. Aber in, mit und unter alltäglichem Geschehen spüren Menschen so etwas wie das Wehen des Geistes Gottes. So hat Pierre nicht nur das erlebt, was er ein klassisch religiöses Gefühl nennt; er ist sensibel auch für die stillen Töne.

> "Das Lächeln von Menschen in ganz bestimmten Situationen, da denke ich: Das ist toll, daß es sowas gibt. Zum Beispiel steh' ich an der Ampel, und der Wagen springt nicht an. Hinter mir hupen sie alle wie die Idioten, und neben mir in einem anderen Auto sitzt jemand und lächelt mir freundlich zu. Da denke ich: Mensch, es gibt doch noch mehr als diese Idioten hinter mir. – Da springt was rüber in dem Moment.
>
> Da gibt es noch so ein Erlebnis. Da saß ich in einer Kirche, und neben mir saß eine ältere Frau. In der Reihe vor uns saßen zwei Jungs, die da herumkasperten. Die Frau störte das, und sie spricht die beiden ganz freundlich an. Die haben sie erst ganz blöde angegafft und sich darüber geätzt, und nach einiger Zeit drehten sich die beiden um und sagten: 'Sie haben recht.' Das war für mich sehr überzeugend, daß da irgendwas passiert ist." (Pierre)

Da fühlte ich mich unheimlich beschützt und getragen

Etliche Gesprächspartner berichten über bestimmte Phasen ihres Lebens, die sie insgesamt als eine Erfahrung mit Gott deuten. Jens beispielsweise unternimmt ganz bewußt ein Experiment. Er geht ein hohes Risiko in einer Situation ein, die für ihn von schicksalhafter Bedeutung ist, um auf diese Weise zu prüfen: Ist das Vertrauen, das ich als Jugendlicher in Gott gesetzt habe, eigentlich gerechtfertigt?

> "Wenn ich so gefragt werden ... Eigentlich nur in der Zeit danach, als ich alles auf eine Karte gesetzt hatte und alles gewonnen habe. Das war ein Gefühl, da fühlte ich mich unheimlich beschützt und getragen. Das wäre etwas, was ich als Gotteserfahrung bezeichnen würde." (Jens)

Wie Jens kann auch Ilka den positiven Verlauf ihres Lebens – positiv trotz ihres Umgangs mit Drogen und der sonstigen Krisen; alles hat sie unbeschadet überstanden – nicht mehr als bloßen Zufall verstehen.

Hier war irgendwie Gott am Werk

Stefan verweist auf seine Zeit als Soldat, als er zum wiederholten Male wie durch ein Wunder verschont blieb.

"Im Krieg, wenn man an der Front war und unter Beschuß kam und immer wieder mit einem blauen Auge davonkam und man sich nachher fragte: 'Wie kommt es eigentlich, daß du in dem Moment das und das getan hast und nicht *das*, was nun logisch war?' -- So habe ich – und ich bin auch heute nicht frei davon – immer wieder das Gefühl gehabt: Hier war irgendwie Gott, Christus oder wer auch immer am Werk und hat mich irgendwie davor bewahrt." (Stefan)

Von gänzlich anderer Art ist Erikas Gotteserfahrung. Auf einer Traumreise, die sie im Rahmen einer Selbsterfahrungsgruppe erlebte, hat diese Frau Bilder gesehen, Bilder, die ihr dermaßen fremd waren, daß sie sich nicht erklären konnte, woher diese für ihr Leben so bedeutsamen Eindrücke gekommen sein mochten. Selbsterfahrung, wenn sie in solche Tiefen führt, hängt seitdem für Erika mit religiöser Erfahrung zusammen.

Wie auch immer die Erlebnisse waren, in denen Gott erfahren wurde, sie haben zu einer Stärkung des Glaubens geführt. Sie bildeten so etwas wie eine Basis, von der aus die Betroffenen neue Situationen einschätzen, aufkeimende Zweifel an der Existenz Gottes bekämpfen und einem Absinken ihres Glaubens mit größerer Entschlossenheit als früher entgegentreten konnten.

3.3 Nähe Gottes und Ferne

Neben Gottes-Erfahrungen der im vorangehenden Kapitel beschriebenen Art, wo es um einmalige Widerfahrnisse bzw. um herausgehobene Lebenssituationen ging, äußern die Befragten sich auch über das Nahe- oder Fernsein Gottes als eine Dimension ihres Lebens.

3.3.1 Gottes Anwesenheit

Momente, wo ich denke: Hoppla, da war noch jemand beteiligt

"Gottes Nähe oder Erlebnis findet imgrunde überwiegend im Gebet statt. Es kommt nicht so aus heiterem Himmel. Es sind vielleicht kurze Momente, ja. Das geht schon manchmal so, wo ich denke: 'Hoppla, Rolf, da war noch jemand beteiligt.' " (Rolf)

Daß Gott anwesend ist, kommt in manchen Momenten stärker zu Bewußtsein als im alltäglichen Geschehen. Das Gebet ist hier zu nennen, aber auch das Erleben von Natur oder ein theologisches Gespräch. Überhaupt scheint nach allem, was die Interviewpartner sagen, nichts zu gering zu sein, als daß darin nicht unvermutet Gottes Gegenwart zu spüren sein könnte – sei es nun ein Lied, das Blumengießen oder ein besonders schönes Erlebnis. Solche Momente werden als kostbar empfunden. Begleitet sind sie von der freudigen und überraschenden Einsicht, daß in, mit und unter den Bedingungen des Alltagsgeschehens sich das totaliter aliter verborgen hält, um je und unvermutet in Erscheinung zu treten.

Dann fühlt man sich aufgehoben

"Manchmal spürt man das irgendwie. Dann fühlt man sich aufgehoben. Oder wenn man mal durch Zufall das Radio anschaltet, und da ist eine Andacht zu hören, und es kommt plötzlich ein Satz, der genau das ausdrückt, was man die ganze Zeit denkt, was man gerade gesagt kriegen möchte, dann ist das auch ein tolles Erlebnis: 'Danke! Das habe ich jetzt gebraucht.' " (Elke)

Das Gefühl, daß mein Leben nicht getrennt von Gott verläuft

Pierre bringt zum Ausdruck, daß die Nähe Gottes eine stets gegenwärtige Dimension menschlichen Daseins ist. Das gilt allerdings mit der Einschränkung, daß der Mensch nicht ständig in gleichbleibender Intensität auf Empfang geschaltet hat. Wohl ist Gott beständig für den Menschen da; aber dessen Antennen sind nicht immerfort auf Gott gerichtet.

"Ich habe das Gefühl, daß mein Leben nicht getrennt von Gott verläuft und daß mein Leben mit Gott zusammen läuft. Es gibt da so ein schönes Bild, was mir da vor Augen steht. Da sind zwei Spuren auf dem Strand. Da sagt einer, der sein Leben zurückgelegt hat: 'Gott, du bist in meinem Leben immer neben mir gegangen. Ich sehe deine Spur neben mir. Aber dann, wenn die Not am größten war, dann sehe ich nur noch eine Spur im Sand.' Dann sagt Gott zu ihm: 'Ja, und hast du nicht gemerkt, daß du dann auf meinen Schultern gewesen bist?' " (Pierre)

3.3.2 Die Nähe Gottes aufsuchen

Hin und wieder rufen sich einige Gesprächspartner Gott in Erinnerung. Nicht daß seine Existenz in der Zwischenzeit bestritten worden wäre; man hatte ihn bloß ein wenig vergessen.

"Also es hat Zeiten gegeben, da habe ich gedacht: 'Mensch, jetzt hast du schon über eine Woche nicht mehr an ihn gedacht.' Plötzlich fällt es einem dann ein." (Elke)

Dann sitze ich da und überprüfe die Beziehung zu Gott

Ilka nimmt dann und wann eine Ortsbestimmung ihres Glaubens vor. Sie überprüft, welcher Abstand sich zwischen ihr und Gott gebildet hat. Wird die

Distanz zu groß, muß wieder intensiver an der Beziehung gearbeitet werden. Sonst könnte Ilka Gefahr laufen, daß der Glaube seine prägende Kraft für ihr Leben verliert – was gleichbedeutend damit wäre, daß ihr unversehens der Boden entgleitet, der ihr Halt und Sicherheit gewährt.

"Irgendwann sitze ich dann mal und denke – das ist kein Beten –: Wie ist das heute mit mir und Gott? Das ist immer verschieden. Mal ist es klar, mal verschwommen, mal intensiv, mal unheimlich weit weg. Ich überprüfe immer so die Beziehung zu Gott." (Ilka)

In schlechten Zeiten ist er mir näher

"Ich denke, daß er mir in schlechten Zeiten näher ist. Oder ich ihm näher bin. Ich denke, er ist immer in meiner Nähe. Aber wie gesagt, in schlechten Zeiten ist es mir bewußter. Da ist die Hand, dann brauche ich etwas, um diese Hand zu spüren. Er muß dabei sein, um mich herum sein." (Jens)

Was Jens unumwunden ausspricht, bestätigen 32 % der Befragten: In bedrohlichen Lebenslagen wird Gottes Gegenwart dringender benötigt und daher mit größerem Eifer gesucht. Demgegenüber sind es nur 21 %, die meinen, bei ihnen herrsche durchaus ein ausgewogenes Verhältnis, was die Nähe Gottes in guten wie in kritischen Zeiten anbelangt.

3.3.3 Gestörte Verbindung

Zwei Gesprächspartner gaben an, sie machten in den Ferien "Urlaub von Gott". Erst durch die alltägliche Begegnung mit religiösen Inhalten, wie sie sich im Studium mit Notwendigkeit ergibt, werde die Frage nach Gott wieder relevant.

So beschäftigt, daß Gott ganz weit weg ist

"Also, ich hab' in der letzten Hälfte vom letzten Semester relativ 'bewußtlos' gelebt. Ich mußte so viel machen, daß ich gar nicht zum Innehalten kam. Ich denke, daß das Zeiten sind, wo sich diese Bewußtlosigkeit in weniger Beten, weniger Religiosität, auch in weniger Zur-Kirche-Gehen ausdrückt." (Jürgen)

So wie Jürgen geht es insgesamt sechs der Interviewpartner. Nehmen die Alltagsaufgaben überhand – und besteht nicht zugleich eine Situation krisenhafter Überforderung, so daß man Zuflucht bei Gott suchen müßte –, dann rückt der Gedanke an Gott völlig in den Hintergrund. Man ist einfach viel zu beschäftigt mit dem, was vordringlich zu erledigen ist, als daß man Muße hätte, sich auf Gott zu besinnen.

"Das ist oft so, daß ich wochenlang nicht bete, weil es mir auch gar nicht in den Sinn kommt. Weil ich dann so mit dem, was da auf mich zukommt, so beschäftigt bin, daß Gott irgendwo ganz weit oben ist, ganz weit weg. Ich denke schon, daß Gott immer nah ist. Aber manchmal lasse ich ihn gar nicht an mich ran und beziehe ihn nicht immer in mein Denken und Handeln mit ein. Ich agiere sicher, soweit ich das kann, in seinem Sinne. Aber er ist für mich nicht immer präsent." (Carla)

Wenn ich ihm fremd werde, nur weil es mir zu gut geht, setzt er mich für ein paar Tage außer Gefecht

Ein Regulativ besonderer Art hat Angelika bei sich entdeckt. Sie, für die Gott ein strenger Richter ist, ein Aufpasser, der darauf achtet, daß sie nicht ausbricht – und sie begrüßt diese Funktion –, sie beobachtet eine entsprechende Reaktion Gottes, wenn sie sich von ihm in Phasen, wo es ihr gut geht, zu weit forttreiben läßt.

"Wenn ich mir vorstelle, Gott beobachtet mich und stellt fest, daß ich ihm fremd werde, nur weil es mir zu gut geht, kann es ja sein – jetzt mal kindlich gesagt, das ist ja ein richtiger Kinderglaube, den ich hier habe, das gebe ich gerne zu –, daß er mich mal für ein paar Tage außer Gefecht setzt. Ich bin dann nicht mehr die gleiche, wenn ich eine Krankheit hinter mir habe, wie vorher." (Angelika)

Hört Gott dir überhaupt zu?

Als einzige von allen äußert Nora Zweifel an der Nähe Gottes. Es ist nicht die Angst, Gott existiert nicht, sondern von ihm nicht registriert zu werden. Nora, der sehr an ihrer Autonomie gegenüber Gott gelegen ist, spürt in solchen Momenten, wie stark sie trotz allen Strebens nach Unabhängigkeit von Gott dennoch gefühlsmäßig auf ihn angewiesen ist.

"Ich habe schon mal Zweifel, daß ich manchmal so, wenn ich bete, denke: Ist da überhaupt noch ein Gegenüber? Hört er dir überhaupt zu? Das schon mal hin und wieder. Dann habe ich manchmal das Gefühl, er ist ganz fern." (Nora)

3.4 Christus – Manifestation Gottes?

42 % der Gesprächspartner machen keine Aussagen über die Gestalt Jesu Christi. Allenfalls wird der Name erwähnt. Bei 21 % besteht Unsicherheit in Bezug auf seine Person. Die restlichen 37 % bekunden eine positive Einstellung, wobei zu berücksichtigen ist, daß die Aussagen inhaltlich stark voneinander abweichen.

Eine Randfigur

"Jesus ist nicht so zentral. Er ist mehr eine Randfigur im Glauben." (Elke)

Er ist mir so fern, weil Gott eben alles ist

"Aber Gottes Sohn ist mir so fern, weil Gott eben alles ist, einschließlich Jesus Christus. Aber dieser Alleinanspruch 'ich bin aber Gottes Sohn' oder 'was ich sage, das ist das' – damit komme ich überhaupt nicht klar. Wobei das, was er sagt, ja auch oft übereinstimmt mit unserer Lebenserfahrung. Aber was kann es helfen, an ihn wirklich zu glauben? Das ist für mich noch so die Frage. Was für eine ganz konkrete Hilfe in meinem Leben könnte er sein? Es muß irgendeinen Effekt dann haben, wenn ich diesen Glauben annehme." (Jutta)

Er wird wiederkommen, die Menschen zu richten

Nur Hannes, nach dessen Auffassung der Mensch sich "entscheiden" muß für Jesus, glaubt an eine eschatologische Wiederkunft Christi. Sie verleiht der Entscheidung unbedingten Ernst.

"Ich glaube, Jesus kommt wieder auf diese Erde. Er wird als Richter wiederkommen, die Menschen zu richten. Deshalb ist es mit dem Evangelium eine ernste Angelegenheit. Eine Sache, wo jeder Mensch entscheiden muß, wie er zu Christus steht. Daran glaube ich, daß diese Welt eines Tages ein Ende haben wird, und Jesus wird seine Herrschaft uneingeschränkt auf dieser Welt ausüben." (Hannes)

Konsequent nach seinem Vorbild leben kann ich nicht mit Haus und Auto

Angelika sieht in Jesus den "manifestierten Willen in Menschengestalt". Jesus dient ihr als Vorbild. Freilich weiß sie, daß sie niemals schaffen kann, was er erreicht hat.

Auch für Gerda und Thorsten ist Jesus unerreichbares Vorbild.

"Aber ich muß sagen, ich will christlich leben, aber ich kann nicht christlich leben, weil ich das einfach nicht packe. Wirklich konsequent christlich leben kann ich nicht mit einem Haus oder einem Auto. Da müßte ich wirklich die Schuhe ausziehen und barfuß durch die Lande tapern." (Thorsten)

Christus ein Symbol, daß Scheitern und Tod zum Leben dazugehören

"Wir haben hauptsächlich über Gott gesprochen. Und Jesus ist auch eine Figur, die Symbol dafür ist, daß es mehr gibt als nur das Lichte und Helle und Starke und daß das Scheitern und der Tod genauso dazugehören. Diesen Tod ins Leben mit einzubeziehen und auch wahrnehmen zu können, das ist das Wichtigste, glaube ich." (Helga)

4 Aspekte gelebter Religiosität

Nachdem in den vorangegangenen Kapiteln die religiöse Entwicklung über Kindheit und Jugend bis hin zur Adoleszenz nachgezeichnet und zentrale Bereiche der Religiosität des Erwachsenenalters – der Glaube und die Frage nach Gott – dargestellt worden sind, sollen nun einzelne Aspekte gelebter Religio-sität zur Sprache kommen. Sie sind nicht von gleichem Gewicht wie die soeben genannten Themen. Das läßt sich schon daran erkennen, daß die Gesprächspartner sich dazu nicht in gleicher Ausführlichkeit äußern. Gleichwohl sind die noch ausstehenden Fragen zu bedeutsam, als daß sie außer acht gelassen werden könnten. So wird es im folgenden um das Gebet gehen, um Jenseitsvorstellungen, um das Verhältnis zu Bibel und Kirche, um das Gewissen und um ethische Probleme.

4.1 Gebet

Von 19 Befragten beten 17. Einer hat dazu keine Angaben gemacht. Gerda, die mit sich ringt, aus ihrer Glaubenskrise herauszufinden, ohne sich dabei etwas vorzumachen, betet nicht. Und zwar tut sie es deshalb nicht, weil sie das Gefühl hat, Gott hört nicht zu. Drei Personen berichten von einer Gotteserfahrung, die ihnen unmittelbar im Anschluß an ein intensives Gebet zuteil wird (vgl. das Kapitel "Gottes-Erfahrungen").

4.1.1 Zeit und Form des Gebets

Es sei an dieser Stelle kurz in Erinnerung gerufen, daß in der Kindheit das Nachtgebet ohne Ausnahme in Gegenwart einer weiblichen Bezugsperson gesprochen wurde. War die Mutter nicht zugegen, übernahmen Großmutter oder Tante die Aufgabe.

Für 37 % der Befragten ist das Nachtgebet übliche Praxis. Wenn sie im Bett liegen und den Tag Revue passieren lassen, wenden sich die Gedanken Gott zu.

Drei Gesprächspartner erwähnen, daß sie jeden Tag "ein bißchen" an Gott denken und mit ihm reden. Die überwiegende Zahl sagt von sich, sie rufen Gott in "intensiven" Situationen an. Gemeint sind Momente großen Glücks oder großen Kummers. Allerdings herrscht hier keine Ausgewogenheit. Die meisten bekennen, daß sie dazu neigen, in "Krisenzeiten", in für sie "bedrohlichen Lebenslagen" weitaus häufiger zu beten. Daß sie ihr Verhalten als durchaus problematisch empfinden, ändert nichts an dessen Faktizität.

Wobei ich nicht immer entscheiden kann: Kommen die Antworten von mir? Oder wer gibt mir die Antwort?

Stefans Äußerungen über seine Gebetspraxis enthalten viele typische Momente: Die Form der Anrede, der innere Monolog, die Frage nach dem Woher der Antwort und das ruhige Ausklingen.

> "Es sind Fragen, die ich stelle, und Antworten, die ich bekomme, wobei ich nicht immer entscheiden kann: Kommen die Antworten von mir, aus meinem Verstand, oder wer gibt mir die Antworten jetzt ein? Wie komme ich zu diesen Antworten? Vielleicht auch: Wie komme ich zu diesen Fragen? Beides.
>
> Meine Gebete fangen eigentlich alle an mit 'Lieber Gott, ...' Wie sie enden, weiß ich nicht immer. Meistens verliert sich das dann in irgendeiner Weise. Die Zeit, wann man am häufigsten betet, ist die Abendstunde, abends im Bett, wenn man dann aus einer gewissen Beruhigung und einsetzenden Ermüdung in den Schlaf übergeleitet wird, ist das nur etwas Natürliches." (Stefan)

Zwei Interviewpartner merken an, es sei für sie sehr wichtig, beim Gebet still zu werden, nicht mehr in Gedanken oder Worten zu sprechen, sondern zu "hören".

Tischgebet

Es mag überraschen, aber von 19 Befragten praktiziert niemand das Tischgebet. Pierre nennt den Grund, weshalb er es nicht tut. Ihm erscheint es zynisch, angesichts des Überflusses auf seinem Teller und des Hungers in der Dritten Welt Gott zu danken, daß er zu essen hat.

Gemeinsames Gebet

Das Gebet in der Gemeinschaft mit anderen erhält weniger Zustimmung als das Nachtgebet. Drei Personen – Helga, Pierre und Thorsten – mögen in einer Gruppe, im Gottesdienst etwa, lieber beten, als wenn sie allein sind. Allerdings wird beim gemeinschaftlichen Beten unterschieden zwischen dem "freien Gruppengebet" und einem Gebet, das von einer Person vorgesprochen wird. Die erstgenannte Form haben Angelika, Jens und Pierre in keiner guten Erinnerung. Sie fühlten sich nämlich unter Druck gesetzt, wie alle anderen ihren Teil zum Gebet beizutragen. So entsprang ihr Gebet nicht einem Bedürfnis, sondern war bedingt durch Gruppenzwang.

4.1.2 Von Schwierigkeiten beim Beten

Eine Art Tauschgeschäft mit Gott?

"Ich habe zum Beispiel immer nur dann gebetet, wenn es mir echt dreckig ging. Dann fühlte ich mich so blöd. Ich dachte, du betest nie, wenn es dir gut geht. Du bedankst dich nie. Was ist das für ein Glaube, den du hast?! Aber ich merke eben auch, daß mein Glaube mir sehr viel Kraft verleiht." (Corinna)

Mit dem Bittgebet haben 42 % der Befragten Probleme. Ihnen ist unwohl bei dem Gedanken, Gott hauptsächlich in Notzeiten anzurufen.

Nora bekommt ein schlechtes Gewissen, wenn sie sich nur mit dem Wunsch um Hilfe an Gott wendet. Doch findet sie das Bittgebet grundsätzlich in Ordnung. Sie beruft sich auf ein Wort aus dem Neuen Testament: "Alle eure Sorgen werfet auf ihn, denn er sorgt für euch." (1. Petr 5, 7)

Bei Corinna löst die einseitige Bevorzugung des Bittgebets Zweifel aus. Sie fragt sich, ob Religion nicht doch nur eine Illusion ist, die aufgrund menschlicher Sehnsüchte und Bedürfnisse entsteht.

Angelika befürchtet, sie würde Gottes Gunst ausnutzen, mit ihm einen Handel betreiben nach dem Motto: "Ich bin dir dankbar, aber bitte – so in einer Art Tauschgeschäft – tu' das und das für mich oder hilf mir in einer bestimmten Richtung."

Nee, das läßt du mal lieber!

Eine radikale Konsequenz haben zwei Personen gezogen. Aus der Angst heraus, sie könnten einen nicht angemessenen Glauben haben, weil das Gebet für sie besonders in schlechten Zeiten dringlich wurde, beten sie überhaupt nicht mehr.

"Ich hielt es für mich so verräterisch, wenn ich nur um etwas bitten würde. Da käme ich mir so einseitig vor, daß ich den Gott nur brauche, wenn ich in Not oder in Schwierigkeiten stecke: dann ist er mir recht. Da habe ich mir gedacht: 'Nee, das läßt du mal lieber.' " (Knut)

4.1.3 Beten auf eigene Art

Bislang ist von Formen des Gebets und von Schwierigkeiten mit dem Gebet die Rede gewesen, wie sie üblich zu sein scheinen. Zum Schluß dieses Kapitels geht es um Weisen zu beten, wie sie die eine oder der andere ganz für sich als günstig entdeckt haben. Die sehr private Gebetspraxis einzelner kommt nun zur Sprache.

Dann rolle ich mich zusammen und bilde mir ein, ich liege in der Hand Gottes

"Manchmal bete ich auch nur in Bildern, in Gefühlen. Wenn ich mich ganz mies fühle und denke, es geht gar nichts mehr, dann habe ich einen Trick. Dann lege ich mich ins Bett und rolle mich zusammen. Dann bilde ich mir ein, ich liege in der Hand Gottes. Dann geht es mir wieder gut. Ich fühle mich dann so in der Hand aufgehoben." (Ilka)

Beim Blumengießen an den Schöpfer denken

Rolf hat eine Möglichkeit gefunden, auf dem Wege über Musik mit Gott in Verbindung zu treten. Er spielt dann bestimmte Lieder, deren Töne und Schwingungen, deren gesamte Atmosphäre in ihm etwas auslösen, so daß er sich "weg spielt", "hin zu Gott".

Nicht selten denkt Angelika beim Blumengießen an den Schöpfer. In solchen Momenten spricht sie einerseits mit sich selbst und andererseits mit Gott, den sie auf diese Weise in ihr alltägliches Tun einbezieht.

Ähnlich wie Angelika ist Elke daran gelegen, ihr alltägliches Tun und Lassen in die Perspektive Gottes zu rücken. Jeden Tag sendet sie, wie sie sagt, einen "kleinen Gedanken" an Gott.

Aus dem gleichen Motiv heraus hat Jens eine ganz andere Praxis entwickelt. Er versucht, die Herrnhuter Losungen, die für jeden Tag des Jahres ein Bibelwort angeben, auf seine jeweilige Lebenssituation zu beziehen und sich so mit dem, was Gott ihm zu sagen hat, auseinanderzusetzen.

Ich setze mich hin am Strand und nehme da Verbindung auf

Pierre mag kein Gebet sprechen. In jenen Augenblicken, wo er sich gänzlich einsam und verlassen fühlt, schickt er "innerlich so einen Stoßseufzer zum Himmel".

Auch Knut betet nicht mehr (zu den Gründen vgl. den vorigen Abschnitt). Er hat stattdessen "so eine Art Meditationshaltung" entwickelt.

"Wenn ich zum Beispiel Ärger habe, gefrustet bin, dann hocke ich mich auf meinen Drahtesel und fahre raus in die Natur. Dann nehme ich mit allen Sinnen wahr, mit den Augen, mit der Haut, mit den Ohren, mit der Nase, was mich in der Natur umgibt. Ob das Schafe, Felder, Wälder oder sonstwas sind. Oder ich setze mich irgendwohin, z. B. am Strand, und versuche, das auf mich einwirken zu lassen, die Geräusche, das Wellenklatschen. Das ist nichts anderes als so eine Art Meditationshaltung, die ich da aufnehme in Verbindung mit der Natur. Und da hole ich mir wieder neue Kraft. Für mich ist das schon Religion, auch Gottesdienst, weil ich da frei von Spannung und Aggression werde." (Knut)

Gelegentlich praktiziert Knut eine spirituelle Übung, die er aus indianischer Tradition übernommen hat. Er sucht sich einen abgeschiedenen Platz, wo er – wie die Indianer Nordamerikas – seine "Zeremonien" durchführen kann.

4.2 Bibel

Bis auf Carla haben alle Gesprächspartner im Studium die wissenschaftliche Auslegung der Bibel kennengelernt, die sog. historisch-kritische Analyse. Für fünf von ihnen sind mit den exegetischen Einsichten nicht unerhebliche Probleme verbunden.

4.2.1 Reaktionen auf die historisch-kritische Analyse

Du kommst ganz naiv an, und dann wird dein Glaubensbild zerbröselt, und du bist fertig mit der Welt

"Erst einmal kommst du an in so einem theologischen Studium mit einem ganz naiven Glauben: 'Ich bin ich, und Gott ist Gott. Die Geschichten von Abraham und Adam und Eva werden schon so ungefähr passiert sein, wie sie in der Bibel stehen.' Und dann kommst du da an, in so eine Ausbildung. Dann geht es los: 'Die historisch-kritische Analyse sagt uns aber, daß das Alte Testament aus drei Quellen besteht ...' Und du kommst da erstmal ganz naiv an, dann ist dein ganzes Glaubensbild zerbröselt, und dann bist du fertig mit der Welt und sagst: 'Mann, hätte ich bloß nicht Diakon gelernt! Die erzählen ja einen Müll!' Du bist dann erst einmal fertig mit der Welt, dein ganzes Glaubensbild zerlegen sie erstmal.

Und dann kommt eine Phase, wo ich erstmal darüber nachdenke und mir sage: 'Die haben ja Recht, die Jungs. Wir müssen auch erstmal die Widersprüche in der Bibel aufdekken und uns damit befassen und auf den Grund gehen. Was wollen die denn damit überhaupt sagen?' Und dann kann man versuchen, einen Sinn herauszufinden, der für mich heute noch gilt." (Thorsten)

Thorsten hat den Schock, den ihm die Begegnung mit der historisch-kritischen Bibelauslegung bereitet hat, überwunden. Ähnlich wie ihm ist es vier anderen ergangen, als sie begriffen, daß die Geschichten der Bibel nicht in einem vordergründigen Sinne "wahr" sind, daß sich unterschiedliche Quellen herausarbeiten lassen, daß bei der Entstehung der biblischen Schriften verschiedenartige historische und kulturelle Einflüsse eine Rolle gespielt haben und was dergleichen mehr ist. Für Gerda waren die Erschütterungen, ausgelöst durch die Konfrontation mit biblischer Exegese, am heftigsten. Sie wußte nicht, woran sie noch glauben konnte. Noch zum Zeitpunkt der Befragung ist sie zutiefst irritiert und verunsichert. Die anderen erkennen die Chancen, die in der historisch-kritischen Analyse liegen. Sie bemühen sich, einen neuen Zugang zu biblischen Texten zu gewinnen. Sie suchen den "Geist", den Sinn der Geschichten herauszufinden und Wahrheiten zu erfassen, die über die Zeiten hinweg Gültigkeit besitzen.

4.2.2 Herausforderung durch die Wahrheitsfrage

Ich komme in Gefahr, mir das auszusuchen, was mir paßt

"Mal darf man das, und mal darf man das nicht mehr; und das hat die Gesellschaft, weil sie es gerade brauchte, um weiter zu bestehen, so festgelegt. Dann steht es auf einmal in der Bibel, praktisch als Gesetz. Das irritiert mich trotzdem, daß es nun da steht. Ja, und dann muß ich unheimlich sortieren und komme dadurch auch wieder in die Gefahr, mir das auszusuchen, was mir paßt; und was mir nicht paßt, das sind dann Zivilisationserscheinungen." (Ilka)

So wie Ilka fällt es auch anderen schwer zu entscheiden, welche Aspekte eines biblischen Textes gültige Wahrheit sind, wo ein Anspruch erhoben wird, dem man sich nicht unter Verweis auf historische Bedingtheit entziehen darf. Die Wahrheitsfrage ist durch die historisch-kritische Analyse – das wissen die Gesprächspartner – gerade nicht überholt. Sie stellt sich vielmehr in verschärfter Form. Die Gesprächspartner geraten gleichsam in einen inneren Konflikt. Sie dürfen nicht eigenmächtig darüber entscheiden, was denn nun Gottes Wort – seine Anforderung an den Menschen – ist und was als zeitbedingte Erscheinung außer acht gelassen werden darf.

Sich nicht zum Richter über Gottes Wort erheben

Erika und mehr noch Hannes sind davon überzeugt, daß die Bibel von Gott inspiriert ist. Hannes will sich auf keinen Fall "zum Richter über Gottes Wort" erheben. Gleichwohl kann er sich nicht immer den Aussagen der biblischen Autoren anschließen und steht wie alle anderen vor der Notwendigkeit, zwischen zeitgebundenen und bleibend gültigen Aussagen zu differenzieren. Eher noch als andere ist er geneigt, biblische Aussagen als bindend anzuerkennen. So ist er beispielsweise der Auffassung, daß Texte apokalyptischen Inhalts "Einblicke in diese geistliche Welt" gewähren.

4.3 Erfahrungen mit Kirche

Im Urteil der Interviewpartner schneidet die Kirche insgesamt nicht sonderlich gut ab. Dabei macht es keinen großen Unterschied, ob die Meinungen von kirchlichen Mitarbeitern stammen oder von anderen Leuten.

Drei der Befragten sind hauptamtliche Mitarbeiter der Kirche, drei sind ehrenamtliche Mitarbeiter – Carla als Mitglied des Kirchenvorstandes ihrer Gemeinde, Jutta und Jürgen als Mitglieder im Gemeinderat der Evangelischen Studentengemeinde.

4.3.1 Zur Geschichte der Kirche

Corinna, Knut, Pierre, Rolf und Stefan üben Kritik an der Geschichte der Kirche. Für Knut und Rolf, die sich dazu nur pauschal äußern, war ihre kritische Einstellung Anlaß genug, sich von der Kirche zu distanzieren.

Pierre erschreckt die historische Tatsache, daß Frauen als "Hexen" verbrannt wurden. Er empfindet es zudem als beängstigend, mit welcher Überzeugung sich die Inquisitoren im Recht gefühlt haben, als Vollstrecker göttlichen Willens zu handeln.

Stefan kann kein Verständnis dafür aufbringen, daß die Kirche früherer Jahrhunderte bildliche Darstellungen von Gott, Jesus Christus und Heiligem Geist geduldet hat.

> "Konnten die Leute damals wirklich so wenig denken, daß die Kirche in früheren Jahrhunderten es nötig hatte, diese Dinge in Bildern darzustellen, nur weil die Leute nicht lesen konnten? War die Vorstellungskraft wirklich so begrenzt, daß man das alles zeigen mußte – den Tod, den Teufel, was auch immer?" (Stefan)

Corinna verurteilt das "marionettenhafte" Verhalten der Kirche während der Zeit des Nationalsozialismus.

4.3.2 Kirchliche Lehrmeinungen

Kritik an kirchlichen Lehrmeinungen wird selten laut. Drei Interviewpartner sind der Meinung, die Kirche vertrete einen Absolutheitsanspruch, sie einzig und allein könne das Wort Gottes verkünden. Daran stören sie sich.

Inhaltliche Kritik äußert Knut, der als einziger von allen Befragten katholisch erzogen worden ist. Knut bezieht sich auf die Taufe.

> "Er (sc. der Heilige Geist) ist ständig wirkend. Da brauche ich keine Taufe oder sonstwas. Es gibt ja woanders auch Leute, die keine Taufe genossen haben, aber denen wächst

das auch zu. Deswegen konnte ich das nie verstehen, wieso die christliche Kirche – und besonders einige davon – das für sich in Anspruch nimmt, die alleinig seligmachende zu sein." (Knut)

4.3.3 Kirche und Politik

"Diese Verschmelzung von Politik und Kirche finde ich unglaubwürdig. Sie wird so wenig klar durchgezogen." (Corinna)

Corinna wünscht sich, daß die evangelische Kirche sich der Friedensbewegung anschließt und in eindeutiger Weise Stellung nimmt zur Frage der Kernkraft. Sie ist enttäuscht, daß die Kirche so wenig Mut zum Bekennen hat.

Ähnlich urteilt Jürgen – allerdings mit dem Unterschied, daß er in Verbindung steht mit einem Geistlichen, der solchen Mut aufbringt. Dieser Pastor bezieht die Politik unmittelbar in seine Arbeit ein. In Predigten wendet er sich gegen die Apartheidspolitik und nimmt an Demonstrationen teil. Für Jürgen bedeutet das Verhalten dieses Geistlichen: Da wird "Glaube konkret, da hat er Auswirkungen".

4.3.4 Pfarrer

Die weitaus überwiegende Anzahl der Äußerungen über Geistliche folgt der Redefigur "Der Pastor sollte ..." oder läßt sich, ohne daß der Sinn entstellt würde, in eine solche Redefigur umwandeln. Ganz vereinzelt treten daneben Bemerkungen über Erlebnisse mit einem Geistlichen auf (vgl. die Aussage Jürgens im vorangehenden Abschnitt). Das heißt: Es werden Erwartungshaltungen an Pastoren vorgetragen.

Der Pastor sollte ...

– keine langweiligen Predigten halten
– einen ansprechenden Text mit Bezug auf aktuelle gesellschaftliche und politische Ereignisse in der Kirche verlesen
– auf keinen Fall eine rechtsgerichtete politische Meinung vertreten
– sich für Friedensinitiativen einsetzen
– gegen die atomare Bedrohung Stellung beziehen
– an Demonstrationen teilnehmen
– einen Zivildienstleistenden nicht ausnutzen
– im Gottesdienst nach Möglichkeit Gotteserfahrung vermitteln
– nicht heuchlerisch sein

– keine Verhaltensregeln predigen, die er selbst nicht einhalten kann
– gelegentlich einen Jugendgottesdienst durchführen
– eine Jugendgruppe aufbauen, sofern sie in der Gemeinde nicht vorhanden ist
– in seiner Redeweise 'männlich' wie 'weiblich' assoziierende Wörter in ausgewogenem Maß verwenden
– sich nicht moralisierend über Abtreibung auslassen
– Frauen, die einen Schwangerschaftsabbruch haben durchführen lassen, nicht verurteilen
– die Stärke besitzen, die Sorgen der Menschen zu ertragen.

Gerade was Erwartungen an den Pastor anbelangt, dürften die Unterschiede von Stichprobe zu Stichprobe besonders groß sein. Man stelle sich nur vor, die Probanden seien beispielsweise Teilnehmer des Seniorenkreises einer Kirchengemeinde gewesen oder Eltern, deren Sprößlinge einen kirchlichen Kindergarten besuchen, oder Facharbeiter/innen. Wahrscheinlich würden jedesmal deutlich unterschiedliche Wünsche vorgetragen werden.

Ob Elke etwas derartiges geahnt hat, als sie ihre ursprüngliche Absicht, Pastorin zu werden, aufgab, weil sie befürchtete, ihr fehle die "Größe"?

Als Marginalie sei hier der Seufzer eines in der Gemeindearbeit tätigen Geistlichen wiedergegeben: Als Pastor müsse man eigentlich eine Mischung sein aus Rudi Carrell und lieber Gott.

4.3.5 Gemeindearbeit

Wir reden an 80 % der Leute vorbei, die nicht in unser Bild passen, weil sie zu laut sind oder Bier trinken

Freizeitangebote für Jugendliche vermißt Jens in seiner Kirchengemeinde. Zudem würde er selbst gerne an theologischen Gesprächskreisen teilnehmen. Er wäre auch bereit, einen offenen Abend zu leiten, wo man bei einer Tasse Tee über ausgewählte Themen miteinander spricht.

Als Diakon leitet Thorsten kirchliche Jugendgruppen. Seine Erfahrungen sind deprimierend.

> "Mir ist es im Berufsschulunterricht aufgefallen, daß wir in der kirchlichen Arbeit bestimmt an 80 - 90 % der Leute vorbeireden, die einfach nicht in unser soziales Bild passen, weil sie einfach zu laut sind oder Bier trinken. Wir machen eine christliche Jugendarbeit. Die Leute sollen brav sein, sollen beten und keinen Lärm im Gemeindehaus machen. Darum sprechen wir eine bestimmte Schicht an, so obere Mittelschicht, und der Rest ist uns egal. Die lassen wir links liegen." (Thorsten)

Mangelnde Unterstützung seiner Tätigkeit als Diakon durch Pastoren und Kirchenvorstand lassen in Thorsten den Gedanken aufkeimen, seinen Beruf aufzugeben. Er kreidet der "Organisation Kirche" an, den Pharisäern, mit denen Jesus sich auseinandergesetzt hat, immer ähnlicher zu werden.

4.3.6 Gottesdienst

Fünfzehn Gesprächspartner äußern sich über den Gottesdienst. Fünf von ihnen betonen, sie besuchen Gottesdienste nicht. Neun scheinen mehr oder minder regelmäßig in die Kirche zu gehen. Rolf, der über den Gottesdienst nichts sagt, singt im Kirchenchor und müßte insofern den Gottesdienstbesuchern zugerechnet werden.

4.3.6.1 Ablehnung

Mit Ausnahme von Ilka begründen die Interviewpartner, weshalb sie Gottesdienste nicht besuchen.

Corinna weigert sich, dann in die Kirche zu gehen, wenn "die Uhr zehn geschlagen hat und der Pastor auf der Kanzel steht". Sie möchte nicht "in der Masse" untergehen. Trotzdem hat sie eine Vorstellung davon, was sie zu einem Gottesdienstbesuch verlocken könnte.

> "Kirche ist für mich, wenn es ein wirklich guter Pastor ist, einfach ein schönes Gefühl. Und vielleicht eine kleine Botschaft, womit man sich noch den Tag über beschäftigen kann oder vielleicht auch ein bißchen länger. Die einen für einen Moment lang bewußter leben läßt." (Corinna)

Sie, die nicht "in der Masse" untergehen möchte, sucht mitunter eine Kirche außerhalb der Gottesdienst-Zeit auf, um sich zu sammeln und ein wenig Abstand zu gewinnen.

Erika kann im Gottesdienst keine lebendige Gemeinschaft finden. Die Atmosphäre, die in der Kirche herrscht, behindert eher eine Verbindung zu Gott, als daß diese gefördert würde. Außerdem läßt das gottesdienstliche Geschehen ihrer Meinung nach zu viele Seiten des Lebens unberücksichtigt.

Gerda vermißt im Gottesdienst das "Meditative", das sie aus Taizé kennt.

Knut kann seine Spiritualität besser in freier Natur leben als im Rahmen der kultischen Ordnungen eines kirchlichen Gottesdienstes.

4.3.6.2 Teilnahme

Ich mute mir keine Gottesdienste zu, von denen ich erwarten kann, daß sie mich langweilen

Auch diejenigen, die häufiger zur Kirche gehen, äußern sich nicht durchgängig positiv. So fehlt Jens manchmal der lebendige Austausch zwischen den Gemeindegliedern, wie er ihn von Kirchentagen her kennt. Jürgen wählt solche Pastoren, von denen er annimmt, daß sie ihn in der Predigt ansprechen.

"Ich mute mir eben nicht Gottesdienste zu, von denen ich erwarten kann, daß sie mich langweilen." (Jürgen)

Da habe ich das Gefühl: Hier geht es um den Menschen, um das Verhältnis des Menschen zu Gott

Überwiegend gute Erfahrungen mit Gottesdiensten haben Angelika und Hannes gemacht.

"Die Gottesdienste der evangelischen Kirche sind meistens so ausgerichtet, daß ich mich mit meinem Glauben da wiederfinde. Da wird auf die Probleme der Menschen eingegangen, obwohl es natürlich auch da Schlawiner gibt, die immer noch nicht gelernt haben, was das Christsein ausmacht. Die Leute, die diesen Wandel ausmachen, sprechen mich an. Da habe ich das Gefühl: Hier geht es um den Menschen, um das Verhältnis des Menschen zu Gott. Hier geht es nicht darum, immer wieder Gottes Macht deutlich werden zu lassen. Hier geht es einfach darum, zusammenzuführen – Gott und den normalen Menschen." (Angelika)

"Ich will es mal so beschreiben: In der Gegenwart Gottes zu sein oder das stark zu erleben, kann mich innerlich sehr stark berühren. Ich erinnere mich an manche Situationen, wo ich weinen mußte, weil ich so gerührt war. Das ist oft bei Gottesdiensten so. Gottesdienste, in denen der Geist Gottes so unter uns war, so spürbar nahe, und mich bewegt hat." (Hannes)

Von einer anderen Warte aus beurteilt Helga den Gottesdienst. Sie erlebt sich als Pastorin in beiden Rollen – sowohl in derjenigen einer Kirchgängerin als auch in der Rolle derjenigen, die selbst einen Gottesdienst gestaltet.

"Ich finde es gerade jetzt als Pastorin unheimlich frustrierend – oder auch wenn ich sonst in einen Gottesdienst gehe –, daß da so ein kläglicher Haufen sitzt. – – Das kann was unheimlich Tolles sein, gerade wenn du so eine Gemeinschaft mit anderen spürst. Da knack' ich noch dran." (Helga)

4.3.6.3 Abendmahl

Sie greifen nach meinen Händen, und so ist das wirklich Geborgenheit

Pierre hat eine Gemeinde gefunden, in der das Abendmahl in einer Form gefeiert wird, die Gemeinschaft spürbar werden läßt. Mehr noch: Es entsteht ein Gefühl von Freundschaftlichkeit und Geborgenheit, so daß etwas von dem, was das eucharistische Mahl seinem Wesen nach ausmacht, sich auf die Abendmahlsgäste überträgt.

"Sie reichen sich nach dem Mahl alle die Hände, und dann spricht der Pastor noch Worte zu ihnen. Erstaunlicherweise hat man wirklich das Bedürfnis, dem Linken und Rechten die Hand zu drücken, sich nochmal anzusehen. Das ist sehr verbindend und eine wirklich schöne Form der Abendmahlsfeier. Nicht übermäßig feierlich und auch nicht so depressiv, wie ich das schon erlebt habe. Es ist etwas Freundschaftliches, nicht Freudiges, aber etwas sehr Freundschaftliches. Wenn ich aufgeregt bin, bekomme ich kalte Hände. Und ich habe dort bei dieser Abendmahlsfeier leicht kalte Hände, und ich trau' mich dann kaum, einen anderen anzufassen; aber die greifen nach meinen Händen, und so ist das wirklich Geborgenheit." (Pierre)

Angelika hat Schwierigkeiten mit der Feier des Abendmahls. Sie lehnt die rituelle Handlung ab, in der das Genießen von Brot und Wein aus den sonstigen Lebensvollzügen ausgegrenzt wird. Um Angelikas reservierte Haltung zu verstehen, muß man berücksichtigen, daß sie die Botschaft von der Vergebung der Sünden nicht akzeptiert. Und Abendmahl ist ja das konkrete Symbol, in dem Sündenvergebung in einer das Leibliche einbeziehenden Gestalt sich vollzieht, also gleichsam körperlich (Essen und Trinken) und sozial (Gemeinschaft) erfahren wird.

"Ich bin einfach nicht bereit, mich in einem Gottesdienst hinzustellen und, im übertragenen Sinne, das Brot in Gemeinschaft zu genießen, Gottes Gegenwart und den Wein zu genießen. Das ist eine rituelle Handlung. Und wenn ich meine anderen Speisen, die ich zu Hause verzehre, nicht auch in Gottes Gegenwart verzehre, dann gibt mir das nichts." (Angelika)

4.3.7 Atmosphärisches

Einige Interviewpartner berichten über Empfindungen, die kultische Räume, seien es Kirchen oder Tempel, in ihnen auslösen.

Ich habe mich dieser Atmosphäre hingegeben und mich eins gefühlt in der Harmonie – mit dem Leben, mit Gott

Bärbel erlebte als Kind, daß Kirchen, die die Eltern mit ihr besichtigen, in der Hitze des Sommers Orte von angenehmer Kühle waren. Bauwerke, die dazu einluden, dort zu verweilen, auszuruhen und Mittagsstunde zu halten.

Als Kind hat Erika Kirchen gerne gemocht. Die Erhabenheit und Feierlichkeit beeindruckten das Mädchen. Heute empfindet sie die von den gedämpften Stimmen der Besucher ausgelöste Ruhe als unlebendig und bedrückend.

Das ist ihr kürzlich zu Bewußtsein gekommen, als sie auf einer kirchlichen Hochzeitsfeier bemerkte, daß spielende Kinder in dieser Atmosphäre künstlich erzeugter Ruhe als störend empfunden wurden.

Nimmt Erika an dieser Künstlichkeit Anstoß, so sucht Corinna gerade die Stille und Ruhe, die sich infolge der architektonischen Gestaltung der Kirche unwillkürlich auf den Besucher übertragen, also nicht durch Menschen erzwungen, sondern Ausdruck und Wirkung der Kirche als eines Kunstwerks besonderer Art sind.

Jutta hat im Tempel von Amritsar eindrückliche religiöse Erfahrungen gemacht, die für sie noch heute von großer Wichtigkeit sind.

"Ich habe mich manchmal morgens um fünf Uhr aufgemacht und mich in eine Ecke gesetzt und dann diesen betenden Gesängen stundenlang zugehört. Das war eine Erfahrung von Frieden und Harmonie für mich, die ich vorher noch nie erlebt hatte. Ich habe mich – ohne zu verstehen, was sie da singen –, diesen Stimmen und dieser Atmosphäre so hingegeben und mich eins gefühlt in der Harmonie – mit dem Leben, mit Gott. Das war eine der tiefsten Erfahrungen. Die hatte mit dem christlichen Glauben gar nichts zu tun, aber für mich immer was mit Gott." (Jutta)

4.3.8 Besondere Veranstaltungen

Der Deutsche Evangelische Kirchentag, eine von evangelischen Laien getragene Großveranstaltung, die weit über hunderttausend Besucher anlockt, erfreut sich gerade unter jüngeren Menschen wachsender Beliebtheit. Hier werden – beispielsweise auf dem sog. "Jahrmarkt der Möglichkeiten" – neue religiöse Formen erprobt, stellen Initiativgruppen ihre Arbeit vor, wird gefeiert, getanzt und kann Unkonventionelles gewagt werden.

Aus den Äußerungen einiger der Befragten geht hervor, daß sie gerade auf Kirchentagen das erlebt haben, was sie in normalen Gottesdiensten oder in ihren Ortsgemeinden vermissen. Nora, Jens und Thorsten haben Veranstaltungen des Kirchentags als Stätten lebendiger religiöser Begegnung kennengelernt, mitunter in krassem Gegensatz zur als trocken und starr empfundenen Atmosphäre mancher Sonntagsgottesdienste.

Ein Ort, wo ich Gottesnähe spüre, das Meditative, das mir in der Kirche fehlt

In der evangelischen Laienbruderschaft von Taizé hat Gerda, die um ihren Glauben ringt, leidenschaftlich auf der Suche ist, sich aber mit billigen Antworten nicht abspeisen lassen will, eine Form gelebten Christentums erfahren, von der sie bewegt ist.

"Da ist wirklich ein Ort, wo ich auch zu mir kommen kann und wo ich meine – ich weiß nicht, ob das an der euphorischen Stimmung liegt –, auch diese Gottesnähe zu spüren. Da gibt es das Meditative, was mir hier in der Kirche total fehlt. Auch die Weise, wie die Leute dort ihren Glauben leben – daß der eben echt ist und sie auch dafür auf diese ganzen Annehmlichkeiten dieser Konsumgesellschaft verzichten." (Gerda)

4.4 Gewissen

Auf das Gewissen kommen nur wenige Interviewpartner zu sprechen.

Oft meine ich, mehr tun zu müssen

Daß sich gerade Angelika über das Gewissen Gedanken macht, dürfte kaum Zufall sein. Da sie Sündenvergebung und Gnade nicht akzeptieren kann, ist ein Zurückbleiben hinter den ethischen Normen für sie zwangsläufig ein erhebliches Problem. Ihre Haltung, die theologisch wohl als Werkgerechtigkeit zu bezeichnen wäre, läßt ein "getröstetes Gewissen" – so die Reformatoren – nicht aufkommen. Angelika ist schon erleichtert, wenn sie kein schlechtes Gewissen haben muß.

"Ich denke, wenn ich etwas getan habe, was eigentlich im christlichen Sinne selbstverständlich ist, aber mich Überwindung gekostet hat oder mir Arbeit gemacht hat, dann denke ich: 'Ja, das war richtig so. Das kannst du abhaken. Dafür kannst du bestimmt nicht belangt werden' – wenn ich jetzt so an das Gericht denke. Ich bin erleichtert dabei, und das ist für mich Belohnung." (Angelika)

Wo Angelika hingegen ihre Grenzen erkennt und weiß, daß sie Anforderungen immer wieder nicht gerecht wird, da macht ihr diese moralische Schwäche arg zu schaffen. Es belastet sie so, daß sie darüber lieber nicht länger redet.

"Oft meine ich, mehr tun zu müssen. Öffentlich, meine ich. Aber dann denke ich auch wieder: Warum hast du ein so schlechtes Gewissen? Vielleicht ist es einfach nicht mein Stil, nach außen zu treten. Eigentlich würde ich aber schon gerne mehr tun. Dann bin ich wieder zu bequem und träge. – Das ist aber ein Gebiet, wo ich nicht weiter drauf eingehen möchte. Es nützt ja nichts." (Angelika)

Eine freiere Haltung dem Gewissen gegenüber zeigen Corinna und Pierre. Wenn sie sich lange genug bemüht und – wie im Falle von Corinna – den Sorgen und Nöten eines Mitmenschen ausgiebig Gehör geschenkt haben, können sie schließlich ruhigen Gewissens "nein!" sagen. Für Pierre ist es geradezu Ausdruck persönlicher Festigkeit, als es ihm gelingt, einem Besucher, der sich völlig vorbeibenimmt, die Tür zu weisen.

Klare Kante

"Ich habe wohl erst einmal in meinem Leben eine klare Kante gezogen. Da hatten wir Besuch, über den ich mich auch anfänglich gefreut habe. Aber der hat so tierisch gesoffen, bis er mir das Zimmer vollgekotzt hat. Da habe ich ihn rausgeschmissen. Das habe ich bisher noch nie gemacht. Das war das erste Mal in meinem Leben, daß ich etwas ohne Ambivalenzen gesagt habe. Da waren keine Deutungsmöglichkeiten drin. Sonst habe ich immer gesagt, daß man den Leuten doch noch eine Chance geben muß. Aber da hatte ich keinen Bock mehr." (Pierre)

Gewissensbisse wegen eines gestohlenen Fahrrads, nicht wegen im Krieg begangener Taten

Stefan wundert sich über die Unverhältnismäßigkeit, mit der sein Gewissen reagiert. Er hatte in der Nachkriegszeit – in einer wirklichen Notsituation – ein Fahrrad entwendet und deswegen jahrelang ein schlechtes Gewissen. Hingegen hat sein Gewissen sich nie zu Wort gemeldet im Blick auf Taten, die Stefan im Krieg begangen hat. Für ein vergleichsweise harmloses Eigentumsdelikt ist Stefans Gewissen sensibel, zur Tötung von Menschen schweigt es. Stefan kann sich diesen ebenso seltsamen wie erschreckenden Sachverhalt nur so erklären, daß der Gegner im Krieg anonym war, die Folgen eines Bombenabwurfs nicht unmittelbar sichtbar waren für den Schützen und niemand direkt die Verantwortung für begangene Taten trug. Hinzu kommt ein Element der Erziehung. Gegen die Teilnahme am Krieg hatte der Vater – für Stefan die große Autorität – nichts einzuwenden; einen Fahrraddiebstahl hätte er dagegen aufs schärfste verurteilt.

Noch heute kommt mir die Frage: Was würde Vater dazu sagen?

Der verstorbene Vater ist für Stefan das Vorbild in ethischen Fragen. Wenn es schwierige Entscheidungen zu treffen gilt, führt Stefan regelrecht Dialoge mit seinem Vater, der in diesen Gesprächen gleichsam die Gewissensinstanz verkörpert.

"Es geht mir noch heute so, daß ich im stillen mit Vater diskutiere, im stillen mit ihm spreche und diskutiere und manchmal beinahe plastisch direkt seine Antwort höre. Ich weiß, so und so würde er dann antworten. Wie das kommt, weiß ich nicht. Einer, der besonders leichtsinnig mit solchen Dingen umgeht, würde wohl sagen: 'Siehste wohl, das ist eben dein Vater, der nach seinem Tode mit dir spricht.' Aber es ist eben so, daß ich so intensive Diskussionen zu Lebzeiten mit Vater geführt habe, die so tief in mir verwurzelt sind, daß ich das heute noch irgendwie nachempfinde. Und bei manchem, was ich tu', kommt mir ganz bewußt die Frage: 'Was würde Vater dazu sagen?' Vater würde, wenn du so handelst, eigentlich kein Verständnis dafür haben, und ich versuche Vater dann zu erklären, warum ich so handeln muß." (Stefan)

Auch Bärbel spricht, wenn es um Gewissensfragen geht, mit einem fiktiven Gegenüber. Bei ihr ist es der Teddy, mit dem sie sich beratschlagt. Obwohl der Teddy die Instanz des Gewissens repräsentiert, liegen die Verhältnisse bei Bärbel anders als bei Stefan. Die junge Frau braucht ihren Teddy, weil er – wie sie meint – ihre Autonomie und Entscheidungsfreiheit garantiert, während ein göttliches Gegenüber Ansprüche stellen könnte, die sie möglicherweise einschränken würden.

Auseinandersetzung mit Gott

26 % der Befragten gestehen, manchmal wütend auf Gott zu sein, weil er passiv gewesen ist und in Situationen nicht eingegriffen hat, wo sie es sich sehnlichst gewünscht hätten.

"Es gibt Momente, in denen ich mit Gott hadere, in denen ich etwas nicht verstehe: Warum muß ich das gerade so erleben? Warum ist es nicht anders? Das ist aber kein Zweifel. Das ist einfach nur ein Beleidigtsein, wie wenn ein Kind etwas nicht versteht und rausläuft und die Tür hinter sich zuknallt." (Hannes)

Wo solcher Unmut gegen Gott laut wird, haben die Interviewten beispielsweise unter Ungerechtigkeiten oder unter dem Verlust einer Beziehung gelitten. Verstandesmäßig war jedem klar, daß Gott wohl nicht wie ein deus ex machina eingreifen würde und daß er auch nicht für diese widrigen Umstände verantwortlich zu machen ist. Gleichwohl hegten sie ein Gefühl des Grolls gegen Gott, etwa so wie Ilka es ausspricht:

"Das müßte ja aber nicht sein! Das hätte er ja auch anders machen können." (Ilka)

Die "Kleinigkeiten" gehören zu meiner Person und müssen von Gott in Kauf genommen werden

Ging es soeben um Fälle, wo Gott nicht gehandelt hat, wie er vermeintlich hätte handeln sollen, so sprechen Bärbel und Nora von Fällen, wo sie nicht gehandelt haben, wie sie gemäß göttlichem Willen hätten handeln sollen – und davon, daß sie bei solchem Zuwiderhandeln ein gutes Gewissen haben. Sie sind der Auffassung, Gott müsse gewisse Handlungen der Menschen tolerieren, auch wenn sie ihm nicht passen.

"Groblinig gesehen – bis auf Kleinigkeiten – denke ich schon, daß ich ihm da nicht entgegenwirke. Und die Kleinigkeiten gehören zu mir und meiner Person; die müssen schon in Kauf genommen werden." (Bärbel)

Die guten Gewissens begangenen Verstöße werden als "persönliche Entscheidungen" betrachtet, die Gott zu dulden hat. Dieser Sichtweise von Bärbel und Nora entspricht es, daß beide darauf bedacht sind, ihre Autonomie gegenüber Gott zu wahren. So betont Nora ausdrücklich, ihr sei daran gelegen, in ihrer Gottesbeziehung nicht in ein Abhängigkeitsverhältnis zu geraten. Und bei Bärbel dienen die Gespräche mit dem Teddy einem gleichen Zweck.

4.5 Fragen der Ethik

"Ich glaube, daß sich jeder so ein Gedankengeflecht zusammensetzt, daß er sein Handeln, seine Ansprüche und das, was Gott, der Glaube und andere von ihm verlangen, in ein bestimmtes Geflecht setzt." (Angelika)

Wenn Angelika von einem "Geflecht" spricht, so bringt sie damit ein wichtiges Moment ethischer Orientierung auf den Punkt. In der Einstellung eines Menschen zu ethischen Problemen verschränken sich viele der bislang gesondert dargestellten Aspekte.

- Mit der Entwicklung von Religiosität im Kindes- und Jugendalter werden Wertvorstellungen der Bezugspersonen internalisiert, später überprüft und umgestaltet.
- Der Glaube hat Einfluß auf die Haltung zu ethischen Fragen.
- Vorstellungen über Gott und seinen Willen prägen die private Ethik.

Kurzum, in der ethischen Einstellungen wie auch in dem daraus resultierenden Tun oder Unterlassen gewinnt Religiosität Konturen, tritt sie nach außen in Erscheinung und nimmt sie in Form von Handlungen Gestalt an.

4.5.1 Gottes Wille

Daß Gott Anforderungen an den Menschen stellt, bejahen alle. Häufig wird dabei auf die Zehn Gebote verwiesen. Allerdings fragen sich 21 % der Gesprächspartner kritisch, ob der "Wille Gottes" mitunter nicht vorschnell gesellschaftlichen oder individuellen Bedürfnissen angepaßt wird. Was den Verpflichtungs-Charakter des Willens Gottes anbelangt, so können 26 % sich nicht vorstellen, dagegen zu handeln. 31 % leben in dem Bewußtsein, immer mal wieder gegen das, was Gott gutheißen würde, zu verstoßen. 16 % sind der Auffassung, Gott würde sie in irgendeiner Weise bestrafen, wenn sie sich gegen seinen Willen richten. Aus 21 % der Interviews geht hervor, daß ein schlechtes Gewissen die Folge solchen Verhaltens wäre.

Ich kann nicht gegen Gottes Willen handeln, ohne gegen mich selbst zu handeln

"Ich glaube nicht, daß Gottes Wille etwas ist, was mich in meinem Menschsein behindert, sondern etwas, was mich dann weiterbringt. Deswegen kann ich nicht gegen Gottes Willen handeln, ohne gegen mich selbst zu handeln." (Erika)

Allen Aussagen liegt die Überzeugung zugrunde, daß die Absicht Gottes gut ist. Sie hat etwas zu tun mit Leben schaffen und Leben erhalten. Ihren Ausdruck findet diese Intention im Gebot "Du sollst nicht töten". Ethische Konsequenzen ergeben sich in folgenden Bereichen:

– *Zivildienst*: Für den Zivildienst sprechen sich mehrere der Befragten aus. Als Grund geben sie an, der Dienst an der Waffe sei gegen Gottes Willen, weil er die Bereitschaft zum Töten impliziere.

– *Schwangerschaftsabbruch*: Drei Personen, die sich zum Schwangerschaftsabbruch äußern, sind übereinstimmend der Ansicht, daß er Gottes Intentionen widerspricht. Für die Betroffenen erwächst daraus ein schwerer Konflikt. Einerseits wurde die eigene Notlage als so tiefgreifend empfunden, daß sie sich zu einer Abtreibung durchgerungen haben. Andererseits bleibt das Bewußtsein, schuldhaft gehandelt zu haben, unabweisbar.

"Vorher hatte ich das mit dem Verstand völlig abgehakt. Erst hinterher brach das dann über mir völlig zusammen. Was mir dann gezeigt hat, daß Gottes Wille und das, was für mich gut ist, vielleicht doch übereinstimmt. Ich konnte es einfach nicht so kritiklos übernehmen. Vielleicht ist das ein weiteres Mosaiksteinchen, das dann nötig war. Um mich vielleicht auch wieder an Gott als Autorität heranzuführen und vielleicht doch seinen Willen anzunehmen, daß ich nicht ohne persönlichen Schaden dagegen handeln kann. Daß ich darunter gelitten habe und auch heute noch leide, hat eben nichts mit irgendwelchen gesellschaftlichen Verdammungen zu tun. Über die Männer ärgere ich mich noch heute, die sich nun das Recht anmaßen, eine Frau eine Mörderin zu nennen, weil sie abgetrieben hat." (Erika)

– *Gewalt zur Durchsetzung politischer Ziele*: Geht es bei der Frage des Schwangerschaftsabbruchs um ein individualethisches Problem, so beschäftigt Pierre ein sozialethischer Konflikt. Ist es auf der gesellschaftlich-politischen Ebene legitim, ggf. Leben zu zerstören, um dadurch anderes Leben, das bedroht und beschädigt ist, zu retten? Darf man zur Durchsetzung von politischen Zielen, die für sich genommen berechtigt sind, Gewalt anwenden und dadurch möglicherweise anderes Leben – das der Unterdrücker nämlich – vernichten? Wie ist Gottes Wille zu beurteilen?

"Ich glaube, in Deutschland ist Gewaltanwendung zur Durchsetzung politischer Ziele noch falsch. Das wäre noch gegen Gottes Willen. Und in Südafrika – denke ich – könnte

Gewalt sogar schon von Gott geboten sein zur Durchsetzung der Menschenrechte. Aber das ist schwer zu denken. Ich arbeite an dem Punkt gerade, wie ich mich da entscheiden würde. Oder im Dritten Reich. Ich weiß nicht, wie ich mich da verhalten hätte. Ich denke, es gibt so etwas wie eine Situationsethik." (Pierre)

4.5.2 Ethische Themen

Neben den im vorigen Abschnitt erwähnten Problemen der Ethik, bei denen der Wille Gottes im Vordergrund steht, werden angesprochen: Gemeinschaft, Nächstenliebe, gesellschaftliches Engagement – um nur die wichtigsten Themen zu nennen.

4.5.2.1 Gefühl für Gemeinschaft

Christsein ereignet sich im Miteinander

"Ich denke, das gehört für mich zum Christsein dazu, daß es etwas ist, was sich in Gemeinschaft ereignet. Auch im Lesen von theologischen Dingen während meines Studiums – Bonhoeffer – es steht immer wieder das Gemeinschaftserlebnis drin oder die Suche nach Gemeinschaft, ein Miteinander, ein Austausch." (Jens)

32 % der Gesprächspartner legen Wert darauf, daß sich ihr Christsein nicht im Kreisen um die eigene Person erschöpft, sondern in der Gemeinschaft gelebt wird. Glaube will in Beziehung treten zu anderen Menschen. Thorsten, dessen Beruf als Diakon geradezu als gemeinschaftsstiftend zu bezeichnen ist, betont darüber hinaus: Eine Gruppe könne dem einzelnen helfen, seinen Weg zu Gott zu finden.

"Gott braucht einen Transformator, eine Möglichkeit, sich zu artikulieren. Und das müssen Menschen sein. Das muß eine Gemeinschaft sein." (Thorsten)

4.5.2.2 Nächstenliebe

"Nächstenliebe möchte ich bei den Menschen, die ich annehme, ausüben. Obwohl ich eigentlich alle annehmen soll. Aber da sehe ich mich überfordert. Ich glaube sowieso, daß das ein absolutes Idealziel ist – der ganzen christlichen Gemeinde und Kirche. Sicher wäre das schön. Das ist auch das, was mich fasziniert am christlichen Glauben. Wie schön müßte das sein, wenn jeder sich um den anderen bemühen würde. Es ist ja noch nicht einmal so, daß dir jemand die Tür aufhält, wenn du aus dem Kaufhaus herauskommst und vollbepackt mit Tüten bist. Da fängt es für mich an." (Corinna)

Keiner zieht in Zweifel, daß Nächstenliebe ein erstrebenswertes Ideal darstellt. Doch ist Corinna nicht die einzige, die hinsichtlich der Erfüllbarkeit

Bedenken äußert. So ist es nur folgerichtig, wenn die Gesprächspartner Formulierungen suchen, die in der Hierarchie ethischer Werte zwar weit unterhalb der Nächstenliebe anzusiedeln sind, dafür aber realisierbar erscheinen. Statt "liebe deinen Nächsten" sagen sie beispielsweise

- "nicht gleich jemanden fallen lassen"
- "Verantwortung für andere spüren"
- "nicht zum Schaden meiner Mitmenschen sein".

Die Gesprächspartner fühlen sich gefordert, wenn ihnen jemand begegnet, der sie braucht. So etwa lautet der gemeinsame Nenner dieser und anderer Formulierungen. Er signalisiert zugleich einen Aspekt, der immer wieder anklingt. Die Beanspruchbarkeit ist nicht beliebig. Man legt Wert darauf, denjenigen zu kennen, der Hilfe benötigt. Zugleich ist das Bemühen deutlich, eine Grenze zu markieren, wo die Hilfsbereitschaft endet. So sagt Corinna:

> "Es gibt ja Leute, die kennst du zwei Minuten, die erzählen dir die dicksten Bettgeschichten. Das ist mir verhaßt. Zu solchen Leuten habe ich kein Bedürfnis, einen Kontakt aufzubauen. Dann kann ich total pissig sein. Da kann ich wirklich hart und ekelhaft sein. Und mir ist egal, was die von mir denken. Mir ist in dem Moment die Nächstenliebe und dieser ganze Kram auch egal." (Corinna)

4.5.2.3 Gesellschaftliches Engagement

Glaube bedeutet auch, die Aufgaben, die einem in der Welt gestellt werden, zu lösen

Die Aufforderung, aus dem eigenen Zirkel herauszutreten, sich in irgendeiner Weise für gesellschaftliche oder politische Belange zu engagieren, wird von fast allen Interviewpartnern als wichtige ethische Konsequenz des christlichen Glaubens angesehen.

> "Der Glaube bedeutet für mich auch die Aufforderung, mich in der Welt zu bewähren, Gott zu zeigen, daß ich – wie auch immer es sein wird – in irgendeiner Weise eine ewige Ruhe verdient habe. Das ist ein wesentlicher Bestandteil meines Glaubens. Deswegen keine Zurückziehung aus der Welt, solange man noch die nötige Kraft hat, die Aufgaben, die einem in der Welt gestellt werden, zu lösen und sich diesen Aufgaben zu stellen. Das ist meiner Meinung nach eine der wichtigsten Forderungen, die das Neue Testament an uns stellt." (Stefan)

Im einzelnen wird verwiesen auf Beteiligung an Friedensinitiativen, an Demonstrationen gegen die atomare Bedrohung, an Initiativgruppen, die sich bestimmte politische Ziele gesetzt haben, beispielsweise das Bewußtsein für die Lage der Schwarzen in Südafrika zu schärfen. Aktivitäten solcher Art werden von vielen gutgeheißen. Gleichwohl sehen sich vier der Befragten außerstande, solchen als legitim erachteten Ansprüchen nachzukommen.

Ich habe mir schon oft gesagt, ich muß mich irgendwo engagieren, aber ich schaffe das nicht

Als Gründe werden neben der eigenen Trägheit genannt die Angst vor dem Aggressionspotential,das bei Demonstrationen freigesetzt werden könnte, und die Abneigung gegen ein Mitmarschieren mit der "Masse".

> "Ich habe mir schon so oft gesagt, ich muß irgendwas machen, irgendwo mich engagieren, aber das schaffe ich immer nicht. Ich denke immer, das sollte ich schaffen. Ich schaffe es nicht, weil ich zu bequem bin, zu träge. Ich bin nirgendwo drin, ich nehme an keinem Gottesdienst teil; das ist grauenhaft. Fast komme ich mir vor wie ein Heide." (Ilka)

Im gesellschaftlichen oder politischen Bereich untätig zu bleiben, obwohl man von der Notwendigkeit des Einsatzes überzeugt ist, bewirkt bei den betreffenden Personen ein schlechtes Gewissen, allerdings in unterschiedlichen Graden. Es ist bei Ilka stärker ausgeprägt als bei Corinna, die sich in ihrem privaten Umfeld teilweise bis zur Erschöpfung für Menschen einsetzt.

4.5.2.4 Entfaltung der Persönlichkeit

Die bewußte Auseinandersetzung mit der eigenen Person ist ein Thema in allen Gesprächen.

Religiosität als Weg, sich besser kennenzulernen und sich weiterzuentwickeln

Häufig wird aus dem Glauben die Aufgabe abgeleitet, in einem weit gefaßten Sinne Selbsterfahrung zu betreiben, sich der Bedingtheiten und Grenzen der eigenen Person bewußt zu werden, die noch schlummernden Möglichkeiten zu entdecken und sich um ihre Realisierung und Entwicklung zu bemühen.

> "Religiosität heißt für mich immer, daß der Anspruch besteht, mich weiterzuentwickeln. Dann kann ich nie damit zufrieden sein." (Erika)

4.5.2.5 Verwirklichung des Reiches Gottes

Den Glauben sichtbar machen in der Welt

In vielen Äußerungen klingt der Gedanke an, das Christentum solle in die Welt getragen werden. Es soll ersichtlich sein, daß derjenige, der handelt, dies als ein Christ tut, motiviert durch seinen Glauben. In diesem Zusammenhang beziehen drei Gesprächspartner Stellung gegen eine klösterliche Lebensgestalt, "da es ein Abkapseln von der Welt, eine Resignation" bedeuten würde.

"Ich glaube, daß ich Frieden gefunden habe in Gott und daß mir das alles zuteil wurde, damit ich mein Leben jetzt für Gott lebe. Und zwar nicht im Sinne einer klösterlichen Abgeschiedenheit, sondern im Sinne von 'sichtbar machen' dessen, was Jesus getan hat, anderen sichtbar machen. Das heißt, daß ich dafür da bin, um Gott zu dienen. Und dieser Dienst, dieses Leben wird mir eines Tages dazu dienen, daß es in der Ewigkeit Frucht bringt, Sachen, die ewig andauern, ewig bleiben werden.

Nach dem Reich Gottes zu trachten, das ist mein Sinn in meinem Leben, so daß auch andere Anteil haben und Gottes Liebe finden können." (Hannes)

4.5.2.6 Einzelforderungen

Zum Abschluß dieses Kapitel seien einige ethische Forderungen genannt, die hier und da erwähnt werden. Ihnen wird von den Gesprächspartnern nicht der gleiche Stellenwert beigemessen wie den anderen ethischen Themen.

Guten Unterricht erteilen

Vier Interviewpartner wünschen sich, guten Religionsunterricht zu geben. Sie wollen auf diese Weise zu einer positiven Veränderung der Schüler beitragen. Dabei empfinden sie die Vermittlung ethischer Werte als besonders dringlich.

Sich als "Geschöpf" fühlen

Ökologische Fragen werden als Aufgabe begriffen. Sich als "Geschöpf" zu fühlen, hat Konsequenzen für den Umgang mit der Natur. Die Erhaltung oder Wiederherstellung einer biologisch intakten Umwelt ist für drei Interviewpartner eine Forderung, die sie aus dem christlichen Glauben ableiten.

Kinder als Aufgabe des Glaubens

Zwei der Befragten empfinden die Geburt der eigenen Kinder nicht als bloß "biologischen Akt". Vielmehr sehen sie darin eine "Aufgabe", die der Glaube an sie stellt. Das gleiche gilt für die Erziehung.

4.5.3 Leben unter ethischen Ansprüchen

4.5.3.1 Mündige Ethik entwickeln

Als Kinder haben die Gesprächspartner sich an ihren Eltern orientiert. Von ihnen her gewannen sie erste Maßstäbe für richtiges Verhalten. Später, als sie im Jugendalter die elterlichen Maximen in Frage stellten, wurde im Austausch mit Gleichaltrigen Handlungsorientierung gesucht.

Ich habe festgestellt, daß in meinem Herzen nicht mehr genug Platz für Gott da war

Dieser Prozeß verläuft nicht ohne Spannungen. Er schließt mitunter sogar erhebliche Krisen ein.

"Es ist so gewesen, daß ich gemerkt habe: Gott steht nicht da, wo er stehen sollte; und das habe ich als schlecht empfunden ... Aber ich habe festgestellt, daß dieser Platz in meinem Herzen besetzt war, daß da eben nicht mehr so viel Platz für ihn (sc. Gott) war, wie ich das gern gehabt hätte. Das ist jetzt ganz anders ... Auch wenn ich jetzt wieder verliebt bin, diese zentrale Stelle wird nie wieder ein Mensch einnehmen. Sondern da wird jetzt immer sein Platz sein! Ich werde mich auch nie wieder an einen Menschen so ranhängen, wie ich das gemacht habe, und ihn so richtig in die absolute Lebensmitte setzen. Das geht nicht wieder. Und das finde ich auch gut." (Elke)

Ich kann ethische Fragen nur an dem messen, was ganz tief in mir drin ist

Genauso wie sich am Ende der Adoleszenz ein Glaubensstandpunkt herausgebildet hat, mit dem die Gesprächspartner meinen zukünftig leben zu können, ohne daß dies eine Fortentwicklung ausschließen müßte, so zeichnen sich in dieser Phase die Umrisse einer mündigen, selbst verantworteten Ethik ab.

"Was ich nicht kann, ist – meinetwegen wie die Zeugen Jehovas – sich nur nach der Bibel auszurichten, dann zu sagen: 'Gott will das und das, und das machst du jetzt.' Ich muß da schon meinen eigenen Weg finden. Es gibt so viele verschiedene Auffassungen. Ich kann das nur an dem messen, was ganz tief in mir drin ist." (Erika)

Die Erwachsenen bekommen oft genug zu spüren: Zwischen ethischem Anspruch und gelebter Wirklichkeit tun sich Brüche auf, die nicht immer zu harmonisieren sind. Oft gilt es, entschlossen eine Wahl zu treffen, auch wenn diese einer ethischen Idealvorstellung nicht genügt.

Das heißt also, ich muß im Kleinen werkeln

"Aber ich schaffe mir meine eigene Ethik. Ich versuche, im Sinne Gottes und im Sinne Christi im Kleinen meine Welt rein zu halten. Das ist eine Anforderung, die der Glaube an mich stellt. Das ist auch zu realisieren. Ich könnte mir Ziele stecken, die ich niemals erreichen kann. Ich könnte sagen: Ich gehe jetzt in die Mission, oder ich mache etwas, was mich meine bürgerliche Sicherheit kostet. Ich könnte ja sagen, ich möchte so sein wie Mutter Theresa; aber ich bin einfach nicht der Typ dafür. Ich sollte mir meiner Ansicht nach keine Aufgaben auferlegen, die ich nie erfüllen kann. Das heißt also, ich muß im Kleinen werkeln." (Angelika)

"Und für mich heute ist Religiosität nichts anderes als 'Wissen und Wandel'; also die Erkenntnis darüber allein hilft dir nichts, sondern das Umsetzen ist wichtig, daß ich entsprechend handle und wandle. Und das ist in unserer heutigen Gesellschaft ein bißchen schwierig." (Knut)

4.5.3.2 Mit Anforderungen umgehen

Ängste bearbeiten

Bei keinem traten die Ängste, den ethischen Anforderungen nicht genügen zu können, so drastisch zutage wie bei Rolf. Immer wieder kam er auf die Frage zurück, ob und wie er guten Religionsunterricht geben könne, und auf seine Angst, an der ethischen Forderung, seine Aufgabe als Mitmensch zu erfüllen, letztlich zu scheitern. Die einzige Chance sieht er darin, solche Befürchtungen nicht beiseite zu schieben, sondern sich ihnen zu stellen.

"Ängste – wir haben ja vorhin auch über Zweifel gesprochen – sind bei mir jetzt vorhanden, wenn ich mich frage: 'Kann ich überhaupt ein guter Religionslehrer werden? Oder jetzt einer sein? Reicht es eigentlich aus, um glaubhaft etwas vermitteln zu können?' Für mich ist klar, daß, wenn ich mit diesen Ängsten nicht umgehe, sie von allein nicht weggehen. Ich muß mich diesen Sachen stellen. Wenn man sie verdrängt, kommen sie wieder. Vielleicht in irgendeiner anderen Form oder als Knüppel, aber weiter kommt man damit auch nicht. So etwas löst sich nicht von allein. Das bedarf einer gewissen Arbeit. Das ist jetzt für mich das Problem: Wie mache ich das in der Schule? Bin ich überhaupt der Richtige? Kann ich das?" (Rolf)

Ich weiß, da versage ich, und hoffe, daß diese Schuld vor Gott aufgenommen wird

Eine Hilfe im Umgang mit den als richtig erkannten Maßstäben stellt die christliche Gnadenlehre dar. Wer erfahren hat, mit welcher fast unausweichlichen Zwangsläufigkeit das Versagen eintritt, kann Trost finden in der Gewißheit – die Reformatoren sprachen von "certitudo", nicht von "securitas" –, von Gott trotz alledem angenommen zu sein. Gott "rechtfertigt" den Sünder.

Dieser Kernsatz paulinischer und reformatorischer Rechtfertigungslehre klingt hier und da an. Nicht als dogmatischer Lehrsatz, sondern in Anwendung auf eine konkrete Lebenssituation.

"Du trinkst gerade keinen Nicaragua-Kaffee, obwohl es sicher besser wäre, diesen Kaffee zu kaufen. Aber ich lebe mit dem Bewußtsein, daß ich da falsch handle. Ich weiß, da versage ich an meinen Maßstäben, und ich lebe mit diesem Versagen, weil ich weiß, ich kann das nicht einhalten, mich aus diesem Kreislauf der Gewalt herauszunehmen. Und mit dieser Schuld lebe ich, und ich hoffe, und ich bin auch sicher, daß diese Schuld vor Gott aufgenommen ist. Das fällt für mich unter den Begriff 'Erhalter' – erhalten trotz aller persönlichen Schuld." (Pierre)

Eine Veränderung des Wesens des Menschen, das sündig ist, hin zu einem Wesen, das Gottes Liebe entspricht

Eine gesetzlich-rigoristische Auffassung der Ethik wird nur von Hannes vertreten. Obwohl er von sich sagt, daß er nicht so gesetzlich denkt wie die Pietisten, ist ihm hauptsächlich an der Veränderung des Menschen gelegen. Die Natur des Menschen, die durch die Erbsünde verdorben sei, solle sich dergestalt wandeln, daß der Mensch als Imago Dei der Heiligkeit Gottes würdig ist.

"Der Mensch muß von neuem wiedergeboren werden, um in das Reich Gottes hineinzukommen. Es genügt nicht, an einen Gott zu glauben, sondern es braucht eine innere Veränderung seiner Natur, seines Wesens, das verdorben und sündig ist, hin zu einem Wesen, das Gottes Liebe, Gottes Heiligkeit entspricht. Und diese Veränderung kann nur Gott erwirken. Diese Veränderung ist notwendig." (Hannes)

4.6 Tod und Ewiges Leben

In vierzehn Interviews werden der Tod bzw. Fragen eines Weiterlebens nach dem Tode angesprochen. Zum Teil handelt es sich um recht kurze Bemerkungen. Sie zeugen von geringer Betroffenheit. Bei manchen Interviewpartnern ist der existentielle Bezug hingegen deutlich zu spüren. So hat Angelika ihre wissenschaftliche Hausarbeit über die Begleitung Sterbender geschrieben. Für Jutta ist die Nähe des Todes, bedingt durch ein chronisches Leiden, eine stets gegenwärtige Drohung. Und für Stefan, den mit sechzig Jahren ältesten von allen Befragten, bedeutet die Auseinandersetzung mit dem Altwerden und Sterben die Lebensaufgabe, der er sich zu stellen hat.

4.6.1 Sich des Todes bewußt sein

Angelika und Stefan gestehen offen, daß sie Angst vor dem Tod haben. Sie begegnen dieser Angst so, daß sie versuchen, sich im Leben zu bewähren. Zwar verschafft ihnen das nicht ein sicheres Gefühl, im Jenseits in die Nähe Gottes zu gelangen. Immerhin sind sie erleichtert bei dem Gedanken, daß sie ihr möglichstes getan haben.

Ein Damoklesschwert, das jederzeit zuschlagen kann

Jutta ist eine künstliche Herzklappe implantiert worden. Eigenmächtig hat sie das Medikament, das die Bildung eines tödlichen Blutgerinsels verhindern soll, abgesetzt. Seitdem lebt sie mit dem Gefühl, daß der Tod wie ein "Damoklesschwert" über ihr hängt, das "jederzeit zuschlagen" kann.

"Im Grunde genommen habe ich schon Angst davor. Aber Hauptsache, ich habe genügend Kraft, damit fertigzuwerden. Und um so etwas kann man ja auch beten. Ich habe halt schon Phasen, wo mir das alles nichts hilft, um gegen die Angst anzukommen. Ich kann dann leicht sagen, daß ich das akzeptieren will, was auf mich zukommt. Aber ich wünsche mir nichts sehnlicher, als daß es nicht auf mich zukommt. Und es ist doof, daß man sich damit Zeiten, in denen das noch gar nicht eingetreten ist, was auch immer eintreten mag, verdirbt. Aber das nützt alles nichts.

Ob ich nun an Gott glaube oder an Buddha oder wen auch immer, ich hätte die Ängste trotzdem. Die kann mir letztendlich kein Gott nehmen." (Jutta)

Grundsätzlich fühle ich mich geborgen und angenommen, aber erst hinter diesem Leben

Jürgen, politisch engagiert, befürchtet angesichts des ungeheuren Vernichtungspotentials in Ost und West, daß die Geschichte dieser Welt – wieviel die Menschen sich bemühen mögen – in eine Katastrophe mündet. Das macht Jürgens Angst aus. Zwar ist sein Lebensgefühl stark durch die Gnadenlehre bestimmt: Er weiß sich von Gott angenommen – letztgültig aber erst im Durchgang durch den Tod, sei es nun in Form des eigenen Todes oder aber in Form des atomaren Holocausts.

"Das sind so zwei Ebenen. Einmal auf innerhalb dieses Lebens bezogen und einmal auf das Transzendierte oder Transzendente. Grundsätzlich fühle ich mich so geborgen und angenommen, aber hinter diesem Leben erst. Und das wirklich und ganz und gar. In diesem Leben befürchte ich schon, daß ich durch eine ganze Menge Höhen und Tiefen durch muß. Daß ich den Glauben habe, das hilft mir, an meinen pessimistischen Zukunftserwartungen für die ganze Welt nicht zu verzweifeln, sondern zu hoffen, daß die Zusammenbrüche, die meiner Meinung nach notwendigerweise stattfinden, daß ich diese Chance oder diese Gnade habe, die dann relativ unbeschadet zu überstehen. Und dann vielleicht an einem Neuaufbau teilzuhaben oder mitzuwirken." (Jürgen)

4.6.2 Endgericht

Angelika, Hannes und Thorsten gehen davon aus, daß der Mensch nach seinem Tode in irgendeiner Form zur Rechenschaft gezogen wird, daß ihm seine Existenz noch einmal vor Augen geführt wird.

Kein Grund zum Schwarzmalen

Hannes ist davon überzeugt, daß das Endgericht in Bälde stattfinden wird.

"Aber das ist für mich kein Grund schwarzzumalen, sondern um so mehr fröhlich zu sein, weil ich weiß: Ich habe eine Zukunft." (Hannes)

Viele von der Bibel angekündigte eschatologische Zeichen sieht Hannes erfüllt (seiner Ansicht nach z. B. die Staatsgründung Israels). Daher seine Gewißheit, daß der "Tag des Herrn" nahe ist. Um so wichtiger ist es für ihn, andere Menschen hinzuweisen auf das, was bevorsteht, und sie zur "Umkehr" zu bewegen.

Eine Quittung für das, was man getan hat

"Nach dem Tod steht für mich – nicht wie 'Himmel und Hölle' – irgendwie ein Leben auf einer anderen Ebene da. Und irgendwie noch sowas wie ein Gericht, irgendwo nochmal eine Quittung für das, was man getan hat. Ich kann es nicht so sagen." (Thorsten)

4.6.3 Vorstellungen über ein Weiterleben nach dem Tode

Daß der Mensch bzw. seine "Seele" nach dem Tode weiterexistiert, nehmen mehrere der Befragten an. Allerdings bestehen über die Art und Weise, wie das geschehen könnte, recht verschiedene Vorstellungen. Einig sind sich alle darin, daß sie nicht an eine körperliche Daseinsform denken. Auch wo an Reinkarnation – und das schließt ja eine Wiederverkörperung ein – geglaubt wird, steht am Ende aller Wiedergeburten eine "geistige" Verbindung mit dem "Ganz Anderen".

Diesen Alabasterkörper möchte ich gar nicht wiederhaben

"Es ist für mich entscheidender, wie das denn nun mit meiner Seele wird – ob sie denn nun entfleucht, ob da nun viel Licht ist und es schön warm ist. Diesen Alabasterkörper möchte ich gar nicht wiederhaben. Das ist mir ziemlich einerlei. Das ist sowieso nichts für mich, in dieser Maskerade da rumzurennen." (Jens)

Als Lichtwesen im All auf Warteposition umherfliegen

Angelika hat im Rahmen ihrer wissenschaftlichen Hausarbeit über die Begleitung Sterbender die Berichte von R. Moody und E. Kübler-Ross gelesen. Daraus hat sich ihr Bild vom Weiterleben nach dem Tode geformt.

"Da ich so viele Aussagen gelesen habe, bin ich der Meinung, daß es wirklich so etwas wie Lichtwesen gibt. So, vielleicht ein Feuerkern und in der Mitte die Seele. So, als beschützendes Etwas, vielleicht durch die Lichtstrahlen. Das fliegt durch das All. Es irrt ein bißchen herum und wird auf Warteposition gehalten, bis es zum Endgericht kommt. Da es ein zeitloses Gefühl ist, kann es Jahrhunderte, Jahrtausende überdauern, ohne daß du es mitkriegst, weil du ja, wie gesagt, nur in deiner Grundkonstellation vorhanden bist." (Angelika)

In der Erinnerung weiterleben

Nora und Jens würde es genügen, wenn sie in den Gedanken und Erinnerungen von Menschen, die ihnen nahestehen, weiterleben.

"Auch wenn es (sc. das Jenseits) ein Nichts ist, ich weiß, hier auf dieser Welt redet man später über mich. Und wenn ich mich in meinen Kindern oder in den Erinnerungen meiner Freude fortsetze, dann werde ich eine Zeitlang zufrieden sein." (Jens)

Die Seele – in kleine Stücke zerteilt – wird weitergegeben, so daß nichts verloren geht

"Eine Zeitlang habe ich es mir so vorgestellt, daß im Leben nach dem Tode die Seele in kleine Stücke zerteilt wird, und jeder der Menschen, die um dich herum gelebt haben, nimmt davon ein Stück mit. Der eine ein größeres, der andere ein kleineres. Diese Stücke werden auch irgendwie weitergegeben, so daß nichts verlorengeht. Ich selber habe Stücke von Seelen in mir, die schon früher gelebt haben, und meines kommt dazu. Meine Idee, wie ich gelebt habe, die Idee, wie ich bin, das lebt weiter." (Nora)

4.6.4 Reinkarnation

Einige Interviewpartner standen oder stehen dem Gedanken der Reinkarnation nahe. Knut, der ansonsten dogmatischen Sätzen mißtraut, ist fest davon überzeugt, daß die Wiedergeburt eine Realität ist.

"Ich halte den Gott, der in dieser Hinsicht den Plan aufgestellt hat, für gerechter, als wenn er nur ein einmaliges Dasein geplant hätte." (Knut)

Anders Rolf. Im Verlauf des Studiums hat er sich immer stärker mit der christlichen Gedankenwelt identifiziert. Er, ein nachdenklicher Mann, der den Dingen auf den Grund geht, möchte eine religiöse Idee wie die Reinkarnation nicht aus dogmatischer Voreingenommenheit aus seinen Überlegungen ausschalten.

"Momentan interessiert mich schon dieser Reinkarnationsgedanke, der da jetzt häufig durch die Medien gegangen ist. Da habe ich Momente, wo ich denke, da ist was dran. Das will ich gar nicht so weit von der Hand weisen, obwohl es sich mit christlicher Dogmatik nicht immer verbinden läßt. Aber das ist vielleicht eine Sache, von der ich mich auch frei machen muß, die christliche Dogmatik, wenn ich solche Sachen mal weiterdenken möchte. Da ist vielleicht das Religionsstudium hinderlich, weil da gleich die Frage steht: 'Kann ich das überhaupt so denken?'" (Rolf)

Ilka und Jutta, die früher an die Reinkarnation geglaubt haben, distanzieren sich heute entschieden davon. Ihre eigenen Erfahrungen mit dieser Glaubensvorstellung haben zur Abkehr geführt.

4.6.5 Das Reich Gottes

Da wird keine Träne mehr sein

"Das wird eines Tages einfach sein, und es wird gut sein. Da wird keine Träne mehr sein. Da gibt es so ein paar Bilder, die die Bibel gebraucht: Der Löwe wird beim Lamm liegen. Es wird kein Leid mehr geben. Aber wie genau das sein wird, das weiß ich nicht.

Die Hölle wäre Finsternis, ein Leben in der Gottesferne, weit weg von Versöhnung, von Frieden." (Hannes)

Auch Stefan ist davon überzeugt, daß das Reich Gottes einen "sehr friedlichen Charakter" haben wird.

Alle Mißverständnisse behoben

Pierre glaubt, daß im Reich Gottes alle Mißverständnisse behoben sein werden, weil die Menschen sich "von Angesicht zu Angesicht" begegnen, also ohne die Barrieren, die üblicherweise zwischen ihnen aufgerichtet sind. Pierre wünscht sich, daß das Reich Gottes schon hier auf Erden realisiert wird.

Die schlimmste Strafe wäre für Angelika, im Jenseits nicht in Gottes Nähe sein zu dürfen, sondern als Lichtwesen im All ziellos umherirren zu müssen, bis irgendwann die Leuchtkraft verlorengegangen ist. Das wäre nichts anderes als die "Hölle". Diese Vorstellung ist für Angelika schrecklich. Sie bemüht sich, soweit es in ihren Kräften steht, Gutes zu tun, um einst der Nähe Gottes teilhaftig zu sein.

Ausblick

Im Gespräch mit James W. Fowler

Der fachkundige Leser wird bei Durchsicht der Studie etwas vermißt haben, nämlich die Auseinandersetzung mit neueren religionspsychologischen Forschungen. Dazu einige Bemerkungen.

Von zwei Richtungen her ist die "Entwicklungsdimension"[1] religiöser Symbole untersucht worden. Die eine orientiert sich an der Psychoanalyse, die andere an der kognitiv-strukturellen Psychologie.

1. Die von der Psychoanalyse beeinflußte Forschung hat den Zusammenhang von Symbol und lebensgeschichtlicher Erfahrung betont. Grundlage bildet das Entwicklungsmodell von E. H. Erikson.[2] Der Mensch durchläuft vom Säuglingsalter an eine Reihe psychosozialer Krisen, deren letzte erst jenseits der Lebensmitte einsetzt. Indem Eriksons Modell unter praktisch-theologischer Fragestellung aufgegriffen wird, soll die abstrakte theologische Anthropologie[3] nach Möglichkeit überwunden werden hin auf den Menschen, wie er wirklich fühlt und denkt und handelt. Es geht somit um "eine konkrete Biographiebegleitung, die die Phasen des Menschen in ihrer entwicklungsbedingten Abfolge bereits als theologische Themen zu begreifen sucht."[4] Praktische Theologen gehen von der Annahme aus, daß religiöse Symbole, wie sie in biblischen Texten Gestalt gewinnen, der Aufhellung lebensgeschichtlicher Erfahrungen dienen können; denn den Symbolen eignet die Fähigkeit, zu Kristallisationskernen von Konflikten zu werden, so daß über die Auseinandersetzung mit Symbolen eine Bearbeitung der Konflikte möglich wird.[5] Von daher ist es nur folgerichtig, wenn H.-J. Fraas und andere Forscher die Eriksonschen Entwicklungsstufen, die ja Ausdruck psychosozialer Krisen darstellen, in Korrelation setzen mit Symbolen der biblischen Überlieferung. Und zwar suchen sie nach solchen Symbolen, die jeweils bei der Konfliktbearbeitung hilfreich sind.[6]

1 F. Schweitzer: Lebensgeschichte und Religion, München 1987, S. 186.
2 Siehe oben.
3 Loch sprach 1967 von der "Verleugnung des Kindes" in der evangelischen Religionspädagogik.
4 H.-J. Fraas: Glaube und Identität, Göttingen 1983, S. 105.
5 Vgl. J. Scharfenberg, H. Kämpfer: Mit Symbolen leben, Olten/Freiburg i. Br. 1980, S. 187.
6 Sehr informativ ist die Darstellung von H.-J. Fraas: Glaube und Identität, Göttingen 1983, Kapitel 3.

2. Der kognitiv-strukturellen Psychologie sind Einsichten bezüglich der Entwicklung der Symbolfähigkeit und des Symbolverständnisses zu verdanken. Bereits Piaget hatte in "Das Weltbild des Kindes" religionspsychologische Fragen berücksichtigt. In der Nachfolge Piagets widmete Kohlberg sich dem moralischen Urteil. Oser und Gmünder untersuchen dann anhand von Dilemma-Geschichten das religiöse Urteil. Sie verstehen darunter das Regelsystem, das das Verhältnis einer Person zu dem "unbedingt Gültigen", zum "Ultimaten", zum "Letztgültigen" bestimmt. Es geht dabei um die Art und Weise, wie das Miteinander, das Zusammenwirken von Gott und Mensch gedacht wird – beispielsweise in der Frage, wie sich die Autonomie des Menschen zu den von Gott ausgehenden Wirkungen verhält.

Einen komplexen Forschungsansatz verfolgt Fowler. Er verbindet die kognitiv-strukturelle Psychologie (Piaget) mit der Psychoanalyse (Erikson), berücksichtigt die Hermeneutik Ricoeurs ("Das Symbol gibt zu denken") und bezieht sich auf die Theologie, wie sie von P. Tillich, H. R. Niebuhr und W. C. Smith entfaltet worden ist. Fowlers Ziel ist es, die Tiefenstruktur von "faith" – Nipkow übersetzt: Lebensglaube[7] – herauszuarbeiten. Lebensglaube "schließt eine Ausrichtung des Willens ein und eine Wahl des Herzens, und zwar in Übereinstimmung mit einer Auffassung transzendenten Wertes und transzendenter Macht, d. h. mit dem, was einen unbedingt angeht."[8] Der inhaltliche Aspekt des Glaubens ("belief") interessiert Fowler weniger. In halboffenen Interviews hat er 359 Versuchspersonen befragt. Das Ergebnis sind die Entwicklungsstufen des Glaubens:

1. Intuitiv-projektiver Glaube,
2. mythisch-wörtlicher Glaube,
3. synthetisch-konventioneller Glaube,
4. individuierend-reflektierender Glaube,
5. verbindender Glaube,
6. universalisierender Glaube.

Die Stufen des intuitiv-projektiven und des mythisch-wörtlichen Glaubens erleben alle Menschen im Laufe ihrer Entwicklung. Die Stufe des universaliesierenden Glaubens erschließt Fowler mehr aus den großen homines religiosi wie Gandhi und Martin Luther King, als daß er sie aus den Interviews gewinnt.

Die Aussagen meiner Interviewpartner lassen sich ohne weiteres mit den Fowlerschen Entwicklungsstufen des Glaubens in Beziehung setzen:

7 K. E. Nipkow: Wachstum des Glaubens – Stufen des Glaubens, in: Festschrift W. Jetter, Göttingen 1983

8 Fowler, zit. n. Schweitzer, a. a. O., 141

Im Vorschulalter liegt der Schwerpunkt bei Stufe 1. Als Beispiel sei das Gebetsverständnis bzw. -mißverständnis des kleinen Jürgen[9] und sein "Wullewux"[10] genannt.

Im Grundschulalter überwiegt Stufe 2. Erinnerungen an die Zeit ihres mythisch-wörtlichen Glaubens formulieren fast alle meine Gesprächspartner. So schlief Jürgen als Kind mittags mit dem wohligen Gefühl ein, "daß dieser alte Mann (gemeint ist Gott) mir zuguckt und mich behütet".[11]

Bis weit ins Hauptschulalter hinein reicht Stufe 3. Meine Gesprächspartner äußern sich darüber wenig. Im Bewußtsein der meisten scheint die Phase des synthetisch-konventionellen Glaubens keine große Bedeutung gehabt zu haben. Vielen mag es so ergangen sein wie Bärbel, für die der Glaube in dieser Zeit irgendwie verschwand, ohne daß sie dessen so recht gewahr wurde. Eher als die Ausnahme kann Gerda gelten, die im Nachhinein entdeckt, wie wichtig der synthetisch-konventionelle Glaube für sie gewesen ist. Sie hat nämlich später sehr darunter gelitten, als der Glaube ihrer Kindheit und frühen Jugend im Studium zerbrach. Ähnlich ist es Thorsten ergangen.

Nach Fowlers Untersuchungen verbleiben viele Menschen lebenslang auf Stufe 3.[12] Interessanterweise gilt das für keinen meiner Gesprächspartner. Die Erklärung ist einfach. Es hängt mit der besonderen Stichprobe zusammen, die gewählt worden ist.[13]

Eine Bemerkung noch zu Hannes. Seine Äußerungen klingen nach synthetisch-konventionellem Glauben. Liest man sie aber auf dem Hintergrund des Verdichtungsprotokolls, dann wird deutlich: In Wahrheit vertritt Hannes einen ausgesprochen individuierend-reflektierenden Glauben. Obwohl die Formulierungen orthodox-dogmatisch anmuten, sind sie doch Ausdruck einer ganz eigenständigen Glaubensüberzeugung.

Die 4. Stufe beginnt nicht vor dem Jugendalter. Mit Ausnahme von Knut sind sämtliche Interviewpartner zur Zeit der Gespräche dem individuierend-reflektierenden Glauben zuzurechnen. Sie alle vertreten ganz persönliche Glaubensauffassungen. Viele von ihnen nehmen bewußt Abstand von tradierten Glaubensvorstellungen bzw. setzen sich kritisch mit ihnen auseinander. Für alle gilt als Maßstab, den sie dem überkommenen Glauben gegenüber anlegen, die eigene Einsicht – wobei Einsicht hier nicht allein kognitiv zu verstehen ist, sondern gefühlsmäßige Komponenten einschließt und an den selbstgewonnenen Erfahrungen orientiert ist. Pointiert gesagt: Die eigene

9 Vgl. S. 147.

10 Vgl. S. 150 f.

11 S. 150.

12 Auf die damit zusammenhängende theologische Problematik gehe ich nicht ein; vgl. Nipkow (1983).

13 Vgl. S. 94.

Sichtweise wird höher gewertet als der in Jahrhunderten entwickelte und bewährte Glaube der Kirche. Was mir persönlich glaubwürdig ist oder nicht, daran halte ich mich – so etwa lautet die Maxime.

Die 5. Stufe läßt sich kaum vor dem dreißigsten Lebensjahr beobachten. Von den 19 Gesprächspartnern ist es Knut, der den verbindenden Glauben zum Ausdruck gebracht hat. Anklänge an diese Glaubensstufe finden sich bei Jutta. Und auch Ilka könnte sich in einer Entwicklung von Stufe 4 zu Stufe 5 befinden. Es sei noch vermerkt, daß Rolf, der zur Zeit des Interviews dem individuierend-reflektierenden Glauben zuzurechnen ist, jetzt einige wenige Jahre später deutliche Anzeichen des Übergangs zu Stufe 5 zeigt.

Es hätte nahe gelegen, die Forschungen, die der kognitiv-strukturellen Psychologie verpflichtet sind, insbesondere die von Fowler, noch ausführlicher in diese Studie einzubeziehen. Das ist bewußt nicht geschehen. Die Planungen und Vorarbeiten zu meiner Studie gehen auf die Zeit um 1984/85 zurück, als die Untersuchungen von Oser/Gmünder und Fowler meiner Einschätzung zufolge im deutschsprachigen Bereich noch weithin unbekannt waren. Mein Anliegen ist von ganz anderer Art als jenes der genannten Autoren.

1. Mir ist es bei meinen Forschungen darum gegangen, zwei Elemente einander zu konfrontieren: neuzeitliche Theorie-Konzepte von Religiosität, wie sie in Philosophie, Theologie und Psychologie verbreitet sind und wie sie die Vorstellungswelt von Theologen, Religions- und Gemeindepädagogen in der einen oder anderen Weise prägen, und den faktisch gelebten Glauben, die Lebensexperimente, die Zeitgenossen mit ihrem Glauben machen. Ob und inwieweit theoretische Annahmen über Religion und alltägliche Religiosität – sozusagen Theorie und Praxis von Religion – einander entsprechen, das sollte erhellt werden.

2. Der Unterschied in der Fragestellung zwischen kognitiv-struktureller Psychologie und der hier vorgelegten Studie läßt sich so beschreiben: Bei der Ermittlung der Tiefenstruktur richtet sich das leitende Erkenntnisinteresse auf "faith", den Lebensglauben (Nipkow). Bei meiner Untersuchung steht "belief", die inhaltliche Seite des Glaubens im Zentrum. Sie ist für Fowler nur am Rande von Bedeutung.

3. Gleichwohl geht es bei den von mir geführten Interviews nicht nur um den Glaubensinhalt, um die Privat-Dogmatiken der einzelnen Versuchspersonen. Im Vordergrund des Interesses steht das Beziehungsgeflecht von Glaube und Leben, m. a. W. die Lebensexperimente des Glaubens. Welche Erfahrungen machen Menschen mit ihrem Glauben? Welche Funktion hat er in ihrem Lebensentwurf? Wie sieht faktisch gelebte Religiosität heute aus?

4. Nicht die Strukturen sind es, die hier untersucht werden, sondern das Einzelne, das Konkrete, das vielleicht Zufällige. Es ist daher schwierig, wenn nicht gar unmöglich, aus dieser Untersuchung allgemeingültige Aussagen über den Glauben abzuleiten.

5. Was diese Untersuchung leistet, ist weniger als das, was die kognitiv-strukturelle Psychologie erhoben hat. In einer anderen Hinsicht ist es jedoch mehr. Die Studie kann hellhörig machen für die vielfältigen Nuancierungen gelebten Glaubens, in den Hoffnung und Ratlosigkeit, Mut und Verzweiflung, Trauer und Freude in je spezifischer und persönlicher Weise eingehen. Glaube, wie er sich in wirklichem Leben entfaltet – darum geht es hier.

6. So gesehen verlieren die Lebensexperimente des Glaubens, die meine Gesprächspartner vor mir ausgebreitet haben, das Zufällige, das ihnen auf den ersten Blick anhaftet. Es sind nämlich Experimente, die sich – im Scheitern wie im Gelingen – bewährt haben.

7. Die Studie hat ihr Ziel erreicht, wenn es ihr gelingt, ein Inter-esse, ein Beteiligt-Sein zu wecken für die Vielfalt der je einmaligen Lebensexperimente des Glaubens. Ein solches Interesse verbindet sich mit tiefem Respekt vor einem Glauben, der sich in der Alltagswirklichkeit durch Wandlungsprozesse hindurch entfaltet hat.

8. Das Interesse und der Respekt entbinden freilich nicht davon, die Frage nach der Wahrheit des Glaubens zu stellen. Wie umgekehrt das Bewußtsein von der Wahrheit des Glaubens nicht zu einem raschen Urteil über den gelebten Glauben führen darf. Vielmehr müßte es so sein, daß sich das Wissen um die Wahrheit des Glaubens in paradoxer Weise verbindet mit der Achtung vor dem gelebten Glauben.

9. Die Folge wäre eine christliche Gestalt "verbindenden Glaubens". Sie würde allen, deren Leben von Gemeinde und Schule berührt ist, zugute kommen. Denn für sie alle gilt: "Wie durch Feuer hindurch werden sie gerettet werden." (1. Kor. 3, 15)

Literaturverzeichnis

Die Schriften der im zweiten Hauptteil dargestellten Philosophen, Theologen und Psychologen sind nur insoweit in das Literaturverzeichnis aufgenommen, als daraus zitiert worden ist.

Adler, A.: Über den nervösen Charakter. Grundzüge einer vergleichenden Individual-Psychologie und Psychotherapie, Fischer 6174, Frankfurt/M. 1973 (1912)

– Menschenkenntnis, Fischer 6080, Frankfurt/M. 1972 (1927)

– Der Sinn des Lebens, Fischer 6179, Frankfurt/M. 1976 (1933)

Adler, A. u. Jahn, E.: Religion und Individualpsychologie, Fischer 6283, Frankfurt/M. 1975 (1933)

Alheit, P.: Religion, Kirche und Lebenslauf, in: Theologia practica 21, 1986, S. 130 - 143

Arndt, M. (Hg.): Religiöse Sozialisation, Stuttgart u. a. 1975

Barth, K.: Das Wort Gottes und die Theologie, in: Gesammelte Vorträge, München 1924

– Der Römerbrief, 9. Abdruck der neuen Bearbeitung, Zollikon-Zürich 1954. Die Hauptwerke sind im Kapitel über Barth aufgeführt.

Bartholomäus, W.: Mutter und Vater in "Gott". Zur Vorstrukturierung des Symbols "Gott" in früher Erfahrung, in: Katechetische Blätter 106, 1981, S. 456 - 466

Berger, P. L.: Auf den Spuren der Engel. Die moderne Gesellschaft und die Wiederentdeckung der Transzendenz, Frankfurt/M. 1972 (1970), 2. Aufl.

– Zur Dialektik von Religion und Gesellschaft. Elemente einer soziologischen Theorie, Frankfurt/M. 1973

Bergius, R.: Artikel "Methode", in: Psychologisches Wörterbuch, hrsg. v. Dorsch, F. u. a., Bern-Stuttgart-Wien 1982, 10. Aufl., S. 417 f.

Bohne, G.: Die religiöse Entwicklung der Jugend in der Reifezeit. Aufgrund autobiographischer Zeugnisse, Leipzig 1922

Böcker, W. u. a. (Hg.): Handbuch Religiöser Erziehung, 2. Bde., Düsseldorf 1987

Buber, M.: Ich und Du, Heidelberg 1983

Colby, A. u. Kohlberg, L.: Das moralische Urteil. Der kognitionszentrierte entwicklungspsychologische Ansatz, in: Steiner, G. (Hg.): Die Psychologie des 20. Jahrhunderts, Bd. VII.: Piaget und die Folgen, Zürich 1978, S. 348 - 366

Conn, W. E.: Affectivity in Kohlberg and Fowler, in: Religious Education 76, 1981, S. 33 - 48

Döbert, R.: Religiöse Erfahrung und Religionsbegriff, in: Religionspädagogische Beiträge 14, 1984, S. 98 - 118

Ebert, K.: Theorien zur Entwicklung des religiösen Bewußtseins. Überlegungen zu einer religionspsychologischen Sozialisationstheorie, in: Der ev. Erzieher 33, 1981, S. 456 - 467

Ebner, F.: Das Wort und die geistigen Realitäten. Pneumatologische Fragmente (1918/19), in: Schriften 1, hrsg. v. Seyr, F., München 1973, S. 75 - 342

Ellerbrock, J.: Sich selbst im Wege, in: Zeitschr. f. Religionspädagogik 1979, S. 22 - 25

– Zur theologischen Dimension der Individualpsychologie, in: Zeitschr. f. Individualpsychologie 7, 1982, S. 22 - 38

– Glaube und Persönlichkeitsstruktur, in: Religion heute 3, 1984, S. 67 - 69

– In Alltagsmythen verstrickt. Eine kleine Geschichte pseudoreligiöser Erfahrungen von Paulus bis heute, in: Religion heute 3, 1984, S. 119 - 123

– Identität und Rechtfertigung. Max Frischs Romane unter besonderer Berücksichtigung des theologischen Aspektes, Frankfurt/M.-Bern-New York 1985

– Adamskomplex. Alfred Adlers Psychologie als Interpretament christlicher Überlieferung (Erfahrung und Theologie, Bd. 11), Frankfurt/M.-Bern-New York 1985

– Ich der Weinstock, ihr die Reben! Ein johanneisches "Ich-bin-Wort" im Medium "Symboldrama", in: Religion heute 5, 1986, S. 191 - 195

– Angst vor Gott: Fehlformen religiöser Erziehung, in: Handbuch religiöser Erziehung, hrsg. v. Böcker, W. u. a., 2. Bd., Düsseldorf 1987, S. 567 - 578

Erikson, E. H.: Identität und Lebenszyklus, Frankfurt/M. 1971.
Die Hauptwerke sind im Kapitel über Erikson aufgeführt.

Feige, A.: Erfahrungen mit Kirche. Daten und Analysen einer empirischen Untersuchung über Beziehungen und Einstellungen junger Erwachsener zur Kirche, Hannover 1982, 2. Aufl.

Fetz, R. L. u. Oser, F.: Weltbildentwicklung, moralisches und religiöses Urteil, in: Edelstein, W. u. Nunner-Winkler, G. (Hg.): Zur Bestimmung der Moral. Philosophische und sozialwissenschaftliche Beiträge zur Moralforschung, Frankfurt/M. 1986, S. 442 - 468

Feuerbach, L. A.: Das Wesen des Christentums, Reclam Universal-Bibliothek Nr. 4571-77, Stuttgart 1969.
Die Hauptwerke sind im Kapitel über Feuerbach aufgeführt.

Fowler, J.W.: Stages in Faith. The Structural-Developmental Approach, in: Hennessy 1976, S. 173 - 211

– Moral Stages and the Development of Faith, in: Munsey, B. (Hg.): Moral Development, Moral Education and Kohlberg. Basic Issues in Philosophy, Psychology, Religion and Education, Birmingham, Alabama 1980, S. 130 - 160
– Faith and the Structuring of Meaning, in: Brusselmans, Ch. u. O'Donohoe, J. A. (Hg.): Toward Moral and Religious Maturity. The First International Conference on Moral and Religious Development Morristown, N. J. 1980, S. 51 - 85
– Stages of Faith. The Psychology of Human Development and the Quest for Meaning, San Francisco 1981
– Theologie und Psychologie in der Erforschung der Glaubensentwicklung, in: Concilium 18, 1982, S. 444 - 447
– Practical Theology and the Shaping of Christian Lives, in: Browning, D. S. (Hg.): Practical Theology – Church and World. The Emerging Field in Theology, San Francisco 1983, S. 148 - 166
– Becoming Adult, Becoming Christian. Adult Development and Christian Faith, San Francisco 1984
– Eine stufenweise geschehende Einführung in den Glauben, in: Concilium 20, 1984, S. 309 - 315
– Practical Theology and Theological Education: Some Models and Questions, in: Theology Today 42, 1985, S. 43 - 58
– Glaubensentwicklung. Perspektiven für Seelsorge und kirchliche Bildungsarbeit, München 1989
Fraas, H.-J.: Religiöse Erziehung und Sozialisation im Kindesalter, Göttingen 1978 (1973), 3. Aufl.
– Glaube und Identität. Grundlegung einer Didaktik religiöser Lernprozesse, Göttingen 1983
– Der Schüler: Religiöse Sozialisation – Religiöse Erziehung, in: Adam, G. u. Lachmann, R. (Hg.): Religionspädagogisches Kompendium, Göttingen 1984, S. 77 - 95
– Identität und die Symbole des Glaubens, in: Der ev. Erzieher 38, 1986, S. 286 - 289
– Entwicklung und religiöse Sozialisation, in: Böcker, W. u. a. (Hg.): Handbuch religiöser Erziehung, Bd. 1, Düsseldorf 1987, S. 106 - 118
Fraas, H.-J. u. Heimbrock, H.-G. (Hg.): Religiöse Erziehung und Glaubensentwicklung. Zur Auseinandersetzung mit der kognitiven Psychologie. Erträge der 3. Internationalen Arbeitstagung "Religionspädagogik und Religionspsychologie", Göttingen 1986
Frankl, V. E.: Der Mensch auf der Suche nach Sinn, Herder 430, Freiburg-Basel-Wien 1975 (1972), 4. Aufl.
– Der unbewußte Gott, München 1979 (1974), 5. Aufl.

– Das Leiden am sinnlosen Leben, Herder 615, Freiburg-Basel-Wien 1977.
Die Hauptwerke sind im Kapitel über Frankl aufgeführt.
Freud, S.: Die Zukunft einer Illusion, in: Studienausgabe, Bd. IX
– Selbstdarstellung, in: Gesammelte Werke, Bd. XIV
– Brief an Fließ vom 12.12.1897, in: Aus den Anfängen der Psychoanalyse.
Die Hauptwerke sind im Kapitel über Freud aufgeführt.
Friedrichs, J.: Methoden empirischer Sozialforschung, Opladen 1981 (1973), 9. Aufl.
Frisch, M.: Homo Faber, Frankfurt/M. 1967
– Stiller, Frankfurt/M. 1969
– Die Schwierigen oder J'adore ce qui me brûle, Zürich-Freiburg 1970, 6. Aufl.
Fromm, E.: Die Furcht vor der Freiheit, Frankfurt/M. 1970, 3. Aufl.
– Haben oder Sein. Die seelischen Grundlagen einer neuen Gesellschaft, München 1980 (engl. 1976), 5. Aufl.
– Jenseits der Illusionen, Reinbek bei Hamburg 1981, 2. Aufl.
– Ihr werdet sein wie Gott, Reinbek bei Hamburg 1981 (engl. 1966), 3. Aufl.
Die Hauptwerke sind im Kapitel über Fromm aufgeführt.
Gmünder, P.: Entwicklung als Ziel der religiösen Erziehung, in: Katechetische Blätter 8, 1979, S. 629 - 634
Greschat, M. (Hg.): Theologen des Protestantismus im 19. und 20. Jahrhundert, 2 Bde., Urban 284/285, Stuttgart-Berlin-Köln-Mainz 1978
Grom, B.: Religionspädagogische Psychologie des Kleinkind-, Schul- und Jugendalters, Düsseldorf-Göttingen 1981
Halbfas, H.: Das dritte Auge. Religionsdidaktische Anstöße, Düsseldorf 1982
Harnack, A. v.: Das Wesen des Christentums, Leipzig 1902.
Die Hauptwerke sind im Kapitel über v. Harnack aufgeführt.
Hegel, G. W. F.: Phänomenologie des Geistes, Jubiläumsausgabe, Bd. 2, Stuttgart 1965, 4. Aufl.
– Philosophie der Religion, 2 Bde., Jubiläumsausgabe, Bd. 15/16, Stuttgart 1965, 4. Aufl.
Die Hauptwerke sind im Kapitel über Hegel aufgeführt.
Hehlmann, W.: Geschichte der Psychologie, Kröner 200, Stuttgart 1967
Heimbrock, H.-G.: Psychologische Konzepte in der Religionspädagogik, in: Der ev. Erzieher 33, 1981, S. 468 - 479
– Lern-Wege religiöser Erziehung. Historische, systematische und praktische Orientierung für eine Theorie des religiösen Lernens, Göttingen 1984
Heimbrock, H.-G.: Entwicklung und Erziehung. Zum Forschungsstand der pädagogischen Religionspsychologie, in: Jahrbuch der Religionspädagogik 1, 1985, S. 67 - 85

Heintz, K. u. Kaldewey, R.: Religion, konzepte 1, Frankfurt/M.-München 1976

Hennessy, Th. C. (Hg.): Values and Moral Development, New York u. a. 1976

Hetzer, H.: Selbständige Bemühungen kleiner Kinder, Gott zu begreifen, in: Der ev. Erzieher 23, 1971, S. 137 - 148

Hild, H.: Wie stabil ist die Kirche? Bestand und Erneuerung. Ergebnisse einer Meinungsbefragung, Gelnhausen-Berlin 1974

Homans, P. (Hg.): The Dialogue between Theology and Psychology, Chicago-London 1968

Hutsebaut, D.: Die Rolle der Bezugspersonen bei der Vermittlung von Glauben, in: Fraas/Heimbrock 1986, S. 63 - 81

Jacobi, J.: Die Psychologie von C. G. Jung, Fischer 6365, Frankfurt/M. 1980

Jugendwerk der Deutschen Shell (Hg.): Jugendliche und Erwachsene '85: Generationen im Vergleich, 5 Bde., Leverkusen 1985

Jung, C. G.: Über die Beziehung der Psychotherapie zur Seelsorge (1932), in: Psychologie und Religion, Studienausgabe, Olten 1971, S. 129 - 152

– Das Wandlungssymbol in der Messe (1940/41), a. a. O., S. 163 - 267.
Die Hauptwerke sind im Kapitel über Jung aufgeführt.

Jüngel, E.: Der Gott entsprechende Mensch, in: Gadamer, H.-G. u. Vogler, P. (Hg.): Philosophische Anthropologie I, Stuttgart-München 1974, S. 341 - 372

Kant, I.: Die Hauptwerke sind im Kapitel über Kant aufgeführt.

Kierkegaard, S.: Die Hauptwerke sind im Kapitel über Kierkegaard aufgeführt.

Kohlberg, L.: Zur kognitiven Entwicklung des Kindes. Drei Aufsätze, Frankfurt/M. 1974

– Kognitive Entwicklung und moralische Erziehung, in: Mauermann, L. u. Weber, E. (Hg.): Der Erziehungsauftrag der Schule. Beiträge zur Theorie und Praxis moralischer Erziehung unter besonderer Berücksichtigung der Wertorientierung im Unterricht, Donauwörth 1981 (1978), 2. Aufl., S. 107 - 117

Küng, H.: Existiert Gott? Antwort auf die Gottesfrage der Neuzeit, München-Zürich 1978

Langer, I.: Das persönliche Gespräch als Weg in der psychologischen Forschung, in: Zeitschr. f. Personenzentrierte Psychologie und Psychotherapie 4, 1985, S. 447 - 457

Langeveld, M. J.: Das Kind und der Glaube. Einige Vorfragen zu einer Religions-Pädagogik, Braunschweig u. a. 1959

Lans J. v. d.: Kritische Bemerkungen zu Fowlers Modell der Glaubensentwicklung, in: Fraas/Heimbrock 1986, S. 103 - 119

Linke, M.: Religionsunterricht und Exploration von Alltagserfahrung. Die Bedeutung der Rekonstruktion von Alltagserfahrung für Theorie und Praxis eines erfahrungsorientierten Religionsunterrichts. Ein Beitrag zur Diskussion um den problemorientierten Religionsunterricht, Europäische Hochschulschriften, Reihe XXXIII, Bd. 11, Frankfurt/M.-Bern-New York-Paris 1987

Lott, J.: Religion in unserer Gesellschaft, in: Böcker, W. u. a. (Hg.): Handbuch religiöser Erziehung, 1. Bd., Düsseldorf 1987, S. 10 - 21

Luther, H.: Identität und Fragment – Praktisch-theologische Überlegungen zur Unabschließbarkeit von Bildungsprozessen, in: Theologia Practica 20, 1985, S. 317 - 338

Luther, M.: Der Große Katechismus, in: Die Bekenntnisschriften der evangelisch-lutherischen Kirche, Göttingen 1963, S. 543 - 733

– Vorlesung über den Römerbrief 1515/16, München 1965

Maschewsky, W. u. Schneider, U.: Empirische Forschungsmethoden in der Psychologie, in: Handwörterbuch der Psychologie, hrsg. v. Asanger, R. u. Wenninger, G., Weinheim-Basel 1983 (1980), 3. Aufl., S. 102 - 112

Mensching, G.: Die Religion. Erscheinungsformen, Strukturtypen und Lebensgesetze, Stuttgart 1959

Minsel, W.-R.: Praxis der Gesprächspsychotherapie, Wien-Köln-Graz 1974

Moltmann, J.: Mensch. Christliche Anthropologie in den Konflikten der Gegenwart (Themen der Theologie, Bd. 11), Stuttgart-Berlin 1983 (1971), 2. Aufl.

Morgenthaler, Ch.: Sozialisation und Religion, Gütersloh 1976

Moser, T.: Gottesvergiftung, Frankfurt/M. 1977, 3. Aufl.

Müller-Pozzi, H.: Psychologie des Glaubens. Versuch einer Verhältnisbestimmung von Theologie und Psychologie, München-Mainz 1975

Neidhart, W.: Die Glaubensstufen von James W. Fowler und die Bedürfnislage des Religionspädagogen, in: Fraas/Heimbrock 1986, S. 120 - 133

Neuenschwander, U.: Gott im neuzeitlichen Denken, Bd. 2, Gütersloh 1977

Nipkow, K. E.: Grundfragen der Religionspädagogik, 3 Bde., Gütersloh 1975 - 1982

– Wachstum des Glaubens – Stufen des Glaubens. Zu James W. Fowlers Konzept der Strukturstufen des Glaubens auf reformatorischem Hintergrund, in: Müller, H. M. u. Rössler, D. (Hg.): Reformation und Praktische Theologie. Festschrift für Werner Jetter zum 70. Geburtstag, Göttingen 1983, S. 161 - 189

Nipkow, K. E.: Erwachsenwerden ohne Gott? Gotteserfahrung im Lebenslauf, in: Birkacher Beiträge 3, 1986, S. 7 - 42

– Lebensgeschichte und religiöse Lebenslinie. Zur Bedeutung der Dimension des Lebenslaufs in Praktischer Theologie und Religionspädagogik, in: Jahrbuch der Religionspädagogik 3, 1987, S. 3 - 35
– Erwachsenwerden ohne Gott? Gotteserfahrung im Lebenslauf, Kaiser-Traktate, München 1987
Oser, Fr.: Zu allgemein die Allgemeinbildung, zu moralisch die Moralerziehung?, in: Zeitschrift für Pädagogik 32, 1986, S. 489 - 502
Oser, Fr. u. Gmünder, P.: Der Mensch – Stufen seiner religiösen Entwicklung. Ein strukturgenetischer Ansatz, Zürich-Köln 1984
Oser, Fr., Gmünder, P. u. Fritzsche, U.: Stufen des religiösen Urteils, in: Wege zum Menschen 32, 1980, S. 386 - 398
Otto, R.: Das Heilige (1917), München 1971, 36. - 40. Tsd.
Pannenberg, W.: Anthropologie in theologischer Perspektive, Göttingen 1983
Piaget, J.: Das moralische Urteil beim Kinde, Frankfurt/M. 1973
– Der Aufbau der Wirklichkeit beim Kinde, Gesammelte Werke, Bd. 2, Stuttgart 1975
– Das Weltbild des Kindes, Frankfurt/M. u. a. 1980
Pongratz, L. J.: Problemgeschichte der Psychologie, München 1984 (1967), 2. Aufl.
– Hauptströmungen der Tiefenpsychologie, Kröner 467, Stuttgart 1983
Preul, R.: Religion – Bildung – Sozialisation. Studien zur Grundlegung einer religionspädagogischen Bildungstheorie, Gütersloh 1980
Revenstorf, D.: Gesprächstherapie, in: Revenstorf, D.: Psychotherapeutische Verfahren, Bd. III, Stuttgart-Berlin-Köln-Mainz 1983, S. 14 - 48
Ricoeur, P.: Die Interpretation. Ein Versuch über Freud, Frankfurt/M. 1969
– Symbolik des Bösen. Phänomenologie der Schuld II, Freiburg-München 1973
Roberts, K. H. u. Rost, D. H.: Analyse und Bewertung empirischer Untersuchungen, Weinheim-Basel 1974
Rogers, C. R.: Die nicht-direktive Beratung, München 1972 (engl. 1942)
– Die klient-bezogene Gesprächstherapie, München 1972 (engl. 1942)
– Entwicklung der Persönlichkeit. Psychotherapie aus der Sicht eines Therapeuten, Stuttgart 1973 (engl. 1961)
– Partnerschule, München 1975 (engl. 1972)
Rössler, D.: Grundriß der Praktischen Theologie, Berlin – New York 1986
Scharfenberg, J.: Einige Probleme religiöser Sozialisation im Lichte neuerer Entwicklungen der Psychoanalyse, in: Wege zum Menschen 26, 1974, S. 343 - 352
Scharfenberg, J.: Menschliche Reifung und christliche Symbole, in: Concilium 14, 1978, S. 86 - 92

Scharfenberg, J. u. Kämpfer, H.: Mit Symbolen leben. Soziologische, psychologische und religiöse Konfliktbearbeitung, Olten-Freiburg i. B. 1980
Scherf, D. (Hg.): Der liebe Gott sieht alles. Erfahrungen mit religiöser Sozialisation, Frankfurt/M. 1984
Schleiermacher, F. D.: Über die Religion. Reden an die Gebildeten unter ihren Verächtern (1799), hrsg. v. Otto, R., 1926, 5. Aufl.
– Sämtliche Werke, Bd. I/1, Berlin 1843
– Der christliche Glaube, 2 Bde., hrsg. v. Redeker, M.; Berlin 1960, 7. Aufl.
Die Hauptwerke sind im Kapitel über Schleiermacher aufgeführt.
Schmidt, H.: Religionsdidaktik. Ziele, Inhalte und Methoden religiöser Erziehung in Schule und Unterricht, Bd. 1, Stuttgart-Berlin-Köln-Mainz 1982
Schmidtchen, G.: Was den Deutschen heilig ist. Religiöse und politische Strömungen in der Bundesrepublik Deutschland, München 1979
Schraml, W. J.: Das klinische Gespräch in der Diagnostik, in: Schraml, W. J. u. Baumann, U.: Klinische Psychologie I, Bern-Stuttgart-Wien 1975, 3. Aufl.
Schuster, R. (Hg.): Was sie glauben. Texte von Jugendlichen, Stuttgart 1984
Schwab, R.: Gesprächspsychotherapie, in: Schmidt, L. R. (Hg.): Lehrbuch der Klinischen Psychologie, Stuttgart 1984 (1978), 2. Aufl., S. 587 - 596
Schweitzer, Fr.: Religion und Entwicklung. Bemerkungen zur kognitiv-strukturellen Religionspsychologie, in: Wege zum Menschen 37, 1985, S. 316 - 325
– Lebensgeschichte und Religion. Religiöse Entwicklung und Erziehung im Kindes- und Jugendalter, München 1987
Stoodt, D.: Religiöse Sozialisation und emanzipiertes Ich, in: Dahm, K.-W., Luhmann, N. u. Stoodt, D.: Religion – System und Sozialisation, Neuwied 1972, S. 189 - 237
Sziegaud-Roos, W.: Religiöse Vorstellungen von Jugendlichen, in: Jugendwerk der Deutschen Shell 1985, Bd. 4, S. 334 - 386
Tausch, R. u. Tausch A.-M.: Gesprächspsychotherapie. Einfühlsame hilfreiche Gruppen- und Einzelgespräche in Psychotherapie und alltäglichem Leben, Göttingen-Toronto-Zürich-Stuttgart 1981, 8. Aufl.
Tillich, P.: Wesen und Wandel des Glaubens, Frankfurt/M.-Berlin 1961
– Systematische Theologie, 3 Bde., Stuttgart. Bd. 1, 1973 (1956), 4. Aufl.; Bd. 2, 3. Aufl. o. J. (1. Aufl. 1958); Bd. 3, 1966
– Der Mut zum Sein, Hamburg 1965 (engl. 1952)
Die Hauptwerke sind im Kapitel über Tillich aufgeführt.
Vergote, A.: Religionspsychologie, Olten-Freiburg i. B. 1970
Wehr, G.: C. G. Jung in Selbstzeugnissen und Bilddokumenten, Reinbek b. Hamburg 1969

Weischedel, W.: Der Gott der Philosophen, 2 Bde., Darmstadt 1983 (1972), 4. Aufl.
– Die philosophische Hintertreppe. 34 große Philosophen in Alltag und Denken, dtv 1119, München 1981 (1966), 7. Aufl.
Wyss, D.: Die tiefenpsychologischen Schulen von den Anfängen bis zur Gegenwart, Göttingen 1972 (1961), 4. Aufl.

ERFAHRUNG UND THEOLOGIE
Schriften zur praktischen Theologie

Herausgegeben von Wilhelm Gräb, Norbert Greinacher, Ferdinand Klostermann †, Norbert Mette, Dietrich Rössler

Mit dem Titel "Erfahrung und Theologie" soll zum Ausdruck gebracht werden, daß in dieser Reihe Schriften aufgenommen werden sollen, die reflektieren über die Vermittlung von christlichem Glauben und menschlichen Erfahrungen. Der Begriff "Praktische Theologie" im Untertitel wird hier im weitesten Sinne verwendet. Gegenstand der Reflexion sollen alle Handlungsbereiche kirchlicher Praxis sein. Für Hinweise auf Projekte, die für diese Schriftenreihe in Betracht kommen, sind wir sehr dankbar.

Priv.-Doz. Dr. Wilhelm Gräb, Hauptstr. 11, D-3412 Nörten-Hardenberg
Prof. Dr. Norbert Greinacher, Ahornweg 4, D-7400 Tübingen
Prof. Dr. Norbert Mette, Liebigweg 11a, D-4400 Münster
Prof. Dr. Dietrich Rössler, Engelfriedshalde 39, D-7400 Tübingen

Band 1 Norbert Greinacher/Ferdinand Klostermann: Vor einem neuen politischen Katholizismus? 1978.

Band 2 Josef Breuss: Theorie des Evangeliums und pastorale Praxis. Schriftanalyse als Bekenntnisanalyse aufgrund von Texten aus dem Markusevangelium. 1979.

Band 3 Klaus Otte: Durch Gemeinde zur Predigt. Zur Verhältnisbestimmung von Theologie und Predigt bei Alexander Schweizer und Alois Emanuel Biedermann. 1979.

Band 4 Hans-Günter Heimbrock: Vom Heil der Seele. Studien zum Verhältnis von Religion und Psychologie bei Baruch Spinoza. Zugleich ein Beitrag zur Vorgeschichte der modernen Religionspsychologie. 1981.

Band 5 Reinhard Schmidt-Rost: Verkündigung in evangelischen Zeitschriften. Elemente eines publizistisch-homiletischen Prozesses. 1982.

Band 6 Luis Zambrano: Entstehung und theologisches Verständnis der "Kirche des Volkes" (Iglesia Popular) in Lateinamerika. 1982.

Band 7 Johannes Loh: Gott der Vater. Ein Beitrag zum Gespräch mit der Psychologie über den praktisch-theologischen Sinn der Vater-Symbolik. 1983.

Band 8 Dieter Funke: Verkündigung zwischen Tradition und Interaktion. Praktisch-theologische Studien zur Themenzentrierten Interaktion (TZI) nach Ruth C. Cohn. Mit einem Vorwort von Hermann Steinkamp. 1984.

Band 9 Carlo Storch: Katholische Religion und gesellschaftliche Orientierungskrise. 1984.

Band 10 Karl-Fritz Daiber/Ingrid Lukatis (Hrsg.): Die Praxisrelevanz von Theologie und Sozialwissenschaften. Ein Symposion mit Beiträgen von Helge Hognestad, Wenzel Lohff, Otwin Massing, Bernhard Moltmann, Hans-Martin Müller, Gerhard Rau, Mady A. Thung und Gerhard Wurzbacher. 1984.

Band 11 Jochen Ellerbrock: Adamskomplex. Alfred Adlers Psychologie als Interpretament christlicher Überlieferung. 1985.

Band 12 Dietmar Rollny: Pastoraler Dienst am straffälligen jungen Menschen. 1986.

Band 13 Wolfgang Albers: Schulen ohne Rassenschranken. Handeln nach dem Evangelium in Südafrika. 1986.

Band 14 Christopher Elberg: Öffentlichkeitsprobleme der katholischen Kirche Frankreichs. Eine Theorie kirchlicher Öffentlichkeit angewandt am Beispiel der Geschichte katholischer Sekundarschulgemeinden in Frankreich (1928-1975). 1989.

Band 15 Josef Senft: Im Prinzip von unten. Redefinition des Subsidiaritätsgrundsatzes für ein solidarisches Ethos. 1990.

Band 16 Jochen Ellerbrock: Lebensexperimente des Glaubens. Eine empirische Untersuchung zu Entwicklung und gegenwärtigem Erleben von Religiosität. Mit einem Vorwort von Walter Neidhart. 1990.

Innocent Asouzu

Gedanken über die religiöse Problematik der Gegenwart im Licht der Theologie der Religionen
Eine Reflexion im Anschluß an Wolfhart Pannenberg

Frankfurt/M., Bern, New York, 1986. 132 s.
Europäische Hochschulschriften: Reihe 23, Theologie. Bd. 278
ISBN 3-8204-8988-6 br. DM 36.--/sFr. 30.--

Eine nähere Betrachtung der religiösen Gegenwartssituation zeigt viele positive Erfahrungen in der Zusammenarbeit zwischen den Religionen, die die Frage nach einer Theologie der Religionen interessant und unentbehrlich macht. In diesem Buch wird versucht, wichtige Grundsatzfragen der Religion im Lichte der Theologie der Religionen zu erörtern. Besondere Aufmeksamkeit genießen dabei die Bemühungen Wolfhart Pannenbergs, um konkrete Vorschläge zur Beantwortung dieser Fragen zu geben.

Aus dem Inhalt: Begriffsbestimmung der Religion - Die religiöse Gegenwartsstituation - Unmittelbarer Anlaß zur Frage nach der Theologie der Religionen - Systematische Begründung der Theologie der Religionen durch Wolfhart Pannenberg - Ausschau nach neuen Ansatzpunkten.

Verlag Peter Lang Frankfurt a.M. · Bern · New York · Paris
Auslieferung: Verlag Peter Lang AG, Jupiterstr. 15, CH-3000 Bern 15
Telefon (004131) 321122, Telex pela ch 912 651, Telefax (004131) 321131
- Preisänderungen vorbehalten -